긍정심리학 • 인간의 최고 상태에 대한 탐구 • 2

정서적 경험 활용하기

Shane J. Lopez 편
권석만 · 임선영 · 김기환 공역

학지사

긍정심리학을 선물로 주신

세 분을 기리며

Chip Anderson(1942~2005)[1]
Don Clifton(1924~2003)[2]
C. R. Snyder(1944~2006)[3]

추천사

　1980년에 David Burns는 대단한 베스트셀러가 된 『우울한 현대인에게 주는 번즈 박사의 충고(*Feeling Good: The New Mood Therapy*)』를 출간했다. 이 책에서 그는 우울하고 불안한 기분을 끌어올리도록 과학적으로 개발된 인지행동적 치료기법을 소개했다. 이 책은 미국의 정신건강 전문가들이 우울증 환자에게 가장 자주 추천하는 도서가 되었다. 무려 400만 명 이상이 그 책을 구입했으니 말이다. 이 책은 우울과 불안 그리고 낮은 자존감으로 괴로워하는 사람들에게 기분이 좋아지는 방법들을 제시했다. 연구에 따르면, 이 책의 독자 중 70%는 증상이 현저하게 호전되었으며 그 효과가 3년 동안 지속되었다. 전반적인 기분 상태 검사에서 −8점이었던 것이 0점으로 증가했으며 심지어 +2점까지 증가하기도 했다.

　이후 많은 시간이 흘렀다. 오늘날의 심리학자들이 추구하는 목표는 보다 더 높고, 야심 차다. 지난 10여 년 동안, 긍정심리학이라는 새로운 분야의 연구자들은 사람들이 괴로운 기분을 좋은 기분으로 바꿀 뿐만 아니라 최고의 기분으로 높이는 방법, 즉 그들의 강점, 재능, 능력을 최대한 발휘하여 번영하는 삶을 살 수 있게 하는 방법에 대한 놀라운 학술적 진전을 이루었다. 간략히 말하면, 긍정심리학은 삶을 살 만한 가치가 있는 것으로 만들어주는 심리학이라고 할 수 있다. 긍정심리학은 심리적 행복의 원천들, 예컨대 긍정 정서, 긍정 경험, 긍정 환경, 인간의 강점과 미덕에 대한 집중적인 연구관심을 뜻한다. 긍정심리학은 사람들로 하여금 가장 가치 있고 생산적이며 행복한 삶을 누릴 수 있도록 긍정적인 마음 상태를 만들어내도록 돕는 것이 결점을 고치고 고통과 장애를 치유해온 심리학의 전통적인 관심만큼이나 중요하다는 믿음에 뿌리를 두고 있다.

긍정심리학이 강점, 번영, 성취에 초점을 맞추게 된 것은 현명한 동시에 뚜렷한 전환이라고 할 수 있다. 1950년대부터 심리학은 질환, 장애, 그리고 삶의 어두운 부분에 고착되어 있었으나 다행스럽게도 우리는 행복을 이루고 유지하는 방법, 좀 더 생산적이고 즐거운 삶을 영위하는 방법, 강점을 함양하고 역경 극복 능력을 육성하는 방법 등에 대한 최신의 과학적 연구결과를 쉽게 접할 수 있는 새로운 시대에 살고 있다. 그러나 중요한 연구결과들은 대학교에서 주로 구독하는 전문학술지에만 소개되고 있을 뿐 일반 학생이나 비전문가들이 쉽게 접하기 어려웠다. 긍정심리학을 통해 밝혀진 다양한 연구성과들이 쉽게 접할 수 있고 이해하기 쉬운 책자로 통합되어 제시되지 못했다. 이 네 권의 책은 좀 더 행복해지고 잠재력을 더 잘 실현하는 방법, 인간의 강점을 이해하고 계발하는 방법, 고통스러운 시기의 역경을 극복하는 방법, 그리고 이 밖의 많은 것에 대한 연구성과를 처음으로 종합하여 제시하고 있다.

그러나 아마도 당신은 자기계발 서적, 즉문즉답을 해주는 라디오 프로그램, 무수한 신문기사, 잡지, 블로그를 통해서 이러한 주제들에 대한 해답을 접했으리라 짐작된다. 그렇다면 이 네 권의 책은 어떤 의미를 지니는 것일까? 기존 자기계발 서적의 저자에 의해서 제시되거나 미디어에 의해서 나름대로 또는 흔히 잘못 풀이되는 해답, 설명, 처방들은 대부분 과학적 이론과 실증적 검증의 근거가 부족한 것이었다. 오늘날 미디어를 통해서 흔히 접하게 되는 정보와는 달리, 이 네 권의 책에서 소개하는 설명, 이론, 제안들은 모두 최신의 과학적 연구에 근거하고 있다.

이 책들의 내용에서는 순전히 저자의 개인적 경험이나 그들의 조부모, 지인들 또는 우울한 내담자의 경험, 그리고 일부 사람들에 대한 인터뷰 결과에 근거한 결론을 발견하기 어려울 것이다. 실증적 연구는 이러한 개인적 또는 임상적 경험에 비해서 다양한 강점을 지니고 있다. 과학적 방법을 사용한 실증적 연구는 어떤 현상과 그 원인을 체계적이고 편견 없이 밝혀낼 수 있다. 물론 과학은 불완전하며 나름대로의 한계를 지니고 있다. 그러나 한 개인이 자신의 신념, 편견, 제한된 경험에 근거하여 제시하는 주장에 비해서 과학적 연구에 의해 도출된 결론은 훨씬 더 믿을 만한 것이다.

내가 항상 읽기를 좋아하는 편지 중 하나는 한 신문의 독자가 편집장에게 보낸 것인데, 그 편지는 과학이라는 주제에 관해 언급하고 있다.

"과연 신은 존재하는가?"와 같은 신앙에 관한 질문들이 있다. "역사상 최고의 야구 선수는 누구인가?"와 같은 견해에 대한 질문들이 있다. "낙태는 합법화되어야 하는가?"와 같은 논란거리의 질문들도 있다. 그리고 과학적 방법을 적용하여 좀 더 확실하게 대답할 수 있는 질문들도 있다. 이것은 실증적인

물음들이라고 할 수 있는데, 대부분 증거에 의해서 해결될 수
있는 것이다(Ivins, 2000).

인간의 강점에 대한 질문들, 긍정 정서의 이점에 대한 질문들,
스트레스와 외상 경험 이후의 성장에 대한 질문들, 행복과 번영
의 추구에 대한 질문들은 바로 그러한 실증적인 물음이다. 긍정
심리학 분야의 과학적 진전은 매우 확고한 것이어서 과학자가 아
닌 사람들을 위한 기술, 설명, 처방으로 풀어서 제시될 수 있다.
최선의 삶을 위한 이 네 권의 책은 긍정심리학의 엄격한 연구와
최신의 지식을 반영하는 기념비적 서적이 될 것으로 기대한다.
또한 이 책들은 이해하기 쉽고 희망을 고취하는 방식으로 쓰여
있어서 독자들이 자신과 인간의 본성에 대한 새로운 인식을 얻게
될 뿐만 아니라 자신의 삶을 어떻게 변화시킬 것인지에 대한 분
명한 인식을 얻을 수 있을 것이다.

Sonja Lyubomirsky[4]

> **참고문헌**

Ivins, M. (2000, September 22). The manufactured public schools crisis.
The Fort Worth Star Telegram.

---

4 미국 University of California(Riverside) 심리학과 교수이며 긍정심리학의 주요
한 연구자 중 한 명이다. 학술지 *Journal of Positive Psychology*의 부편집장이
며 『How to be happy(행복도 연습이 필요하다)』를 비롯한 다수의 저서와 연
구논문을 발간하였다.

　　내가 새로 전학간 학교에 가려고 학교버스를 처음 탔을 때, 밝은 표정의 아이들이 뛰어다니며 장난을 치고 있었다. 나는 전학온 학생이었기 때문에 조용히 앉아서 아이들이 놀며 웃고 뛰어다니는 모습을 가만히 지켜보고 있었다. 그중 가장 행복해 보이는 여자 아이가 있었는데, 그 아이의 이름은 디아나(Deana)였다. 얼굴 가득 미소를 띠고 있었는데, 그런 그 아이의 모습이 나의 관심을 끌었다. 그 아이는 너무나 편안하고 즐거워 보였다. 나는 그 아이가 아마도 버스에 타고 있는 모든 아이를 잘 알고 있을 정도로 매우 인기 있는 아이라고 추측했다. 그러나 나의 추측은 완전히 빗나갔다. 그 아이 역시 새로 전학온 학생이었다. 게다가, 여러 해 동안 옆 동네에 살면서 학교만 옮긴 나와는 달리, 디아나는 완전히 새로운 주(State)의 새로운 동네로 이사를 온 것이었다. 도대체 그 아이는 어떻게 새로운 환경에 자신 있게 걸어들어가서 자신의 빛을 발하는 법을 배웠을까? 바로 이러한 물음에 답할 수 있는 심리학이 나의 관심을 끌었다. 수십 년이 지난 후에야, 이러한 분야의 심리학이 긍정심리학으로 알려지게 되었다. 이 네 권의 책은 바로 긍정심리학에 관한 것이다.

　　지난 10년 동안 나는 대학에서 인간의 고통을 완화시키는 데 필요한 소중한 지식과 기술을 배웠다. 심리적 장애로 인해서 고통 받는 사람들을 치료하면서 큰 보람을 느껴왔다. 그러나 긍정심리학에 관한 것, 즉 무엇이 인간을 최고의 상태로 만드는지에 대해서는 배우지 못했다. 디아나와 같은 사람들에 대해서는 배우지 못했다. 나는 당신이 나와는 다른 교육적 경험을 쌓길 바란다. 모든 사람의 고통뿐 아니라 번영에도 주목하는 좀 더 균형 잡힌 공부를 하기 바란다. 네 권으로 구성된 〈긍정심리학: 인간의 최고 상태에 대한 탐구〉를 통해서 당신은 디아나와 같은 사람들을 많이 접할 수 있고 긍정심리학과 인간이 누릴 수 있는 최선의 삶에 대해서 배울 수 있을 것이다. 아울러 자신과 주변 사람들의 삶을 행복하게 하기 위해서 자신의 강점과 정서를 어떻게 활용해야 하는지를 배울 수 있을 것이다.

이 책의 편집자로서 나는 세계적으로 가장 탁월한 긍정심리학자와 활동가들에게 인간의 최고 상태에 대한 연구와 견해를 써달라고 요청했다. 각자 한 장(章)씩 쓰되, 동료 학자들이 읽는 '학술적'인 글이 아니라 일반인도 읽기 쉽게 쓰도록 권장했다. 이 책의 필자들은 사람들이 어떻게 순탄한 시기뿐만 아니라 역경의 시기에서도 강인하고 행복하며 활기찰 수 있는지에 대한 자신의 연구를 읽기 쉽게 서술하고 설명하는 놀라운 일을 해주었다. 우리는 한 팀이 되어 긍정심리학의 주요한 발견들, 즉 인간의 강점들은 실재하며 강력하다는 점과 긍정 정서는 인간의 발달에 매우 중요하다는 점을 설명할 뿐만 아니라 사람들이 어떻게 역경을 극복하고 최고의 상태로 성장하게 되었는지를 명료하게 밝히고자 한다. 우리는 긍정심리학의 연구와 실제에 관한 이야기를 네 권의 책으로 나누어 공유하고자 했다.

1권: 인간의 강점 발견하기
2권: 정서적 경험 활용하기
3권: 역경을 통해 성장하기
4권: 인간의 번영 추구하기

긍정심리학이 현실 세계에 시사하는 바는 구체적인 사건과 사례연구를 통해 전달될 수 있다. 독자들이 긍정심리학의 원리를 일상생활에 적용해볼 수 있도록 각 장의 마지막에는 '개인적인 작은 실험들(personal mini-experiments)'을 제시하였다.

1권(인간의 강점 발견하기)은 인간의 강점을 어떻게 발견하고 계발하여 여러 영역의 삶에서 성공을 거둘 수 있는지를 살펴본다. 이 책에서는 교육자, 심리학자, 철학자로 구성된 필진들이 우리 자신과 사람들에게서 어떻게 최선의 것을 이끌어낼 수 있는지를 소개한다. 2권(정서적 경험 활용하기)의 필진들은 긍정 정서에 관한 연구와 긍정 정서를 최대화하는 방법을 포함하여 20세기 후반에 이루어진 심리학의 주요한 발견을 소개하고 있다. 아마도 독자들은 감사와 정서 지능처럼 이 책에서 소개하는 많은 개념을 이미 알고 있을 수도 있지만, 긍정적인 정서 경험에 대한 기본적 지식 이상의 내용을 접할 수 있을 것이며, 긍정 정서를 효과적으로 활용하는 방법을 배울 수 있을 것이다. 3권(역경을 통해 성장하기)은 인간 영혼이 펼치는 일상적인 마술로 여겨왔던 역경 극복력에 초점을 맞추고 있다. 이 책에서 독자들은 하나의 일관된 주제, 즉 고난의 시기를 통한 개인적 성장이 매우 사회적인 과정이라는 것을 충격적으로 접하게 될 것이다. 마지막으로, 4권(인간의

번영 추구하기)에서는 학교 심리학자, 가족문제 전문가, 대학 행
정가 그리고 경영 전문가가 우리가 가정과 직장, 학교에서 성공
하고 웰빙을 증진할 수 있는 방법에 관한 새로운 연구결과들을
소개할 것이다.

긍정심리학은 인간에게 있어서 무엇이 올바른 것인지를 연구
하는 학문으로서 심리학의 연구와 실제에 관한 학술적 · 대중적
관점을 재정립하고 있으며, 우리 안에 깃들어 있는 긍정적인 측
면에 초점을 맞추고 있다. 〈긍정심리학: 인간의 최고 상태에 대
한 탐구〉는 이 학문분야의 이론과 실제를 종합적이면서도 간결
하게 요약하고 있을 뿐만 아니라 풍부한 연습과제를 제시함으로
써 강점, 긍정 정서, 역경 극복력, 번영에 대한 독자들의 관심을
불러일으킬 것으로 믿는다.

나는 각 장의 원고를 수합하여 편집하면서 이 책의 발간에 기
여한 동료들이 지니고 있는 탁월함을 발견할 수 있었다. 진심을
다해 이분들께 감사드리며 특히 이 출간사업에 생명을 불어넣어
준 Jeff Rettew(편집국장), Rhea Owens(부편집국장), Allison Rose
Lopez(특별 편집위원), Neil Salkind(스튜디오 B), Elizabeth
Potenza(Praeger 출판사)에게 고마움을 전한다.

1권: 인간의 강점 발견하기

사람들마다 지니고 있는 최선의 것을 밝힌다면 어떤 일이 벌어
질까? 이 물음은 심리학 교수이자 갤럽(Gallup)[5]의 전 대표인

---

5 미국의 저명한 여론조사 기관.

Donald Clifton이 제기하였으며 많은 긍정심리학자가 풀어야 할 사명이 되었다. 이 물음에 대한 학자들의 반응은 두 개의 강점 척도 개발로 이어져 200만 이상의 사람들이 이 검사를 이용하였으며 그 결과 강점개발 프로그램이 대다수의 회사, 학교, 교회 등에서 실시되고 있다. 확신하건대, 이 책을 읽는 독자들도 5년 이내에 학교나 직장에서 강점 척도를 시행하게 될 것이다.

이 책에서는 인간의 강점을 측정하는 두 척도, 즉 Clifton의 강점 발견하기(Clifton StrengthsFinder)와 VIA 강점 척도(Values in Action Inventory of Strengths)가 소개되고 있는데, 이 척도들은 심리측정 전문가와 일반인으로부터 호평을 받은 바 있다. 이 책에서 Rettew, Lopez, Bowers와 Cantwell은 강점이 왜 중요한지를 보여주는 개인적, 철학적 그리고 증거 기반적인 사례를 제시하고 있다. Sparks와 Baumeister는 "나쁜 것이 좋은 것보다 강하다."는 자신들의 고전적인 연구를 확장하면서 우리가 약점과의 균형을 이루기 위해서 왜 강점에 주목해야 하는지를 보여주고 있다.

또한 세 장에 걸쳐서 특정 강점들, 즉 지혜(Ardelt), 용기(Pury), 낙관성(Rasmussen과 Wallio)이 주는 여러 가지 이득이 소개되고 있다. 지혜와 용기에 관한 장에서는 이러한 강점들이 학습될 수 있다는 점을 제시하고 있다. 낙관성에 관한 장에서는 미래에 대한 긍정적 기대가 건강과 밀접하게 관련되어 있음을 보여주는 연구들을 요약하여 제시하고 있다.

역사적 인물인 Martin Luther King Jr.의 강점은 그의 글을 통해서 발견할 수 있다. Rice가 쓴 장에서는 감화적인 인물들의 강점이 어떻게 우리의 삶에 빛을 비추고 있는지를 보여주고 있다.

마지막으로, 가장 저명한 20세기 심리학자 중 한 사람인 Albert Bandura는 우리가 긍정심리학이라는 선물을 어떻게 전 세계로 전달할 수 있을지를 제시하고 있다.

2권: 정서적 경험 활용하기

대부분의 사람은 긍정적인 정서 경험에 어떻게 대응해야 하는지 잘 알지 못한다. 그저 자연스럽게 느끼는 대로 반응할 뿐이다. 최근까지도, 사회과학자와 정신건강 전문가들은 부정 정서(예: 분노, 공포)의 관리방법에 대해서는 많은 것을 알고 있지만 긍정 정서(예: 기쁨, 만족감)를 최대한 활용하는 방법에 대해서는 거의 알지 못했다. 최근에야 긍정심리학자들에 의해서 사람들이 정서 경험을 어떻게 생산적인 방식으로 활용하는지가 밝혀지기 시작했다. 이 책에서는 긍정 정서가 개인의 내면과 대인관계에서 처리되는 과정, 감사라는 긍정적인 도덕적 정서, 나눔이라는 행위, 정서 지능, 그리고 타인애(allophilia)라는 새로운 과학, 남성성에 대한 새로운 관점에 초점이 맞춰지고 있다.

첫 번째 장에서, Kok과 동료들은 긍정 정서의 확장 및 축적 이론을 설명하고 있다. 요약하면, 긍정 정서는 자신과 세상에 대한 개인적 관점을 확장시키고, 개인적 자원을 계발하는 데 도움을 주며, 성장의 상향적 선순환을 만들어낸다. 이 장에서 소개하고 있는 연구결과들을 통해서 개인의 성장과 인간의 번영에 대한 우리의 인식이 상당 부분 향상될 것이다.

Danner와 동료들은 수녀 연구(the Nun study)라고 알려져 있는 기념비적인 연구를 통해 밝혀진 사실들을 소개하고 있다. 독자의 관심을 위해서 요지를 소개하면, 수녀원에 들어온 젊은 여자들의 자전적 에세이에 반영되어 있는 긍정 정서는 더 오래 사는 것과 관련이 있다는 것이다. 친밀한 관계에 대한 연구자인 Impett과 Gordon은 긍정 정서에 관한 개인적인 자료의 짧은 사례를 통해 긍정 정서를 대인관계 상황에서 어떻게 활용할 수 있는지를 알려 주고 있다.

감사하기(Tsang와 동료들; Froh와 Bono)와 나눔(Dillard와 동료들), 그리고 정서 지능(David와 Ebrahimi)이 어떤 이득을 주는지가 네 개 장에 걸쳐서 소개되고 있다. 우리는 다른 사람에게 감사하는 것과 선행하는 것이 우리 자신에게 얼마나 좋은 일인지를 잘 알지 못했었다.

마지막으로, 두 집단의 연구자들이 다소 새로운 분야를 소개하고 있다. Pittinsky와 Maruskin은 '타인애(allophilia)'라는 새로운 용어를 통해서 대인관계의 새로운 과학을 소개하고 있다. Wong과 Rochlen은 남자의 정서적 측면을 논의하고 아울러 정서 경험에 주목하는 것이 어떻게 남자와 그들의 대인관계를 변화시키는지에 대해서 소개하고 있다.

3권: 역경을 통해 성장하기

당신이 루이지애나 남부에서 성장했다면, 물과 날씨가 얼마나 대단한지를 배웠을 것이다. 2005년에 물과 날씨가 힘을 합쳐 역사상 가장 강력하고 파괴적인 허리케인으로 기록된 카트리나와 리타를 만들어냈다. 당신은 뉴올리언스를 완전히 폐허로 만들어 버린 카트리나에 대해서 들어봤을 것이다. 그러나 나의 고향인

아카디아나에 몰아닥쳤던 카트리나에 버금가는 리타에 대해서는 아마도 기억하지 못할 것이다. 그 폭풍우가 몰아치고 나서 이틀 뒤에, 나는 폭풍우로 집을 잃어버린 어머니를 돕기 위해 고향으로 향했다. 그때 나는 내가 어떤 것을 목격하게 될지, 즉 인간이 지니는 최악과 최선의 모습을 예상하지 못했다. 그래서 나는 사람들이 그토록 빨리 회복하는 것에 대해서도 놀라지 않을 수 없었다. 집과 삶을 재건하는 노력은 모든 곳에서 일어나고 있었다. 내가 고향에 내려가 있는 동안 발견한 두 가지 사실은 이 책의 여러 장에서도 지지되고 있다. 첫째, 사람들은 그 어떤 것에 대해서도 곧바로 회복할 수 있으며, 결심과 희망에 의해서 그렇게 될 수 있다. 둘째, 회복하는 것은 사회적 현상이다. 혼자서 회복하는 일은 매우 드물기 때문이다.

이 책에서 Fazio와 동료들은 상실과 역경을 통해서 성장했던 자신들의 흥미진진한 경험을 들려준다. 아울러 우리가 인생 최악의 시기를 경험한 후에 우리의 삶을 앞으로 나아가게 하는 방법을 모색하는 데 도움이 되는 설명체계를 제시하고 있다.

두 개의 장(Berman과 동료들; Zacchilli와 동료들)에서는 우리 모두가 경험하게 될 경험, 즉 낭만적 사랑의 갈등과 실연에 어떻게 대응해야 하는지를 설명하고 있다. 대부분의 사람은 연애를 시작하기 전에 친밀한 관계에 대한 연구자료를 잘 숙지하기를 원할 것이다. 나 역시 그렇다. 선택의 문제이기도 한 용서(Holter와 동료들에 의하면)는 심지어 어린 시기부터 갈등적 관계를 해결하려는 시도와 밀접하게 관련되어 있다.

일련의 장을 통해서 특수한 갈등과 이를 극복하기 위한 방법이 소개되고 있다. 특히 Wehmeyer와 Shogren은 경미한 인지장애를 지닌 학생들이 어떻게 자기주도적인 학습자가 되는지를 설명하고 있다. Aronson과 Rogers는 고정관념에 의한 위협이 지니는 악영향과 이를 예방하고 극복하는 방법을 소개하고 있다. 다음으로, Ebberwein은 노동자들이 직업 장면에서 좀 더 유연하게 적응할 수 있는 다양한 기술을 제시하고 있다.

마지막 장에서, Greenberg는 역경으로부터 의미를 발견하는 가장 고전적인 방법 중 하나인 스토리텔링 기법을 소개하고 있다. 정서적인 스토리텔링의 강력한 긍정적 효과를 매우 자세하게 설명하고 있다.

4권: 인간의 번영 추구하기

당신 앞에 사다리가 있다고 상상해보라. 사다리의 가장 아랫단은 0이고, 가장 윗단은 10이다. 현재 당신은 어느 단계에 있는가? 5년 후에는 어느 단계에 있을 것인가?

이 물음은 지난 50여 년 동안 여론조사자와 연구자들이 자주 사용했던 것이다. 이 물음에 대한 당신의 응답은 당신의 희망과 웰빙에 관해 많은 것을 알려주고 있다. 5년 후에 펼쳐질 당신의 삶에 대해 생각하면서 떠오르는 심상은 아마도 번영 또는 좋은 삶과 관련되어 있을 것이다. 번영은 바로 이 책의 초점이다.

첫 번째 장에서, Ambler는 인간의 번영을 완전한 정신건강으로 정의하고 있다. 긍정 정서가 존재하고 정신질환 증상이나 고통이 부재한 상태에서, 우리는 인생 사다리의 최고 단계를 향해 나아갈 수 있다.

두 개의 장(Kurtz와 Lyubomirsky; Myers)은 행복에 기여하는 요인과 행복의 지속 가능성을 다루고 있다. 아마도 당신은 유전과 돈이 인간의 행복이라는 복잡한 이야기의 일부라는 것을 알고 놀라게 될지 모른다. Vansteenkiste와 동료들은 웰빙 상태를 이루는 데에 물질주의가 지니는 부정적인 역할을 밝힘으로써 웰빙 상태에 이르는 경로를 논의하고 있다.

다음의 세 장(Gilman과 동료들; Harter; Eagle)은 모범사례를 통해서 사람들이 어떻게 학교와 직장에서 잘(매우 잘) 기능하는지 그리고 좋은 가족의 구성원이 되는지를 소개하고 있다. 그리고 다른 한 장(Kerr와 Larson)에서는 똑똑한 소녀들이 어떻게 재능 있고 유능한 여성으로 성장하는지를 보여주고 있다.

마지막의 세 장은 우리가 리더로서(Avolio와 Wernsing), 시민적 참여를 통해서(Sherrod와 Lauckhardt), 그리고 우리를 힘겹게 하는 우울증상의 극복을 통해서(Rashid) 어떻게 최적의 기능 상태를 적극적으로 추구할 수 있는지를 제시하고 있다.

차례

1

긍정 정서의 확장 · 축적 · 완충 효과

· Bethany E. Kok,
Lahnna I. Catalino와 Barbara L. Fredrickson

긍정 정서의 확장 · 축적 · 완충 효과

Bethany E. Kok, Lahnna I. Catalino와 Barbara L. Fredrickson

우리는 왜 유쾌한 기분을 느낄까? 우리가 긍정 정서를 경험하는 데에는 어떤 이유가 있는 것일까? 아니면, 긍정 정서는 단지 행동과 반응의 부산물에 불과한 것이어서 인간의 행위에 아무런 실질적 영향을 미치지 못하는 것일까? 아리스토텔레스는 행복을 도덕적인 삶의 부산물이라고 믿었으며, 긍정 정서는 마치 '막대에 달린 당근'처럼 우리가 잘 살도록 동기부여하기 위해 존재할 뿐이라고 말했다. Tina Turner의 〈What's love but a second-hand emotion?〉에 나오는 노랫말처럼, 대중가요 역시 긍정 정서가 무언가의 부산물일 뿐이라는 생각에서 크게 벗어나지 못하는 것 같다.

우리는 기쁨, 평온, 감사, 사랑과 같은 긍정 정서를 단순히 쾌락적인 것, 즉 긍정 정서의 유일한 목적은 유쾌한 기분을 느끼는 것이며, 긍정 정서에 대한 탐닉은 이기적인 것이라고 생각하기 쉽다. 반면, 부정 정서가 아무런 심리학적인 가치를 지니지 않는 다고 주장하는 사람들은 드물거니와 그렇게 주장하는 심리학자 들은 거의 없다. 부정 정서는 우리가 매우 특수하고 자기보호적 인 방식으로 행동하게끔 하여 진화적으로 적응적인 존재가 되는 데 기여한다는 생각이 과거 수십 년의 연구를 통해서 지지되었 다. 당신이 공포를 느끼면, 아드레날린이 몸 전체에 퍼지고 당신 은 살아남기 위해 도망을 치거나 싸울 준비를 하게 된다. 누군가 가 당신을 공격하면, 당신은 분노를 느끼게 되고 모든 에너지를 동원하여 반격하거나 스스로를 보호하게 된다. 또한 불행한 일 이 일어나면, 당신은 슬픔을 느끼게 된다. 그러면 당신은 조용한 곳으로 가서 가만히 머물며 슬픔을 극복하려 할 것이다. 이렇게 진화적으로 적응적인 모든 반응은 부정적인 생활사건으로부터 안전을 기하고, 스스로를 보호하며, 에너지를 저장하도록 돕는 다. 당신은 그저 아무런 이유 없이 화가 나거나 두려워하거나 슬 퍼하는 것이 아니라, 이러한 감정들로 인해 상황에 따라 특정하 게 정해진 방식대로 행동하게 되는 것이다.

긍정 정서에 의해 유발되는 특정 행동들을 생각해내는 것은 더 욱 어렵다. 기쁨이라는 정서는 불특정적인 행동경향성으로 정의 된다. 예컨대, 당신이 기쁠 때는 어떤 행동(춤추기, 노래하기, 껴안 기, 소설책 읽기, 그림 그리기, 웃기)이든 하고 싶어 할 것이다. 반 면, 평온할 때는 특별히 어떤 행동을 하려 하지 않는다. 평온함을 느끼는 사람들은 뒤로 물러나 앉아 현재의 순간을 음미하며 주변 의 소소한 것들에 주의를 기울이고 그 하나하나를 향유하는 경향 을 보인다. 이와 같이 개별적인 긍정 정서로 인해 생길 수 있는 반응의 범위가 넓을 뿐만 아니라 그 반응이 매우 미묘해서(어떤 사람이 음미하고 있는지 아닌지를 구별하기 어렵고 '무엇이든 하려는' 행동경향성은 관찰하기 힘든 주관적인 경험이다), 긍정 정서의 역할과 진화적인 목적을 규명하는 것은 매우 어려운 일이었다. 뒤로 물러앉아서 아름다운 일몰을 즐기는 것, 또는 악기를 연주하며 노래하고 춤추려는 충동을 한꺼번에 느끼는 것이 유익한 일일까? 원시인들이 포식자를 피하고, 음식과 쉼터를 찾으며, 짝짓기를 하고, 자손을 양육하는 데 있어 긍정 정서로 인해 유발된 이런 충동들은 어떤 도움이 되었을까?

　오랫동안 이러한 질문들에 대한 해답은 없었다. '정서' 이론들은 일반적으로 부정적인 정서에 초점을 맞추었으며, 과학자들이 정서의 진화적 기능을 설명할 수 있다고 주장했을 때 그것은 사실 '부정적인' 정서들을 설명할 수 있다는 의미였다. 긍정 정서와 부정 정서를 모두 설명하려고 시도했던 이론으로 Carver와 Scheier(1990)의 '정서의 기원 및 기능에 대한 통제과정의 관점'이 있다. Carver와 Scheier는 모든 긍정 정서와 부정 정서가 목표를 향한 진행 상황을 알리기 위해 존재한다는 관점을 제안하였다. 부정 정서는 목표를 향한 아무런 진전이 없다는 것, 심지어 그 목표가 더 멀어졌다는 것을 알리는 방식이다. 반면, 긍정 정서는 원하는 목표를 향해 전진하고 있다는 것을 의미한다. 이러한 정서적 변화는 긍정적 혹은 부정적 방향으로의 진전 비율을 나타낸다. 눈물을 흘리면서 웃는 것과 같이 혼합된 정서를 경험하는 것은 인간이 다양한 목표를 동시에 가질 수 있으며, 이러한 목표들이 갈등을 일으키거나 혹은 동시에 서로 다른 방향으로 진행될 수 있기 때문에 가능한 일이다. 정서에 관한 Carver와 Scheier의 이론에서는 인간의 심리를 근본적으로 동기적인 것으로 개념화한다. 즉, 우리는 특정한 목표를 추구하도록 동기를 부여받으며, 우리가 선택한 목표들과 그 목표들을 향해 나아간 정도에 따라 행동, 반응, 사고, 감정이 존재한다.

Carver와 Scheier는 동기적인 관점에서 정서를 설명하면서도, 다른 진화적인 관점의 설명들을 배제하지는 않았다. 부정 정서에 대한 연구에서는 부정 정서가 단지 동기적인 지표일 뿐 아니라 특정적인 행동경향성을 유발하기 때문에 적응적이라는 증거들을 제시하고 있다. 예컨대, 만약 당신이 두렵다면 도망치고 싶을 것이고, 화가 나면 싸우고 싶을 것이다. 정서는 목표를 향한 진전을 나타낼 뿐만 아니라 당신이 특정한 행동을 취하도록 준비시킬 수 있다. 이러한 특정적인 행동경향성은 사고에도 포함된다. 즉, 정서는 당신을 초조하게 하거나 공격적인 생각을 하게 함으로써 마음에 영향을 미칠 뿐만 아니라 특정적으로 행동하도록 우리 몸을 준비시키기도 한다. 만약 이 순간 갑자기 위험한 것을 보고 공포를 느낀다면, 당신은 도망치려는 급박한 충동을 경험할 뿐만 아니라 도망치기 위한 신체적인 준비를 하기 위해 심혈관계에서 1/1,000초 이내에 산화된 혈액을 근육으로 보내도록 방향을 전환할 것이다.

특정적인 행동경향성이라는 개념은 부정 정서의 진화적 의미를 설명하는 데 상당히 유용하며, 부정 정서가 마음과 신체에 어떻게 영향을 미치는지를 이해하는 데 도움이 되었지만, 긍정 정서의 효과를 설명하려는 시도에는 별로 도움이 되지 않았다. 어떤 사람이 기쁨을 느껴 무엇이든 하고 싶어질 때, 과연 우리 몸은 어떻게 특정한 행동을 하도록 준비될 수 있을까? 평온함과 관련된 '아무것도 하지 않는 것' 을 과연 특정적인 행동경향성이라고 부를 수 있는가? 긍정 정서는 부정 정서와 다른 과정을 통해 작동하는 것 같다. 이는 오랜 기간 동안 긍정 정서와 부정 정서가 독립적임을 밝혀온 연구들에 의해 지지된다. 즉, 사람들이 느끼는 긍정 정서의 양은 부정 정서의 양에 영향을 미치지 않으며, 그 반대도 마찬가지다. 생일에 느끼는 행복감이 최근 돌아가신 Morty 삼촌의 영정사진을 보고 느끼는 깊은 슬픔을 없애줄 순 없다. 긍정 정서와 부정 정서는 독립적으로 변할 수 있기 때문에, 우리가 긍정 정서와 부정 정서 모두를 동시에 느낄 수 있는 것이다. 특정적인 행동경향성은 부정 정서의 유용성을 설명하는 반면, Barbara Fredrickson(예: Fredrickson & Branigan, 2005)이 제안한 "확장 및 축적" 이론은 긍정 정서의 유용성에 대한 진화론적 설명을 제시하고 있다.

긍정 정서에 관한 초기 연구

Alice Isen의 창의성 연구가 긍정 정서에 대한 Fredrickson의 이론에 토대가 되었다. Isen은 사탕선물을 받거나 짧은 코미디 영화를 보면서 긍정 정서를 경험한 사람들이 중립적이거나 부정적인 정서를 경험한 사람들보다 다양한 측정치들에서 더 높은 창의성을 보인다는 점을 밝혀냈다. 긍정 정서를 경험한 사람들은 단어연상 과제에서 특별한 단어를 연상하고, 참신한 문제해결 방식을 찾아내며, 사물을 분류할 때 더욱 포괄적인 범주들을 만들어서 사용하는 경향이 높았다. 이러한 효과에 대해서 Isen과 동료들은 긍정 정서가 인지구조를 변화시킨 결과라고 생각했다(Isen, Daubman, & Nowicki, 1987). 다시 말해서, 사람들이 긍정 정서를 경험하면 문제에 대해 사고하고 지식을 구조화하는 방식이 변화하기 때문에, 연관되어 있지 않은 사물들을 보다 쉽게 연상하거나 연결할 수 있는 것이다.

이렇듯 유연한 사고는 문제해결 능력을 향상시키고, 선조들과 우리 모두에게 중요한 생존적 특성(survival trait)을 증가시킨다. Isen의 창의성 과제 중 한 가지 예를 통해 긍정 정서의 적응적 유용성을 이해할 수 있다. Isen은 참가자들에게 "양초 과제(candle task)"를 완성하도록 했다. 즉, 참가자들은 양초 한 자루, 성냥 한 갑, 압정 하나가 있는 탁자에 앉고, 탁자 옆 벽에는 코르크판이 있다. 참가자들에게 "탁자나 바닥 위에 촛농을 떨어뜨리지 않고 불을 켤 수 있도록" 코르크판에 양초를 부착하는 과제를 제시한 것이다(Isen, Daubman, & Nawicki, 1987, p. 1123).

당신은 이 과제를 해결하는 방법을 생각해낼 수 있는가? 평범한 해결책은 성냥갑 속에 담긴 성냥을 밖으로 끄집어낸 후에, 압정을 사용하여 성냥갑을 코르크판에 붙여서 양초를 세우는 선반으로 사용하는 것이다. Isen의 연구에서, 과제를 시작하기 전에 긍정 정서를 유발하는 짧은 영화를 봤던 참가자들의 75%가 문제를 해결할 수 있었다. 반면, 중립적인 영화를 본 참가자의 20%와 부정 정서를 유발하는 영화를 본 참가자의 13%만이 과제를 해결할 수 있었다. 코르크판에 양초를 부착하는 '맥가이버'의 능력은 아마 생존에 절대적으로 중요한 것은 아닐 것이다. 하지만 원시인들에게는 일상적인 사물의 대안적 용도를 생각해내는 데 필요한 유연한 사고가 생존에 필수적이었을 것이며, 이는 오늘날에도 여전히 꼭 필요한 능력이다.

긍정 정서의 확장 및 축적 이론

긍정 정서의 확장 및 축적 이론은 긍정 정서가 일반적으로 인간의 인지 및 행동에 미치는 영향을 설명하기 위해서, 긍정 정서가 창의성에 미치는 영향에서부터 개괄한다. 이 이론에서는 부정 정서가 특정적인 행동경향성을 통해 행동의 선택범위를 축소시키는 것과는 대조적으로, 긍정 정서가 가능한 행동들에 대한 생각을 확장하고 더 넓은 범위의 사고와 행동을 자각하도록 한다고 주장하고 있다.

부정 정서로 인해 축소된 사고방식은 생존에 위협을 받는 경우에 적응적인 반면, 긍정 정서로 인해 촉발된 사고방식은 이와 다른 방식으로 그리고 더 장기적인 측면에서 적응적이다. 즉, 확장된 사고방식은 발달을 촉진시키고 불가피한 생존위협들을 더 잘 다루도록 우리 선조들의 자원을 축적하는 데 기여했기 때문에 적응적이라고 할 수 있다.

예컨대, 우리가 앞서 기쁨이라는 정서와 연관 지었던 유희적인 사고방식을 생각해보자. 행동생물학적 연구에서는 복합유기체들이 또래와 놀이할 때 우정과 다른 사회적 친교관계를 맺고, 이를 통해 사회적 자원을 얻는다는 것을 입증한다. 이러한 사회적 자원은 생존에서의 차이를 증대시키며, 어떤 특정 환경에서는 생존 여부를 결정하기도 한다. 또한 평온함과 관련된 관조적인 사고방식에 대해서도 생각해보자. 인간의 두드러진 특징 중 하나는 경험을 통해 배우는 능력이다. 어떤 사람이 평온함을 느끼는 가운데 현재 자신의 경험을 향유할 때 발생하는 반성적이고 통합적인 사고가 없다면, 경험을 통한 학습은 진정 이루어지지 않을 수 있다. 다시 말해서, 현재의 경험을 과거와 연결함으로써 얻게 되는 지식과 견해의 축적은 생(生)과 사(死)의 차이를 만드는 것이다.

확장 및 축적 이론에서는 긍정 정서가 우리 선조에게 적응적이었다고 주장한다. 왜냐하면 긍정적 상태와 확장된 사고방식은 개인이 더욱 발전할 수 있도록 오랜 기간 동안 사회적·심리적·지적·육체적 자원들을 축적하고 조합하기 때문이다. 축적된 자원은 선조들이 이후 삶에서 불가피한 위협에 맞닥뜨렸을 때, 생존과 번식에 유리한 조건이 될 것이다. 긍정 정서를 경험하는 능력이 유전적으로 부호화되었다면, 이러한 능력은 현대인이 경험하는 긍정 정서의 형태와 기능을 설명하는 방식으로 자연선택에 의해 형성되었을 것이다.

확장 및 축적 이론에서는 긍정 정서가 장·단기적으로 서로 다른 효과를 보인다고 가정한다. 긍정 정서는 단기적으로 행동의 선택 가능성을 확장하여 창의성을 증대시키는데, 이는 부정 정서가 좁은 범위의 행동을 유발하는 것과 직접적으로 대비된

다. 또한 긍정 정서는 주의 폭을 넓혀, 사람들이 환경을 더 많이
알아차리고 주변에서 진행되는 것을 더 잘 인식하도록 돕는다.
부정 정서가 초점을 좁혀 안전하고 친숙한 것을 취하고 새로운
경험을 거부하도록 하는 것과 반대로, 긍정 정서는 새로운 경험
에 대한 개방성도 높인다. 이처럼 부정 정서는 근본적으로 사고,
행동, 흥미의 선택 가능성을 축소시키는 반면, 긍정 정서는 이를
확장시킨다.

이러한 효과를 더 잘 이해하기 위해 애비(Abby)의 사례를 생각
해보자. 애비는 친구들과 함께 밤에 시내중심가로 놀러 나갔다.
그녀는 남자친구와 싸워서 매우 화가 난 상태에서 운전을 했는
데, 차선을 바꾸다가 다른 차와 거의 부딪칠 뻔한다. 친구들이 다
른 운전자의 잘못이 아니라고 주장해도 그녀는 그 차가 갑자기
튀어나왔다고 주장한다. 친구들은 중심가에 있는 새로운 클럽에
가고 싶어 하지만, 애비는 친구들과 헤어져 평소에 자주 가는 식
당에 가기로 결심한다. 애비가 남자친구와 싸운 일에 신경을 쓰
느라 주변 상황에 주의를 기울이지 않고 새로운 경험에도 흥미가
없는 현상이 바로 '분노(anger)'라는 감정의 단기적 축소효과를
증명하고 있다.

이와 반대로 클레어(Claire)의 사례를 생각해보자. 그녀도 친구
들과 밤에 시내중심가로 놀러 가고 있는데, 너무나 기쁘고 한껏
들떠 있다. 중심가로 운전해 갈 때, 클레어는 창문을 내리고 수목
원의 다채로운 꽃향기를 느끼며 봄의 공기를 깊게 들이마신다.
그녀는 한 번도 수목원에 가보지 않았지만 갑자기 수목원에 가고
싶은 욕망에 사로잡힌다. 뭐든 하고자 하는 자유로운 욕구(free-

floating desire), 주변의 사소한 것에 대한 관심, 새로운 것을 시도
하려는 흥미 등은 모두 '기쁨'이라는 감정이 지닌 단기적 확장효
과와 관련된다.

더불어 긍정 정서는 사람들에게 장기적으로도 영향을 미친다.
확장 및 축적 이론에서는 수많은 단기적 확장경험에서 얻어진 이
득이 축적되어, 긍정 정서의 장기적 효과가 발생한다고 가정한
다. 즉, 창의성, 문제해결 능력, 주의 폭, 경험에 대한 개방성이
단기적으로 증대되면 우리가 인생에서 더욱 건강하고 현명한 선
택을 하게 되어, 사회적·심리적·지적·육체적 자원을 축적할
수 있다. 역경에 더 잘 대처하고, 더욱 친밀하고 깊이 있는 관계
를 형성하며, 면역기능이 향상되는 것이 이러한 자원이 증가했음
을 나타내는 것이다.

부정 정서와 긍정 정서의 서로 다른 장기적 효과를 설명하기
위하여, 다시 애비와 클레어의 예로 돌아가 보자. 앞서 제시한
상황에서 애비는 화가 나 있었는데, 이는 그녀의 전형적인 기분
상태다. 그녀는 목표지향적이고, 성급하며, 자주 스트레스를 받
는다. 그 결과 많은 친구가 떠나갔고 남자친구와의 관계를 유지
하는 데에도 문제가 있다. 또한 '화'는 스트레스 수준과 아드레
날린을 높게 유지하여 건강에 해를 끼친다. 애비는 화내는 데에
너무 많은 시간을 소비하기 때문에, 결정을 내릴 때 옳은 것보다
빠른 것을 선호하여 최선의 선택을 고려하지 못한다. 그녀는 자
기 자신을 몰아세우기 때문에 몸이 아프면 스트레스 수준이 증가
하고, 이로 인해 더 오랫동안 몸져눕게 된다. 애비는 서투른 사회
적 행실, 잘못된 의사결정, 잦은 병치레로 인해 새로운 사람과 관

계 맺을 기회를 누리지 못한다. 이런 사실들로 인해 그녀는 더욱
화를 내게 되고, 이 때문에 사회적 고립이 더 심해지며, 건강이
악화되고, 의사결정에 더 실패하는 악순환을 반복한다. 인생에
서 힘든 시기에 부딪힐 때, 애비에게는 지지자원이 거의 없기에
회복하는 것도 더 힘들다.

클레어의 즐거운 기분 역시 그녀의 삶의 태도에서 엿볼 수 있는
두드러진 특징이었다. 클레어가 즐거운 기분을 자주 느끼기 때
문에, 친구들도 그녀와 함께 시간 보내기를 좋아한다. 이는 힘들
때 그녀를 지지해주고 불행에서 벗어나도록 도와줄 사람들과의
강력한 유대관계를 만들어낸다. 또한 쾌활함은 스트레스를 중화
시키는데, 이를 통해 그녀는 부정 정서에 압도되지 않고 문제의
근원에 집중하게 된다. 클레어는 창의적으로 문제를 해결하는
데, 이는 직업적인 성취에 도움이 되고 무슨 일을 시작하기 전에
미리 걱정하지 않게 한다. 그녀는 질병까지도 직면하려 노력하
고, 몸이 아픈 것에 초조해하면서 모든 에너지를 쓰지 않기 때문
에 훨씬 빨리 회복한다. 시간이 흐를수록 그녀가 축적한 자원들
(건강, 좋은 친구, 현명한 문제해결 기술)은 통합되는데, 이러한 자
원은 당면한 문제를 해결하고 미래에 발생할 수 있는 문제를 피
하는 데 도움이 된다. 세상을 바라보는 긍정적인 관점이 좋은 결
과를 이끌어냈기 때문에 클레어는 훨씬 더 긍정적인 감정을 갖게
된다. 이처럼 긍정 정서가 자원을 축적하고 이것이 또다시 더욱
긍정적인 정서를 이끌어내는 것을 '상향적 선순환(upward spiral)'
이라 부른다. 상향적 선순환은 우리가 문제에 맞닥뜨렸을 때 탄
력성을 증가시키고, 삶을 더 풍요롭고 의미 있게 만드는 장기적

자원들을 저장한다.

확장과 축적의 과학적 증거

우리는 어떻게 긍정 정서가 작동하는 방식을 발견했을까? 오랫동안 실험실이나 현장에서 수행된 심리학 연구들 속에 그 답이 있다. 확장 및 축적 이론은 과학적 방법을 엄격히 적용하여 무선할당의 원칙을 통해 검증되었다. 실험자들은 대학생에서 노인에 이르기까지 각 개인에게 미치는 긍정 정서의 효과를 조사했다. 많은 연구에서 실험자들은 정서의 각기 다른 효과를 연구하기 위해 집단을 나누어 긍정 정서, 중립 정서, 혹은 부정 정서를 유발했다. 비디오를 보거나 글을 읽는 등의 방식으로 정서 유발을 조작한 실험조건에 참가자들을 무선 할당하였는데, 이는 실험참여자가 긍정 정서, 부정 정서, 중립 정서를 경험할 확률이 동등하다는 것을 의미한다.

무선 할당을 한 이유는 모든 집단이 서로 동질적이므로 연구결과가 성격특질이나 성별, 문화적 차이에 기인할 수 없음을 입증하기 위해서였다. 즉, 각 집단에는 기본적으로 이기적인 사람, 동정적인 사람, 여성, 남성, 부유한 사람, 내향적이거나 외향적인 사람들이 균등하게 분포되어 있는 동질적인 집단이다. 즉, 각 집단이 받은 실험적 처치만이 집단 간의 유일한 차이였다(예: 실험에서 각각의 집단이 시청한 비디오의 종류).

확 장

확장 및 축적 이론에 따르면, 긍정 정서는 주의 폭과 '사고 및 행위의 선택 가능성(thought-action repertoire)'을 확장시킨다. 이 단락에서 기술된 연구들은 이 이론의 확장된 요소들을 예측하기 위해 어떻게 과학적 방법이 사용되었는지를 설명한다. 이러한 연구들은 상식적인 수준에서뿐만이 아니라 연구 자료를 통해서도 긍정 정서의 확장효과가 실제적이고 믿을 만한 현상이라는 것을 보여준다.

확장된 주의

폭넓은 사고의 이득을 설명하기 위하여 다시 애비의 예로 돌아가 보자. 그녀는 종종 방과 후 저녁 때까지 친구들과 어울린다. 어느 날 애비와 친구들은 체스를 하기로 한다. 애비가 즐거울 때는 체스판의 전체적인 경로를 따라가는 것이 더 쉽기 때문에, 다음에 놓을 것에 대해 더 영리한 결정을 내릴 수 있다. 반대로 슬프거나 좌절스럽거나 혹은 단순히 중립 정서를 느낄 때는 한 번에 전체 체스판의 경로를 따라가는 것이 더 어렵다. 그녀는 큰 그림을 보기보다는 체스판의 일부분에만 집중하고 있다는 것을 스스로 깨닫게 되고, 게임에서 고전할 것이다. 정서가 주의 폭에 미치는 영향은 Fredrickson과 Branigan(2005)의 연구에서 밝혀진 바 있다. 실험에서 참가자들은 긍정 정서, 부정 정서, 중립 정서를 유발하는 영화의 한 장면을 보는 조건에 무선 할당되었다. 펭귄이 얼음 위에서 미끄러지는 장면은 재미를 유발하였고, 산, 시냇물, 초원과 같은 자연정경을 보여주는 장면은 안도감을 유발하였다. 또한 등산에서 사고가 일어나는 장면은 공포를 유발했고, 다른 사람을 비웃는 남자들을 보여주는 장면은 분노와 혐오를 유발했으며, 컴퓨터 화면보호기를 보여주는 장면은 아무런 정서도 유발하지 않았다. 참가자들에게 각 장면을 본 후 두 기하도형 중 어떤 것이 '표준기하도형(standard geometric figure)'과 더 유사한지를 보고하게 하였다. 선택에 정답은 없었지만, 두 기하도형 중 하나는 표준기하도형과 전체적인 배열에서 같았으며, 다른 하나는 국부적이고 세부적인 부분들이 같았다(연구에서 참가자들에게 제시했던 기하도형이 그림 1.1에 제시되어 있다.). 긍정 정서를 유발하는 두 장면 중 하나를 보았던 참가자들은 중립 정서나 부정 정서 장면을 보았던 참가자들보다 전체적인 배열이 같은 기하도형을 더 많이 선택했다. 즉, 긍정 정서는 사람들의 시각적 주의 폭을 확장시켰다.

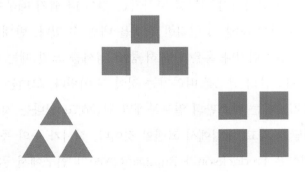

|그림 1.1| 전역-국소 시각적 처리과정

긍정 정서가 주의 폭에 미치는 영향이 일상생활에 적용되는 몇 가지 방식들을 쉽게 생각해볼 수 있다. 자동차 운전을 생각해보라. 우리는 운전학원에서 운전을 잘하는 방법은 갑자기 끼어든 차처럼 외부 환경 속 한 가지 대상에만 주의를 좁게 두는 것이 아니라, 길 전체에 넓게 주의를 기울이는 것이라고 배웠다. 여기서 초점을 넓게 맞춘다는 것은 우리 앞에 있는 길의 넓은 공간을 인식하는 것이며(왼쪽, 오른쪽, 앞쪽에 멀리 있는 차들), 이것이 가능해야 더 좋은 운전자라고 할 수 있다. 확장 및 축적 이론은 우리가 체스를 하거나 운전을 하는 것처럼 확장된 주의가 요구되는 활동을 할 때, 긍정 정서가 이롭다는 것을 보여준다. 우리가 만족스럽거나 평온할 때, 길이나 체스판을 전체적인 큰 그림으로 인식하기가 쉽다. 반대로 우리가 부정적이거나 중립적인 정서를 경험할 때, 이러한 경향성이 역전될 수 있다.

확장된 사고-행위 선택 가능성

긍정 정서는 우리의 주의 폭을 확장하는 것과 더불어 가능한 사고와 행위의 범위를 확장한다. 이번에도 방과 후 놀러 가는 고등학생 클레어와 친구들을 생각해보자. 클레어와 친구들이 냉담하거나 낙심하는 날에는 그들이 하고 싶은 일을 떠올리기가 어렵다. 그러나 그들이 만족스럽거나 즐거울 때에는 재미있는 활동을 생각해내는 것이 더 쉽다. Fredrickson과 Branigan(2005)은 정서가 어떻게 우리의 행위 선택에 영향을 미치는지 탐색하였다. 참가자들에게 긍정 정서, 부정 정서, 중립 정서 중 하나를 유발하는 장면을 본 후, 그 장면을 보면서 경험했던 정서들이 올라오는 상황 속에 있는 자신의 모습을 상상하도록 하였다. 예를 들어, 즐거움을 경험했던 참가자들은 즐거운 상황 속에 있는 자신을 상상했다. 그런 다음 그런 감정을 유지하면서 하고 싶은 일의 목록을 작성하도록 하였다. 긍정 정서 장면을 보았던 참가자들은 중립정서와 부정 정서 장면을 보았던 참가자들에 비해, 하고 싶은 목록을 더 길고 다양하게 생각해내는 경향이 있었다. 즉, 긍정 정서는 하고 싶은 행동의 개인적 목록을 '확장하였다.' 정서가 하고 싶은 행위의 범위에 영향을 미친다는 사실은 휴가 중에 사람들이 왜 더 모험적인 행동을 하는지에 대한 이유가 될지도 모른다. 아름다운 장소로 여행하면서 경험하는 유쾌한 기분 때문에 처음으로 행글라이더를 타거나, 다른 때에는 시도하지 않을 새롭고 이국적인 음식을 먹게 될지도 모른다.

확장과 타인 지각

긍정 정서가 인지적인 확장에 미치는 효과는 우리가 타인을 지각하는 방식을 변화시키기도 한다. 예를 들어, Johnson과 Fredrickson(2005)은 긍정 정서가 다른 인종의 안면지각을 향상시키는지를 검증했다. 인간은 다른 인종의 얼굴을 같은 인종의 얼굴보다 잘 구별하지 못하는 경향이 있다. 그래서 백인에게 흑인을 구별하는 능력은 다른 백인을 구별하는 능력보다 떨어진다. 이를 심리학적 용어로 안면지각에서의 자기인종 편향(own-race bias)이라고 부른다.

Johnson과 Fredrickson은 긍정 정서가 흑인의 얼굴을 인식하는 백인의 능력을 변화시켰는지를 조사하기 위해 두 단계의 연구를 수행했다. 첫 번째 단계에서, 백인 참가자들에게 학습할 백인 및 흑인 얼굴을 제시하였다(학습단계). 그런 다음 두 번째 단계에서는 학습단계에서 보았던 얼굴과 새로운 얼굴을 구별하는 능력을 알아보기 위해 참가자들에게 수많은 백인 및 흑인 얼굴을 제시하였다(시험단계). 실험자들은 참가자들에게 학습단계 전후에 각기 다른 정서를 유발하였다. 참가자들은 기쁨을 유발하는 스탠드업 코미디 장면을 보거나, 중립 정서를 유발하는 일상용품 목록을 보거나, 혹은 공포를 유발하는 공포영화 장면을 보았다. 학습이나 시험단계 전에 중립적이거나 부정적인 정서를 경험했던 참가자들과는 달리 긍정 정서를 경험했던 참가자들은 더 이상 자기인종 편향을 보이지 않았다. 즉, 긍정적인 정서 경험은 백인이 다른 인종을 인식하는 능력을 향상시켰다.

긍정 정서를 경험한 후에 자기인종 편향이 '왜' 사라졌는지에 대해서는 정확히 알려져 있지 않다. 연구자들은 긍정 정서에 대한 기존 연구에서 지지된 두 가지 가능한 설명을 제시한다. 첫 번째 설명을 살펴보면, 우리는 전형적으로 같은 인종의 얼굴을 전체로서 처리하기 때문에, 긍정 정서를 통해 주의 폭이 확장되면 다른 인종 얼굴을 더 잘 인식할 수 있다는 것이다. 이 설명은 우리가 전형적으로 다른 인종 얼굴을 전체로 인식하기보다는 세부 특징을 지각하는 한 사실일 것이다. 두 번째 설명은 긍정 정서가 다른 사회적 집단 구성원들을 포괄할 수 있도록 정체성을 확장시킬지도 모른다는 것이다. 즉, 긍정 정서는 우리가 우리 자신과 타

집단 구성원을 '우리(나의 인종집단)' 대 '그들'로 생각하기보다 '우리 모두'로 생각하도록 유도하기 때문에, 우리와 타 집단 구성원 간의 지각된 차이를 줄일 수 있다.

이러한 맥락에서, 긍정 정서는 자신과 타인의 차이를 줄여주고 자신과 타인의 연결을 강화시킨다. 이때 연결은 '자기' 속에 '타인'을 포함하는 것으로 개념화되는데, '타인'은 친구와 낯선 사람을 모두 포함한다(Aron, Aron, Tudor, & Nelson, 1991). 이러한 연결을 나타내는 간단한 방법은 '자기-타인 중첩(self-other overlap)'이다. 우리 자신의 자기개념과 타인의 자기개념이 중복되는 점을 상상하는 것은 확실히 추상적인 과제이며, 평소에는 거의 이러한 과제를 수행하지 않을 것이다. 그러나 실례를 들어보기 위해 자기 자신과 자신의 절친한 친구를 상상해보라. 당신이 그 사람과 좋은 관계를 맺고 있다면, 아마도 당신의 자기개념과 친한 친구의 자기개념이 대체로 겹쳐진다고 인식할 것이다. 당신은 자기(self)의 일부를 '나의 절친한 친구의 친구'로 정의하고, 많은 특성과 기호를 공유하고 있다. 이제 자신과 주치의를 상상해보아라. 당신이 주치의와 가까운 친구가 아니라면, 당신의 자기개념과 주치의의 자기개념이 겹쳐지기가 쉽지 않다. 당신과 주치의는 공통점이 적고, '내 주치의의 환자'로서의 정체성이 자기개념의 중요한 부분이라고 주장하기는 어려울 것이다.

당신의 자기개념이 타인의 자기개념과 중첩되는 정도는 그 사람과 당신의 관계에 따라 결정될 수 있다. 만약 자기-타인 중첩이 크다면, 당신은 그 사람에게 더욱 감정이입을 하고, 그들의 욕구에 맞추어 행동할 것이다. 역으로 만약 자기-타인 중첩이 적다면, 당신은 그 사람을 위해 별로 호의를 보이지 않을 수 있다.

Waugh와 Fredrickson(2006)은 긍정 정서가 대학의 새 룸메이트 간의 자기-타인 중첩에 어떻게 영향을 미치는지에 관심을 가졌다. 신입생들은 우선 자신의 정서와 성격에 대한 질문에 응답하였고, 학기가 시작하는 첫 주와 4주 후에 룸메이트와 자신의 자기-타인 중첩에 대한 질문에 응답하였다. 추가적으로 참가자들은 두 기간 사이에 매일 정서에 관한 질문에 응답하였다. Waugh와 Fredrickson은 학기 첫 주에 더 높은 긍정 정서를 보고한 신입생들에게서 새로운 룸메이트와의 자기-타인 중첩이 증가되었음을 발견하였다. 또한 처음 한 달 동안 부정 정서에 비해 긍정 정서의 비율이 더 높은 신입생들이 낮은 신입생들보다 자기-타인 중첩이 더 크게 증가한 것으로 보고하였다. Waugh와 Fredrickson의 연구결과는 긍정 정서가 확장을 이끌어내는 또 다른 방식을 나타낸다. 즉, 긍정 정서는 시각적 주의와 사고-행위의 선택 가능성을 확장시킬 뿐 아니라, 타인을 포용하도록 자기 개념을 확장시킨다. 즉, 우리와 타인 사이에 존재하는 보이지 않는 벽이 희미해지고, 관계가 더욱 연결되었다고 느끼게 된다. 자기-타인 중첩이 더 많아진다는 것이 사회적 관계에서 갖는 함의는 이후 긍정 정서가 어떻게 사회적 자원을 축적하는가에 대해 논의할 때 언급될 것이다.

확장과 창의성

긍정 정서가 인지를 확장하는 경향성은 유연하고 창의적인 사고와 관련된다. 일상생활 속에서 창의적인 사고(다르게 보이는 개념을 타당하면서도 독창적인 방식으로 통합시키는 사고)가 요구되는 다양한 과제들이 있다(Isen, Daubman, & Nowicki, 1987). 현재 새로운 아파트에 어울리지 않는 낡은 목재 커피탁자를 갖고 있으며, 새로운 아파트를 꾸미기 위하여 단 10달러의 한정된 예산이 있다고 생각해보자. 창의적으로 접근한다면 탁자를 최신 가구로 바꾸기 위해 스프레이 페인트 1통과 스텐실을 살 테지만, 덜 창의적으로 접근한다면 10달러짜리 새로운 커피탁자를 찾을 것이다.

우리는 앞서 Isen 등(1987)의 양초 과제를 설명하면서 긍정 정서가 창의성에 미치는 영향에 대해 언급했다. 하지만 긍정 정서가 창의성에 미치는 효과는 구체적인 물체를 이용한 창의성 문제를 푸는 데에만 국한되지 않는다. 이와 더불어 창의적 사고는 서로 달라 보이는 요소들을 유용하면서도 독창적인 방식으로 통합하도록 돕는다. 사계절 중 한 계절에 대해 시를 쓰는 과제를 생각해보라. 계절에 대한 시를 쓰면서도 독자를 지루하게 만들지 않기 위해, 우리는 창의적인 기술을 사용해야만 한다. 19세기에 John Keats는 "가을에게(To Autumn)"라는 시를 창작하였다. 그는 가을을 다음과 같이 묘사하였다.

> 안개와 무르익는 여물음의 계절,
> 익어가는 태양의 아주 가까운 친구,
> 그와 공모하여 초가지붕 위에 뻗어 있는 넝쿨에
> 열매가 한가득 차도록 축복한다(Keats, 1994, p. 193).

　나무 위의 열매를 익게 만드는 방법을 모의하는 태양의 친구로 가을을 묘사하는 것은 사전에서 찾을 수 있는 설명보다 분명 훨씬 더 창의적이다. 예컨대, 보다 평범하게 묘사하자면, 가을은 여름과 겨울 사이, 특히 북반구는 9월 추분에서 12월 동지 사이에 있으며, 흔히 그 시기에 잎의 색이 변하고, 날씨가 추워진다고 설명할 수 있다. 하지만 이러한 묘사는 가을을 지낸다는 것이 어떤 것인지를 진정 느끼게 하지 못한다. 인기 있는 보드게임인 Taboo는 창의적인 방식으로 세상을 바라보는 또 다른 기회를 제공해준다. 각각의 라운드마다 한 팀에서 한 명의 팀원이 나와서 표적단어가 있는 카드(예: 펠트(felt))를 읽고, 같은 팀원들에게 표적단어를 설명할 때 사용해서는 안 되는 단어의 목록(재료(material), 직물(fabric), 예술 프로젝트(art project) 등)을 함께 읽는다. 게임의 공통적인 성공전략은 표적단어를 비관습적인 방식으로 생각하는 것이다. 예컨대, 재료의 한 종류인 '펠트'와 관련된 단어를 떠올리는 대신, '느끼다(to feel)'의 과거시제동사를 떠올릴 수 있다.

　긍정 정서가 창의성에 미치는 효과는 1987년 Isen의 또 다른 연구에서도 나타난다. 참가자 중 일부에게는 긍정 정서 유발을 위해 사탕을 주고 다른 사람들에게는 아무것도 주지 않은 후, 모든 참가자에게 메드닉 원격연합검사(Mednick Remote Associates Test)를 실시하였다. 이 검사는 각기 다른 세 단어와 연관된 단어를 생각하는 것이다. 예를 들어 *sore, shoulder, sweat*이라는 단어를 받으면, 사람들은 세 단어 모두와 연관된 한 단어를 생각해야 한다. 이때의 정답은 cold 다. 우리는 'cold sore(입술발진)' 'a cold shoulder(냉대)' 'a cold sweat(식은땀)'를 상상할 수 있다.

하지만 한 번 보았을 때는 세 단어가 전혀 관련이 없는 것처럼 보인다. 그러므로 세 단어 모두와 개념적으로 연결된 단어를 생각해내는 데는 유연하고 창의적인 사고가 요구된다. 이 실험에서 사탕을 받았던 참가자들은 더 많은 긍정 정서를 느꼈으며, 그 결과 중립 정서를 유발하는 장면을 보았던 참가자들에 비해 정확한 답을 더 많이 찾아냈다. 즉, 긍정 정서는 사람들의 인지를 확장시켜서, 더욱더 창의적인 사고를 이끌어낸다.

축 적

확장 및 축적 이론에서는 짧은 확장경험이 많이 모여서 축적이 발생한다고 설명한다. 확장된 사고 및 행위의 선택범위는 좁은 사고 및 행위의 선택범위보다 다양한 패턴의 행위 및 의사결정을 가능하게 하고, 이를 통해 신체적 · 지적 · 사회적 영역에서의 투자가 증대된다. 오랜 시간에 걸쳐 이렇게 투자한 것들이 '축적되면서(add up)' 신체적 · 지적 · 사회적 자원을 만들어냈다. 이때의 자원들은 건강과 세상에 대한 이해, 타인과의 강한 결속과 같이 다양한 방식으로 나타난다. 축적에 대한 연구는 대부분 실험실에서 통제된 과학적 연구들이지만, 이는 실제 세상을 관찰함으로써 시작되었다.

신체적 자원의 축적

긍정 정서가 오랜 기간에 걸쳐 신체적 자원을 축적한다는 생각은 동물연구, 심장건강 및 면역체계에 대한 연구결과에 의해 지지된다. 긍정 정서를 연구하는 과학자들은 때때로 동물행동, 특히 동물의 놀이에서 영감을 받는다. 동물의 놀이가 실제로 동물이 정서를 느낀다거나 혹은 사람과 똑같은 정서를 느낀다는 것을 입증하지는 않지만, 실험실에서 동물을 관찰할 때 나타나는 놀이행동은 때때로 긍정 정서의 대체물로 이용된다.

놀이행동을 하는 어린 동물들은 같은 종의 성체(成體)가 포식자로부터 도망치거나 영역과 자원을 놓고 싸울 때 보이는 행동들과 유사한 행동을 보인다. 이러한 행동에 대한 예로 어린 아프리카 들다람쥐의 '도망치는 놀이(jinking play)'를 들 수 있다. 이때 어린 다람쥐들은 나무 사이를 뛰어다니는데, 먼저 정면으로 뛰어오른 후 다시 새로운 방향으로 이동한다(Ewer, 1966). 성숙한 다람쥐들이 포식자에게서 급하게 도망칠 때 바로 이런 행동패턴을 보인다. 이처럼 어린 다람쥐들이 자발적으로 하는 놀이는 생존에 위협을 받기 전에 안전한 환경에서 친구들과 도망치는 기술을 연마하는 방법이 될 것이다. 사람과 아프리카 들다람쥐는 분명 많은 차이가 있지만, 어린 개체의 놀이가 성체의 행동을 준비시키는 방식을 관찰함으로써 인간에게 놀이의 역할은 무엇이며 놀이와 관련된 긍정 정서는 무엇인지에 대한 이론을 정립하는 데 실마리가 될 수 있다.

보다 일반적으로, 거친 신체놀이(rough-and-tumble play)는 다

양한 종의 어린 개체들에게서 나타나고, 여기에는 종종 긍정 정
서가 동반된다. 이 놀이는 근육의 힘과 지구력을 축적할 뿐만 아
니라 손과 눈의 협응 및 운동통제와 같은 중요한 신체적인 기술
들을 발달시키는 방법이다(Boulton & Smith, 1992). 아이들이 끝
없이 운동장에서 하는 술래잡기놀이는 아이들의 지나치게 높은
기운을 소모하는 데 좋고, 지구력, 협응, 체력과 같은 건강한 신
체 발달에 필수적인 자원을 축적하는 데에도 유익하다.

　신체적 협응과 더불어 건강한 심장은 또 하나의 중요한 신체적
자원이다. 긍정 정서가 심혈관 반응성, 즉 환경변화에 반응하여
심박이 변화하는 방식에 중요한 역할을 한다는 것을 밝힌 연구가
있다. Fredrickson과 Levenson(1998)이 제안한 "원상복구 효과
(undoing effect)"에 대해 살펴보면, 먼저 공포 영화를 본 후 강아
지와 노는 비디오나 파도치는 해변의 비디오를 봤던 참가자들은
추상적인 영상이나 슬픔을 유발하는 비디오를 보았던 참가자들
보다 휴지기의 심박으로 더 빨리 돌아왔다. 또한 슬픈 영화를 보
면서 자발적으로 웃었던 참가자들은 그렇지 않았던 참가자들보
다 영화가 끝난 후에 본래의 심박으로 더 빨리 돌아왔다. 즉, 긍
정 정서를 유도하는 자극을 보거나 긍정 정서와 일치하는 얼굴
표정을 지었던 참가자들의 심박이 다른 참가자들의 심박보다 더
빨리 안정되었다. 부정적이거나 예상치 못한 사건으로부터 빨리
회복하게 되면 심장에 미치는 스트레스가 완화되기 때문에 심혈
관 건강에 도움이 된다고 할 수 있다.

　심혈관의 신속한 회복 여부가 심장 건강에 왜 유익한지를 이해
하기 위하여, 다음의 시나리오를 상상해보아라. 당신이 집 안으

로 들어가 침실 문을 열자 갑자기 당신에게 무언가 달려든다! 그 즉시 당신의 심장은 심하게 뛰기 시작한다. 놀라서 숨이 찰 것이고, 여분의 산소를 폐로 밀어넣을 것이다. 혈액은 몸 안의 모든 근육을 빠르게 돌면서 싸우거나 도망치게 만든다. 하지만 우리의 심장은 그렇게 오랜 시간 동안 빨리 뛸 수 있도록 만들어지지 않았다. 우리 몸은 가능한 빨리 위협을 제거하도록 만들어져 있기 때문에 휴식 상태로 돌아간다. 만약 공포 자극이 사라진 후에도 심장이 계속 빨리 뛴다면 온몸이 불필요하게 소진될 것이고, 이는 결국 심장 건강을 악화시키고 심장 발작의 위험을 증가시킬지도 모른다.

긍정 정서는 싸우거나 도망치는 반응이 더 이상 유용하지 않은 상황에서 심박이 빨리 뛰는 시간을 단축시켜 심장 건강을 증진한다. 예컨대, 생일날 친구들이 갑자기 당신 앞으로 튀어나와서 "놀랐지!"라고 외치는 상황을 생각할 수 있다. 우리는 만족감이나 즐거움과 같은 긍정 정서를 느낄 때 그렇지 않을 때에 비해 심박이 더 느려지고 휴식 상태로 더 빨리 돌아온다. 심혈관 반응성이 증가하여 스트레스가 발생하고 시간이 흘러 심장에 손상을 입힐 만큼 축적되는 것처럼, '원상복구 효과'는 장기적으로 심혈관 손상을 예방하여 심장 건강을 증진시킬 수 있다.

긍정 정서의 경험은 심장 건강을 증진시키는 것과 더불어 감기에 대한 저항력을 높인다. Cohen, Doyle, Turner, Alper 그리고 Skoner(2003)는 긍정 정서를 많이 경험하는 사람들이 긍정 정서를 덜 경험하는 사람들보다 일반적으로 감기와 같은 잔병에 대한 저항력이 더 큰지를 검증하기 위해 아주 흥미로운 연구를 수행했다. 우선 Cohen과 동료들은 참가자들이 일반적으로 경험하는 긍정 정서와 부정 정서의 양을 알아보기 위해 면접 전에 그날의 감정에 대해 물어보았다. 이후에 참가자들은 질병을 유발할 수 있는 바이러스로부터 보호하기 위해서 6일 동안 격리되었다. 첫 날 참가자들의 건강 상태를 평가하였고, 둘째 날 실험자들은 두 가지 감기 바이러스 중 하나가 포함된 용액을 참가자들의 코에 넣었다. 참가자들은 3일에서 6일 동안 격리되어 있었고 실험자들은 참가자들이 아팠는지를 기록했다. 자료를 분석한 후, Cohen과 동료들은 긍정적 정서 양식에서 높은 점수를 보였던 참가자들이 낮은 점수를 보였던 참가자들보다 감기에 덜 걸렸다는 것을 발견하였다. 즉, 매일 긍정적 감정을 많이 경험하는 것은 건강을 유지하는 데 도움이 된다.

왜 긍정 정서가 감기를 예방하는 데 도움이 됐는가? Davidson 등(2003)은 긍정 정서 경험이 증가된 면역기능과 관련되며, 우리 몸이 질병과 더 잘 싸울 수 있도록 만든다는 것을 알아냈다. 8주 간 마음챙김 명상을 수행했던 사람들과 수행하지 않았던 사람들을 비교한 연구에서, 명상을 한 참가자들은 긍정 정서와 관련된 뇌 활동을 더 많이 보였으며, 긍정 정서와 관련된 뇌 활동은 면역 기능의 향상을 예측하였다. 즉, 긍정적 정서 경험은 감염에 대한 저항력을 높이고 질병에 걸릴 확률을 감소시켜, 건강을 일정하게 유지시킬 수 있다.

이와 같이 긍정 정서가 우리의 몸, 심장, 면역체계에 주는 이득을 고려하면, 장기간에 걸쳐 추적한 종단연구들을 통해 긍정 정서와 장수의 관련성을 알아낸 것은 별로 놀랍지 않다. 이러한 종단연구 중 가장 잘 알려진 것은 수녀 연구(Danner, Snowdon, & Friesen, 2001)다. 이 연구에서는 가톨릭 수녀 180명의 자서전을 분석하였다. 자서전은 수녀원에 들어오는 마지막 서약을 했을 때 즈음에 쓰였으며, 그 당시 수녀들의 평균 연령은 22세였다. 자서전이 쓰인 시점에서 거의 60년이 흐른 후 자서전에 담긴 정서적인 내용을 분석하였다. 그 결과 연구자들은 수녀들이 자서전에서 긍정 정서를 표현한 양과 수명이 상관이 있다는 것을 밝혀냈다. 즉, 긍정 정서를 가장 많이 표현한 수녀들은 가장 적게 표현한 수녀들보다 평균 6.9년 장수했다.

성장 환경과 교육수준이 비슷한 수녀들을 표집하였기 때문에, 수명에서의 차이는 환경적 요인에 의한 것이 아닐 확률이 높으므로, 많은 긍정 경험이 장수와 강한 연관성을 갖는 것 같다. 이런 효과는 다른 모집단(수녀만이 아니라)을 사용한 많은 연구에서도 나타난 것으로 밝혀졌다(Levy, Slade, Kunkel, & Kasl, 2002; Moskowitz, 2003; Ostir, Markides, Black, & Goodwin, 2000). 즉, 더 많은 긍정 정서 경험이 더 긴 수명을 예측하는데, 이러한 효과는 긍정 정서를 더 많이 경험하는 사람들이 생활사건에 대처할 수 있는 (신체적, 지적, 사회적) 자원을 더 많이 갖고 있는 경향이 있기 때문이다.

지적 자원의 축적

클레어를 기억하는가? 그녀는 대학생이며 지금 첫 수업을 들으러 가고 있다. 그녀가 교실에 도착했을 때 그 안에 있던 학생들이 갑자기 웃기 시작했다. 클레어는 교실에 있는 학생들을 전혀 몰랐으며, 그들이 왜 웃는지도 알 수 없었다. 그녀가 농담에 끼워 달라고 부탁해야 할까? 아니면 그 농담이 그녀에 관한 것일지라도 아무것도 듣지 못한 척해야 할까? 만약 클레어가 농담에 대해 묻는다면, 그녀는 접근행동을 보이며 환경에 대한 더 많은 정보를 구하려는 것이다. 만약 그녀가 묻지 않는다면, 그녀는 회피행동을 보이고 바보처럼 보이거나 기분 나쁜 사실을 알게 되는 것을 방지하려는 것이다. 연구에서 보여주고자 하는 것은 클레어의 선택(상황에 접근하거나 회피하기)이 교실에 도착하기 전에 그녀가 어떻게 느꼈는가와 관련된다는 것이다. 즉, 긍정 정서는 접근행동을 자극하는 반면, 부정 정서는 회피행동을 가져온다(Fazio, Eiser, & Shook, 2004). 그러므로 만약 클레어가 기분이 좋다면 왜 사람들이 웃는지를 물을 가능성이 더 높고, 기분이 나쁘다면 조용히 있을 가능성이 더 높다.

접근행동과 회피행동은 모두 유용하다. 회피행동은 위험하다고 지각한 상황, 사물 및 사람들로부터 도망치도록 돕는데, 이는 생존에 중요하다. 만약 손을 뜨거운 난로 위에 올려놓거나 교통이 혼잡할 때 도로 위를 걷지 말아야 하는 것을 학습하지 못한다면 우리는 더 발전하지 못할 것이다. 앞서 나온 예에서, 교실에 있던 학생들이 실제로 그녀를 비웃었다면, 그것을 알게 됐을 때 클레어는 매우 불행해질 것이다.

반면에 접근행동은 사람들이 환경에 대한 정보를 수집하는 데 도움이 된다. 풍부한 정보저장고는 사람들이 더 좋은 결정을 이끌어낼 수 있는 자원이 된다. 교실에 있는 학생들은 클레어가 신발 바닥에 화장실 휴지를 붙이고 다닌 것 때문에 웃을 수 있으며,

이를 아는 것은 상당히 유용하다! 부정 정서로 인해 유발된 회피 성향은 확실한 위협을 방지하는 데에는 매우 유용하지만, 애매한 자극에 대한 새로운 정보를 알아내는 데는 불리하다. 우리가 무언가를 회피하면, 그 이상의 것을 배울 수 없으며 잘못된 생각들은 교정되지 않는다. 반면에 우리가 애매한 상황들에 접근하면, 더 많은 정보를 수집하여 최선의 반응이 무엇인지 더 잘 판단할 수 있다.

앞서 설명한 긍정 정서와 접근동기의 관계가 어떻게 지적 자원을 향상시키는지를 설명한 예가 있다. 애비에 대해 생각해보자. 애비가 불평꾼이 되기 오래전인 9학년 때, 그녀는 스페인어 강좌에 등록했다. 애비는 필수과목을 들으면서, 자신이 다른 학생들보다 언어를 배우는 것을 더 좋아한다는 것을 발견했다. 그녀는 다양한 언어구조에 대해 배우는 것이 정말로 즐거웠다. 흥미라는 긍정 정서로 인해 그녀는 오랫동안 공부하고, 꼭 필요하지도 않은 자료들을 찾으며, 이중 언어 초등학교(bilingual elementary school)에서 자원봉사를 하는 데 강한 동기를 갖게 되었다. 그 결과 그녀는 또래 학생들보다 스페인어에 대한 지식이 월등하고 완벽해졌다. 해마다 그녀의 지식이 성장하여 궁극적으로 그녀가 직업을 구할 때 가치 있는 자산이 될 것이다. 이처럼 스페인어를 배우는 것에 대한 애비의 긍정 정서 반응은 자료들을 더 많이 탐색하고 학습을 지속하면서, 필연적으로 더 많은 지식을 얻고자 하는 본능적인 욕구를 활성화하였다. 즉, 그녀의 긍정 정서는 궁극적으로 지적 자원을 축적하는 데 도움이 되는 일련의 행동들을 촉발시켰다.

사회적 자원의 축적

긍정 정서는 또한 우정과 같은 사회적 자원을 축적하는 데 도움이 된다. 앞서 언급한 놀이의 예로 돌아가면, 어린 개체들은 놀이를 하면서 신체적 자원을 축적할 뿐만 아니라, 상호 이익이 되고 지지적인 사회적 유대를 만들어내고 강화한다. 이는 인간에게도 비슷하게 적용된다. 즉, 놀이가 사회적 활동의 일환일 때, 우리는 함께 놀면서 긍정 정서를 유발하고, 긍정 경험을 공유하는 사람들과 긍정적인 관계를 만들어내며, 그 관계를 굳건히 한다. 우리가 정말로 흥미를 느꼈던 수업의 선생님을 생각해보라. 그 수업에서 느낀 즐거운 감정으로 인해 선생님과 좋은 관계를 형성하게 된다. 그 관계는 하나의 자원이며, 이를 통해 당신은 미래에 조언을 구하거나 추천서를 얻을 수 있다.

놀이와 긍정 정서의 예로 돌아가면, 운동장에 있는 아이들은 단순히 친구를 사귀는 것 이상을 한다. 즉, 그들은 사회적 기술을 발달시킨다. 아이들은 놀이를 통해 타협하기, 공유하기, 관점취하기(perspective-taking)와 관련된 주요 기술들을 배운다. 이와 같은 사회적 기술은 아이들이 자라면서 친구를 사귀고, 타인과 함께 일하는 데 도움을 준다. 더불어 정서는 사람들이 행동하도록 자극하기 때문에, 긍정 정서를 느끼는 사람들은 타인과 더 많은 상호작용을 하는 경향이 있으며, 더 많은 친구를 사귄다. 사회적 기술이 정교하고 폭넓은 친교관계를 맺는 것은 우리가 삶을 통해 얻을 수 있는 귀중한 사회적 자원이다.

앞서 언급했던 Waugh와 Fredrickson(2006)의 연구는 긍정 정서가 사회적 자원을 축적하는 방법의 일례를 제공한다. 우리는 신입생들이 긍정 정서를 경험하는 일반적인 경향성과 수업 시작 후 일주일 간 새로운 룸메이트와 더 잘 통한다고 느끼는 정도가 어떤 상관을 갖는지에 대해 논의하였다. 이에 대하여 연결의 감정이 룸메이트에 대한 복합적인 이해와 관련된다는 결과를 밝혀냈다. 다시 말해, 긍정 정서를 더 많이 경험하는 사람은 상호작용하는 사람과 더 긴밀한 관계를 형성하고, 상대를 더 포괄적으로 이해한다는 것이다. 이런 효과 중 일부는 사람들이 쾌활한 사람들과 시간을 보내길 원하며, 쾌활한 사람들이 친구를 더 쉽게 사귄다는 사실 때문일지도 모르지만, 타인에 대해 더욱 복합적으로 이해한다는 점은 그 이상의 설명이 필요하다는 것을 의미한다. 또한 사람들이 긍정 정서를 더 많이 경험할수록 사회적 상호작용에서 얻은 정보를 더 잘 분석하고, 상대에 관한 정보를 더욱 풍부하게 축적하며 더 잘 이해하게 된다.

결 론

긍정 정서가 왜 중요할까? 확장 및 축적 이론에서는 긍정 정서가 창의적, 유동적, 전체적으로 사고하는 데 도움을 주어, 우리로 하여금 신체적 · 사회적 · 지적 자원을 축적하게 만드는 적응적 기제가 된다고 설명한다. 그리고 이러한 자원은 우리가 더 오래, 더 충만하게 살도록 도와준다. Tina Turner 노래에서 표현된 것처럼, 긍정 정서는 단순히 삶이 좋거나 나쁠 때를 알려주는 쓸모 없는 '부수적인 정서'가 아니다. 부정 정서가 혐오스러운 환경에서 자기보호적인 반응을 증진시켜 강력한 진화적 이득을 제공해온 것과 마찬가지로, 긍정 정서 역시 우리가 세상을 탐색하고 이해하는 데 기여해왔다. 긍정 정서의 유익한 효과는 우리 자신과 세상을 탐색하고, 이해하고, 발전시켜서 자신과 이웃의 삶을 더욱 풍요롭게 변화시키고자 하는 동기를 부여하는 것이다.

| 개인적인 작은 실험들 |

확장하고, 축적하고, 완충하기

자신의 모험심 이해하기　자신이 계획하지 않고 행했던 모험적인 사건 10가지를 목록으로 작성하라. 그 목록은 '처음으로 수상스키 타기, 달팽이와 같은 이국적인 음식 먹기, 방을 밝은 색으로 칠하기, 클럽 무대에서 춤추기'와 같은 것이 포함될 수 있다. 그런 다음, 자신이 있었던 상황과 그 행동을 하려고 마음먹었을 때 어떻게 느꼈는지를 묘사하라. 모험하기에 앞서 경험했던 정서 유형을 알아차려라.

창의성을 길러주는 긍정 정서 유발하기　창의성이 요구되는 과제(에세이 주제 생각하기, 방 꾸미기)에 참여하고 좌절을 경험한 후, 휴식을 취하며 긍정 정서를 유발하는 행위를 하라. 그런 다음 다시 과제로 돌아가 시도하라. 예전보다 과제에 성공할 가능성이 높아질 것이다.

긍정 정서를 경험한 후 더 높아진 자기-타인 중첩   친구들과 함께 코미디쇼나 영화를 함께 보기 전에, 그들에게 자기 자신과 다른 사람이 두 원에서 얼마나 겹쳐지는지를 그려보도록 해라. 코미디를 다 본 후, 같은 사람과 자신이 얼마나 겹쳐지는지 다시 그리게 한다. 두 그림을 비교해보라. 친구가 코미디를 본후 더 큰 자기-타인 중첩을 보였는가?

자원 축적하기   한 주에 하루씩 평소에 하는 것과 다르게 과제를 수행해보라(다른 길로 집에 가기, 점심 때 새로운 것 먹기 등). 한 주가 지나고, 일상의 작은 변화가 자신에게 가져온 변화를 적어보라. 이러한 변화들이 건강이나 활력 같은 신체적 자원, 새로운 식당을 찾거나 길눈이 밝아진 것과 같은 지적 자원, 새로운 친구를 만나거나 오랜 친구의 다른 면을 보게 되는 사회적 자원을 얼마나 증가시켰는가? 만약 한 주 이상 익숙한 일들을 새로운 방식으로 한다면, 어떤 일이 일어날까?

▷ 참고문헌

Aron, A., Aron, E. N., Tudor, M., & Nelson, G. (1991). Close relationships as including other in the self. *Journal of Personality and Social Psychology, 60*(2), 241-253.

Boulton, M. J., & Smith, P. K. (1992). The social nature of play fighting and play chasing: Mechanisms and strategies underlying cooperation and compromise. In J. H. Barkow, L. Cosmides, & J.

Tooby (Eds.), *The adapted mind: Evolutionary psychology and the generation of culture* (pp. 429-444). New York: Oxford University Press.

Carver, C. S., & Scheier, M. F. (1990). Origins and functions of positive and negative affect: A control-process view. *Psychological Review, 97*(1), 19-35.

Cohen, S., Doyle, W. J., Turner, R. B., Alper, C. M., & Skoner, D. P. (2003). Emotional style and susceptibility to the common cold. *Psychosomatic Medicine, 65*, 652-657.

Danner, D. D., Snowdon, D. A., & Friesen, W. V. (2001). Positive emotions in early life and longevity: Findings from the Nun Study. *Journal of Personality and Social Psychology, 80*, 804-813.

Davidson, R. J., Kabat-Zinn, J., Schumacher, J., Rosenkranz, M., Muller, D., Santorelli, S. F., et al. (2003). Alterations in brain and immune function produced by mindfulness meditation. *Psychosomatic Medicine, 65*, 564-570.

Ewer, R. F. (1996). Juvenile behavior in the African ground squirrel. *Xerus erythropus* (E. Geoff.). *Z. Tierpsychol., 23*, 190-216.

Fazio, R. H., Eiser, J. R., & Shook, N. J. (2004). Attitude formation through exploration: Valence asymmetries. *Journal of Personality and Social Psychology, 87*, 293-311.

Fredrickson, B. L., & Branigan, C. (2005). Positive emotions broaden the scope of attention and thought-action repertoires. *Cognition & Emotion, 19*, 313-332.

Fredrickson, B. L., & Levenson, R. W. (1998). Positive emotions speed recovery from the cardiovascular sequelae of negative emotions. *Cognition & Emotion, 12*(2), 191-220.

Fredrickson, B. L., Mancuso, R. A., Branigan, C., & Tugade, M. M. (2000). The undoing effect of positive emotions. *Motivation and Emotion, 24*(4), 237-258.

Isen, A. M., Daubman, K. A., & Nowicki, G. P. (1987). Positive affect facilitates creative problem solving. *Journal of Personality and*

Social Psychology, 52, 1122-1131.

Johnson, K. J., & Fredrickson, B. L. (2005). "We all look the same to me": Positive emotions eliminate the own-race bias in face recognition. *Psychological Science, 16*, 875-881.

Keats, J. (1994). *The Complete Poems of John Keats* (p. 193). New York: The Modern Library. (Reprinted from The Poetical Works of John Keats, 1884, London: Macmillan)

Levy, B. R., Slade, M. D., Kunkel, S. R., & Kasl, S. V. (2002). Longevity increased by positive self-perceptions of aging. *Journal of Personality and Social Psychology, 83*, 261-270.

Moskowitz, J. T. (2003). Positive affect predicts lower risk of AIDS mortality. *Psychosomatic Medicine, 65*, 620-626.

Ostir, G. V., Markides, K. S., Black, S. A., & Goodwin, J. S. (2000). Emotional well-being predicts subsequent functional independence and survival. *Journal of the American Geriatrics Society, 48*, 473-478.

Waugh, C. E., & Fredrickson, B. L. (2006). Nice to know you: Positive emotions, self-other overlap, and complex understanding in the formation of new relationships. *Journal of Positive Psychology, 1*, 93-106.

2

개인적 이야기, 긍정 정서 그리고 장수

수녀 연구

• Deborah D. Danner, Wallace V. Friesen과 Scott M. Collier

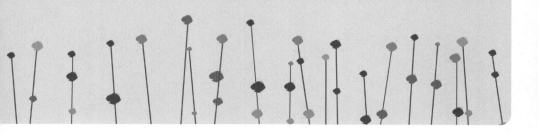

개인적 이야기, 긍정 정서 그리고 장수
수녀 연구

Deborah D. Danner, Wallace V. Friesen과 Scott M. Collier

Mimmesota 대학교의 전염병리학자인 데이비드 스노우던 (David Snowdon) 박사는 연구 주제를 찾기 위해 노트르담 수녀학교(School Sisters of Notre Dame)에 보관되어 있던 문서들을 살펴보던 중, 보존 상태가 매우 양호한 육필 문서들을 발견하였다. 이 문서들은 수녀들이 성직자로 봉직될 때 썼던 자서전으로 대략 50년 정도 된 것들이었다. 어린 시절의 경험에 대해 작성한 원본 자료와 당시 사용한 어휘 및 언어 사용, 그리고 개인적 성찰을 기록한 자료가 이렇게 잘 보존된 경우가 거의 없기 때문에, 이 문서들을 수집할 수 있었던 것은 놀라운 일이다. 기록을 남긴 대부분의 수녀들은 교사였으며, 수녀원에서 살고 있었고, 공용식당에서 식사를 했으며, 자녀를 낳지 않았고, 과도한 음주나 흡연을 하지 않았다. 수녀들이 지니는 이러한 일반적인 특성들 때문에 연구의 많은 혼입변인이 자연스럽게 통제될 수 있었다.

수녀들은 스노우던 박사의 제안을 흔쾌히 받아들여 자신들의 기록과 더불어 어렸을 때 기록했던 글들을 보는 것을 허락하고, 그들의 신체적·정신적 건강 상태에 대한 연구에도 참여하기로 하였다. 당시에는 정상적으로 기능하는 노인들에 대한 종단연구가 매우 드물었으며, 성인기의 기록과 어린 시절에 대한 자기회고 기록들을 함께 발견해낸 것은 더욱 드문 일이었다. 자연스럽게 스노우던 박사의 연구제안서는 1990년 재정적인 지원을 받게 되었고, 그때부터 수녀들은 매년 신체검사와 신경학적 검사, 인지기능 검사를 받았다. 인지기능 검사 및 신체검사의 수행점수와 수녀들이 유년기에 썼던 글의 특성 간의 관계 또한 매년 검토되었다. 수녀들에 대한 상당히 풍부한 양의 정보들을 통해 수백 개의 가설들과 변인들에 대한 검토가 이루어지게 되었는데, 몇 가지 놀라운 발견들을 통해 대부분의 사람은 생각해내기 어려웠을 의문을 제기할 수 있었다. "수녀들이 어렸을 때 썼던 글을 통해 그들의 현재 기능수준과 건강 상태를 예측할 수 있을까? 수녀들이 인생의 마지막 순간을 보내고 있을 때, 이 글들을 통해 그들의 앞날을 예측할 수 있을까?" 이 질문들은 노트르담 수녀학교의 연구에서 조사하고자 하는 것들의 일부에 불과하다.

노트르담 수녀회에 소속된 수녀들은 중서부, 동부, 남부 지역에 있는 학교에서 함께 생활하고 수업도 받았다. 북미 수녀회의 수녀원장은 1930년부터 수녀들로 하여금 마지막 서원을 하기 전에 각자의 삶에 대한 짧을 글을 쓰도록 하였다. 한 장의 종이에 200에서 300단어를 넘지 않게 작성하도록 하였으며, 출생 장소와 태생, 유소년기에 겪었던 홍미롭고 교훈적인 사건들, 수학한 학교, 수녀원에 지원한 이유, 종교적인 삶, 살면서 좋았던 일 등에 관한 내용을 포함하도록 하였다. 이는 생활사건을 기술하는 방식에 영향을 주거나 특별히 정서적인 내용에 관한 연구를 완성하고자 하는 의도에서 비롯된 것이 아니다. 단지 앞으로 수녀로서 교육 받을 각오를 다지는 데 도움이 될 만한 정보를 모으려는 목적을 가지고 있었다. 여러 글들에 담겨진 사건들이 서로 유사하기는 했지만, 사건을 기술하는 방식 면에서는 많은 차이가 있었다.

　다음은 자서전에 담긴 정서적 내용에 관한 수녀 연구의 결과를 간단하게 요약한 것이다.

　　가톨릭 수녀 180명이 평균 22세일 때 육필로 작성한 자서전을 모아 정서적인 내용에 관해 점수를 매기고, 그들이 75세에서 95세 사이일 때 생존여부와의 관계를 검사해보았다. 결과에 따르면, 젊었을 때 긍정 정서 단어를 사용하는 것과 노년기의 사망 위험 간에는 매우 강한 역상관이 발견되었다(p < .001). 또한 긍정 정서 단어의 사용이 증가할수록 사망 위험이 감소하였고, 상위 25%와 하위 25% 간의 차이는 2.5배 정도였으며, 긍정 정서 단어의 양이 상위 25%인 집단과 하위 25%인 집단 간의 수명 차이는 9.4년이었고, 긍정 정서의 종류가 상위 25%인 집단과 하위 25%인 집단 간의 수명 차이는 10.7년이었다 (Danner, Snowdon, & Friesen, 2001).

　다음에는 두 수녀의 자서전이 요약되어 제시되어 있는데, 하나는 긍정 정서 내용이 적은 것이고 다른 하나는 많은 것이다.

> 수녀 1(낮은 긍정 정서): 저는 1909년 9월 26일에 7남매(자매 다
> 섯, 형제 둘) 중 맏이로 태어났습니다……. Motherhouse
> 에서 화학을, Notre Dame Institute에서 중급 라틴어를
> 가르치며 수녀 준비생 생활을 하였습니다. 그러다 하
> 느님의 은혜로 수녀로의 부르심에 최선을 다하기로 결
> 심하게 되었고, 전도와 개인적 성화(聖化)를 위해서도
> 최선을 다하기로 결심하게 되었습니다.
> 수녀 2(높은 긍정 정서): 하느님께서 저에게 헤아릴 수 없는
> 은혜를 베풀어주셔서 삶의 첫발을 순조롭게 내디딜
> 수 있었습니다……. Notre Dame College에서 수녀
> 준비생으로 공부하면서 보낸 시간들은 정말 행복한
> 순간들이었습니다. 이제는 성모마리아의 거룩한 습
> 관을 이어받아 하느님의 크신 사랑과 일치된 삶을 사
> 는 것을 기쁜 마음으로 고대하고 있습니다.

장수 연구의 배경

　수녀들의 글이 노년기의 건강과 장수를 예언한다는 가설을 지
지할 만한 이론적 설명이나 경험적 증거들은 없지만, 그 글에 담
긴 정서적 내용의 다양성은 연구자들의 관심을 자극하였다. 실
제로 수녀들의 글을 검토한 결과, 생활사건에 대한 정서적 반응

이 글에 담겨 있는지 여부와 기술되어 있는 방식이 상당히 다양한 것으로 나타났다. 수녀들이 자서전을 작성한 시기는 성직자가 되려고 하는 삶의 전환점인 동시에, 교사로서의 삶을 시작하려고 준비하는 시점이기도 했다.

글 쓰는 방식이 건강을 예언한다는 것을 보여주는 과학적 증거들은 없었지만, 정서에 수반되는 얼굴 표정은 보편적으로 이해되고 표현된다는 것을 지지하는 증거들은 잘 확립되어 있었다 (Ekman & Friesen, 1969; Izard, 1971). 나아가 특정 정서에는 특정한 자율신경계의 반응 패턴이 수반됨을 지지하는 연구 문헌들도 있었다(Levenson, Ekman, & Friesen, 1990). 스노우던 박사와 함께 일했던 Kentucky 대학교의 연구자들은 수녀들의 자서전을 종합적으로 평가하여 얻게 될 결과에 관심을 갖고, 각 자서전에 담긴 정서 단어를 측정하기 위한 채점체계를 고안해냈다(Danner, Friesen, & Snowdon, 2001). 이 채점체계는 정서의 보편성과 차별적인 자율신경계 패턴에 대한 연구결과들을 토대로 하여 7가지 기본 정서, 즉 행복감, 슬픔, 두려움, 분노감, 혐오감, 놀라움, 경멸감을 나타내는 영어 단어들을 구별하였다. 이후 두 명의 채점자를 훈련시켜 총 180개의 자서전에 담긴 정서 단어들의 빈도를 평정하도록 하였다. 선정된 180개의 자서전들은 직접 손으로 쓴 원본으로 잘 보존되어 있어서 신뢰할 만했으며, 이를 기록한 수녀들은 이후 신체적·인지적 능력에 대한 종단연구에 참여하기로 동의한 사람들이었다. 이 수녀들은 자신의 뇌를 사후 부검하도록 허락하기도 했다. 이러한 수녀들의 헌신이 있었기에 노화와 치매의 신경학적 영향에 대한 연구가 지속될 수 있었으며, 장수(長壽)에 관한 정보를 얻을 수 있었다. 일부 연구자들이 이러한 정서 채점체계를 개발하고 자서전의 내용을 채점하는 동안, 다른 연구자들은 자서전에서 발견된 사항들을 지지할 만한 이론들을 제안하였다.

긍정 정서와 장수의 관계

기존의 연구문헌들은 긍정 정서를 글로 적는 것이 건강과 장수에 유익한 정서표현 양식이 될 수 있음을 보여주고 있다. 특히 이 연구들은, 긍정적인 태도를 지니고 긍정적 정서반응의 빈도와 지속시간을 늘리는 것이 부정적인 정서 사건으로 인한 심혈관계와 면역체계의 과잉반응을 잦아들게 하여 균형을 잡아주고 건강을 보호한다고 제안한다. 이 중 Seligman(2000)은 생활사건을 다룸에 있어 통찰력 있는 긍정적 태도를 견지할 경우, 보다 큰 안녕감을 얻을 수 있으며 더 오래 살 수도 있다고 제안한 바 있다. 또한 Maruta, Colligan, Malinchoc과 Offord(2000)는 30년간의 종단연구를 통해 낙관주의가 사망 위험률과 역상관을 보인다는 것을 발견하기도 하였다. 이러한 결과들의 기저에 깔려 있는 기본전제는 부정적 감정이 혈관을 수축시키는 반면, 긍정적 감정은 혈관을 확장시킨다는 것이다. 따라서 긍정적 감정이 높아지면 혈압은 내려가고 심장마비나 발작의 위험수준이 낮아지게 된다. 반면 부정적 감정은 유기체의 혈압을 상승시키고 경계수준을 높여서 싸우거나 도망치는 반응을 할 수 있도록 한다. Headey와

Wearing(1992)은 개인의 성격에 따라 특정 수준의 긍정/부정 감정을 유지하는 경향이 있어서, 정서적 각성이나 스트레스가 발생한 후에 다시 각 개인의 기저선 수준으로 돌아간다고 제안하였다(Diener, 2000). 만약 개인이 지닌 반응 패턴이 부정 정서로 인한 각성 상태가 빈번히 나타나 오래 지속되고 다시 안정된 상태로 돌아오는 데 많은 시간이 걸리는 유형이라면, 동맥경화 과정을 촉진하여 아테롬성 동맥경화증(atherosclerosis)과 같은 질병을 일으킬 수 있다. 반면, 규칙적이고 빨리 안정된 상태로 돌아오는 반응 패턴은 건강에 유리하다. 또한 이 연구결과는 정서표현을 억압하면 자율신경계가 흥분하여 부정 정서에 신체적으로 반응하게 되고, 장기적으로 건강을 악화시킬 수 있음을 시사한다. Fredrickson과 Levenson(1998)은 부정 정서에 수반되는 신체 반응에 대한 긍정 정서의 복구효과를 이미 검증한 바 있다. 이 외에 Pennebaker와 그의 동료들은 정서적 사건에 대해 글을 적어보는 것이 신체적·심리적 건강과 관련이 있다는 것을 문어(文語) 연구를 통해 제시한 바 있다(Hughes, Uhlman, & Pennebaker, 1994; Pennebaker, 1993; Pennebaker & King, 1999).

우리는 수녀 연구를 통해 긍정 정서의 수준이 높은 수녀들이 낮은 수녀들에 비해 일상적 활동 측면에서 어떤 차이를 보였는지는 알 수 없었다. 하지만 그렇게 오랜 시간 수명을 연장하는 데 긍정 정서가 도움이 되었다면, 아마도 수녀들이 매일은 아니더라도 자주 행했던 어떤 일이 그러한 차이를 만들었을 것이며, 그것은 수녀들이 살아오면서 겪었을 피치 못할 스트레스와 부정 정서들로부터 건강을 지켜줬을 것이다.

희망, 갈망, 기대의 긍정 정서

긍정 정서는 전통적으로 행복의 범주 아래 포함되어 왔으며, 그 종류의 다양성에 대해서는 그리 많은 관심이 모아지지 않았다. 이 장에서는 재미(amusement)와 같은 일부 긍정 정서들은 지속시간이 짧고 자극에 대한 반응으로 나타나는 경향이 있는 반면, 다른 긍정 정서들은 장시간 지속되고 현재 혹은 미래의 활동에 대한 동기를 제공하는 기능을 한다는 점을 언급하고 있지만, 그 이상으로 긍정 정서를 정교하게 분류하지는 않을 것이다. 특히 이 장에서는 희망이나 갈망, 기대와 관련이 있는 미래지향적 정서에 주로 초점을 두고자 하는데, 그 이유는 이러한 정서들이 수녀직을 수행하는 동안 동기를 부여하고 그들을 보호하였을 가능성이 있기 때문이다.

희망과 갈망, 기대는 미래지향적 긍정 정서들로, 오랜 시간에 걸쳐 인간의 행동에 동기를 부여하고 이를 지속시키는 기능을 해왔다. 더불어 어렵고 불쾌한 일들을 좀 더 쉽게 완수할 수 있도록 도와준다. 다음의 예들을 한 번 살펴보자.

"난 일하러 가길 원하기 때문에 잠자리에서 일어나고 싶다."(대조) "난 일하러 가야 하기 때문에 잠자리에서 일어나야 한다."

"John에게 생일선물을 주고 싶다."
(대조) "John에게 생일선물을 줘야만 한다."

"배우고 싶고 정식으로 교육 받고 싶다."

(대조) "일자리를 얻으려면 교육과정을 마쳐야만 한다."

우리는 이런 두 가지 유형의 말들을 모두 한 적이 있고, 다른 사람들로부터 들은 적도 있다. 또한 우리가 알고 있는 사람들 중에는 일하고, 쇼핑하고, 수업 듣는 것을 즐기는 사람들이 있는가 하면 이런 일들을 귀찮아하는 사람들이 있다는 것도 알고 있다. 사람들은 해야만 하는 일을 할 때보다 하고 싶은 일을 할 때 긍정 정서를 경험할 가능성이 높다. 위에 제시된 예를 보면, 두 가지 표현 중 하나는 과제를 수행하고자 하는 내적인 갈망을 담고 있고, 다른 하나는 과제를 수행하도록 요구하는 외적인 압력이 반영되어 있다. 당신이라면 하고 싶은 일을 할 때와 불이익을 피하기 위해 해야만 하는 일을 할 때 중 언제 더 동기부여가 되겠는가?

이 두 경험의 차이를 잘 보여주는 예는 정규 교육과정이다. 성인 초기에 이르기까지, 우리는 관심이 있든 없든 정해진 모든 과목을 이수해야 했다. 분명 실패에 대한 두려움이 시험공부를 하게 만드는 동기가 되었을 것이고, 결국 과정을 마칠 수는 있었을 것이다. 하지만 듣고 싶은 수업에서 배워서 익힌 것과 단지 졸업을 하기 위해 들었던 수업에서 배워서 얻은 것의 차이를 한 번 생각해 보아라. 이런 상반되는 표현에 담겨 있는 서로 다른 삶의 방식으로 하루를 시작할 때 당신이 경험했던 정서 상태의 차이를 기억하는가? 도대체 무엇이 어느 날은 시작되는 하루의 기쁨을 기대하도록 만들고, 또 어느 날은 두려움으로 하루를 시작하게 만드는 것일까? 우리가 직장에 가거나 학교에 가고 싶은 갈망을 가지고 매일 매일을 시작한다면 어떨까?

정서적 사건에 관한 모델

자조 서적들(self-help writings)이 나온 이후로 긍정적 태도의 중요성이 강조되어왔다. 전형적인 예로, 물이 들어 있는 컵을 보고 '반이나 비었네.' 라고 생각하기보다 '반이나 있네.' 라고 생각하는 것이다. 이 장에서 긍정적 태도를 달성하는 방법을 제시하지는 않을 것인데, 그 이유는 사람마다 효과적인 방법이 다르기 때문이다. 대신에 우리가 강조하고자 하는 것은, 긍정 정서가 태도에 미치는 영향이다. 부정 정서와 부정적 태도가 우울증이나 신체질환으로 가는 악순환을 만들어내는 것처럼, 긍정 정서와 긍정적 태도 역시 자생적이고 순환적인 양상을 띨 수 있다.

표 2.1은 정서적 사건을 단순화한 모형으로 정서적 각성의 핵심 요소들을 설명한다. 대부분의 정서 이론에서 이와 유사한 모델을 직접 기술하거나 내포하고 있다. 이 모형은 기본적으로 일시적인 생활사건을 잘 설명하는 모델이지만, 비교적 오래 지속되는 정서경험을 이해하는 데 중요한 구성개념들도 포함하고 있다. 오래 지속되는 정서 상태에 대해서는 밝혀진 바가 거의 없기 때문에, 이러한 상태가 동일한 정서가 반복적으로 활성화되어 나타나는 것인지, 아니면 특정 정서 상태를 지속시키기에 충분한 단 한 번의 정서 유발로 인해 나타나는 것인지 정확히 알 수는 없다. 사랑하는 사람을 상실하고 느끼는 슬픔이나 비탄은 지속시

| 표 2.1 | 정서적 사건에 대한 개략적 모델

선행사건	평가	각성	표현규칙	표현행동	도구적 행동	경험: 자기보고
		중추신경계 자율신경계		표정 목소리 신체반응	접근 회피	

↓ 　　↓ 　　↓

◄------- 재평가 --┼--------┼--------┼--------┼--------┼--------┤

간이 가장 긴 정서 상태다. 그래서 사랑하는 이를 잃게 되면 몇 년 동안 슬픔에 빠지게 되지만, 일반적으로 그때 느끼는 슬픔이 경감 없이 항상 지속되는 것은 아니다. 친구들의 방문이나 다른 사람들의 행복을 함께 나누는 사건들로 인해 일시적으로 슬픔을 느끼지 않기도 한다.

　정서적 사건은 고립된 상태에서는 나타나지 않는다. 또한 소수의 선천적 유발인을 제외한다면 대개의 정서적 반응들은 반사적으로 혹은 자동적으로 나타나지도 않는다. 반사와 마찬가지로, 자동적 반응은 형성된 습관에 의해 중단되거나 변경될 수 있는데, 그 처리속도가 너무 빨라서 선천적 반응과 변경된 반응을 구분하기가 어렵다.

　잠재적인 정서 유발인들은 선행사건의 맥락 속에서 나타난다. 이때 선행사건은 특정 유발인이나 그와 유사한 다른 유발인들, 유발인의 동인(動因), 혹은 과거의 정서적 각성 경험에 대한 연상과 관련된 모든 과거 경험을 포함한다. 예를 들어, 공포는 생명이나 중요한 신체부위에 대한 위협으로 인해 유발될 수 있다. 즉,

의자와 같이 신체를 지지하고 있던 것이 갑자기 부서져 소실되면, 본능적으로 매우 빠르게 공포가 유발된다. 반면, 치과에 갈 때 느끼는 예기 불안은 과거에 치과에 갔던 경험이나 그때의 고통에 대한 기억과 관련되어 있다. 또한 과거 어떤 치과의사와 만난 경험이 두려움을 증폭시킬 수도 있다.

선행사건과 정서 유발인에 대한 인지적 처리, 즉 평가(appraisal)는 매우 빠르게 일어나는 경향이 있다. 그래서 기본 정서들 중에 제시된 유발인과 잘 맞아떨어지는 것이 있으면, 곧바로 정서반응이 유발된다. 하지만 재평가를 통하여 어느 시점에서든지, 심지어 초기 평가과정에서도 정서적 각성과정을 중단시킬 수 있다는 사실에 주목할 필요가 있다.

각성(arousal)이나 자율신경계 활성화(심박상승, 혈압상승, 땀 분비)가 정서경험 초기에 시작되는지, 아니면 표정 반응과 거의 동시에 나타나는지는 아직 확실하게 밝혀지지 않았다. 중추신경계의 인지적 처리는 평가과정에서 시작되어 정서적 사건이 일어나는 동안 지속된다.

표출규칙(display rule)은 정서를 언제, 어디서, 어떤 강도로 공개적으로 표현할 수 있는지에 대한 것이다. 대부분의 표출규칙은 문화특수적인 것으로, 일반적일 수도 있고 지역적일 수도 있는데, 많은 규칙이 특정 상황에만 적용되지만 일부는 문화적인 편향 없이 생겨난 것도 있다. 이러한 표출규칙은 유발된 정서를 표정으로 드러낼지 목소리로 표현할지를 결정하게 된다. 표출규칙이 항상 성공적인 것만은 아니기 때문에, 정서표현을 멈추거나 다른 정서표현으로 대체하기 전에 아주 미세하게 순간적인 표현

반응이 나타날 수도 있다. 이러한 표출규칙들이 가능한 이유는 얼굴 근육이나 음성관련 근육을 수의적으로 통제함으로써 정서표현을 감추거나 억제할 수 있기 때문이다. 따라서 가장 성공적으로 표출규칙이 적용된 경우에 정서표현행동이 나타나지 않는다.

표출규칙을 처음으로 검증한 연구(Friesen, 1972)는 유쾌한 영화나 불쾌한 영화를 홀로 혹은 권위적 인물과 함께 보는 동안에 일본인과 미국인이 보이는 표정을 서로 비교한 것이었다. 연구결과에 따르면, 불쾌한 영화를 홀로 본 경우에는 일본인이나 미국인 모두 부정 정서를 표출하였다. 반면, 권위적 인물과 함께 보았을 때에는 미국인 학생의 경우 홀로 보았을 때와 마찬가지로 부정 정서를 표현하였지만, 일본인 학생의 경우에는 오히려 웃는 것으로 확인되었다. 이 연구는 문화적 표출규칙이 무엇인지를 잘 묘사하고 있으며, 부정 정서 경험이 억제되거나 혹은 다른 정서표현으로 가장될 수도 있음을 잘 보여주고 있다. 또 다른 예로, 미국문화에서 장례식 때 수용할 만한 슬픔의 표현 정도는 망자(亡者)와의 관계에 따라 결정된다. 즉, 죽은 이의 아내나 자식들의 경우에는 깊은 슬픔을 표현하는 것이 적절하다고 여겨지는 반면, 가볍게 알고 지낸 사람들이 그렇게 슬픔을 표현하는 것은 부적절하게 여겨진다.

표현행동(expressive behavior)은 정서경험의 표식(marker)이다. 표정이나 목소리 반응에 대한 자각은 또 다른 정서를 유발하거나, 본래의 정서표현을 바꾸어 감추려는 행동을 유발할 수도 있다. 그리고 유발인이 정서를 불러일으키기에 충분치 않다고 판단될 경우에는 재평가가 이루어질 수 있으며 정서반응이 중단될 수도 있다. 정서가 충분히 표현될 경우에는 접근이나 회피와 같은 도구적 행동이 나타나게 된다. 예를 들어, 어둡고 외딴 길을 혼자 걷고 있는데 갑자기 큰 소리가 들렸다면, 두려움이 유발될 가능성이 높을 것이다. 하지만 그 소리가 자동차에서 나온 것임을 알게 되면, 생명의 위협에 대한 재평가가 이루어져 곧 위협은 사라지고 도망치는 행동도 멈추게 될 것이다. 소음을 잘못 알아들은 자신에 대해 웃는 이차적 반응이 나타날 수도 있다.

자율신경계는 두려울 때 도망치고, 분노할 때 싸우고, 혐오스러운 맛과 냄새가 날 때 섭취를 멈추는 등의 도구적 행위를 취하도록 우리 몸을 준비시킨다. 긍정 정서의 경우, 신경세포의 활성화를 늦추거나 멈추게 하기 때문에 기능적 행위와는 연결되어 있지 않지만, 이처럼 심장 박동을 늦추거나 혈압을 낮추는 것이 긍정 정서의 치유력으로 설명될 수 있다.

정서경험(emotional experience)에는 정서 사건의 모든 단계가 포함되며, 한 가지 사건이 일어나는 동안에도 다양한 정서가 유발될 수 있다. 정서적 사건에 대한 자기보고는 사실 매우 복잡하다. 특히 하나 이상의 정서가 동시에 표현될 때 그러하다. 따라서 자기보고를 통해 자료를 모을 때는 신중하게 질문을 할 필요가 있고, 사건의 각 단계를 구분해서 유발된 정서들에 대한 정보를 수집할 필요가 있다.

수녀들의 희망, 갈망, 기대 경험

앞서 언급하였듯이 희망과 갈망의 긍정적 정서 상태가 지속된
다는 것은 그러한 정서가 반복적으로 유발되었을 가능성이 높으
며, 표 2.1에 제시된 일련의 정서적 사건들로 이어졌을 것으로
보인다. 본 연구에 참여한 수녀들 역시 살면서 부정 정서를 경험
하였을 것이다. 따라서 수녀들 중 일부는 긍정 정서가 재활성화
되어 부정적 사건이 발생하더라도 다시 회복되어, 다시 자신의
개인적 · 직업적 삶을 살아갈 수 있었으리라 짐작한다. 긍정 정
서가 더 자주 활성화되고 더 오래 지속되었을수록 신체에 미치는
긍정적인 영향이 더 컸을 것이다. 또한 갈망이나 소원과 같은 긍
정 정서의 추진력이 미래의 목표를 달성하는 데 충분할 만큼 지
속될 때에도, 낙심과 불안감, 스트레스, 혐오감, 분노감이 긍정적
인 정서 반응을 방해했을 것이고, 긍정적 정서 상태를 다시 활성
화시키기 위해서는 이러한 순간들을 극복해야 했을 것이라고 가
정하는 것이 적절할 것 같다.

수녀들의 하루 생활을 추측해보았을 때, 우리는 이들의 삶이
교사들의 삶과 크게 다르지 않았을 것이라고 생각했다. 자신이
가르치는 학생들 중에는 공부하는 데 어려움을 겪는 학생들이나
공부하기 싫어하는 학생들, 혹은 분위기를 망치는 학생들도 있었
을 것이다. 수녀들은 이런 학생들 때문에 좌절감이나 짜증을 느
끼기도 했을 것이고 화도 났을 것이다. 관리자들이나 동료들 역
시 수업방식에 반대하거나 혹은 방해하여 마찬가지로 짜증과 좌

절감을 느끼게 했을지 모른다. 배움에 대한 열정을 가지고 열심히 노력했지만 학교를 그만두어야 하는 학생들을 만나는 경우도 있었을 것이다. 이러한 사건들은 수녀들이 극복해야 할 슬픔을 유발하는 많은 사건 중 일부다.

우리가 말하는 분노나 슬픔, 스트레스, 불안에 대한 극복은 극단적인 낙천주의자들이 보이는 부인(denial)이 아니라, 이러한 부정 정서들을 체험하는 가운데 이겨내는 것이다. 어떻게 이것이 가능할까? 우리는 최근에 한 친구가 이렇게 말하는 것을 들은 적이 있다. "아니 이게 무슨 일이야? 씨앗을 다섯 개나 심었는데 꽃이 하나만 피다니……." 이 친구는 꽃의 성장과정에 대해서 거의 아는 바가 없었기에 토양 상태나 토양 오염, 채광, 온도 등에 대해 배우려고 원예가인 다른 친구를 찾아갔다. 하지만 그 친구는 상냥하게 다음의 짧은 대답만을 해주었다고 한다. "꽃이 하나 피었다는 사실에 기뻐하게나. 그리고 그걸 즐기게." 이 원예가 친구는 씨앗들이 꽃을 피우지 못한 사실을 무시하라고 말하는 게 아니라, 실패한 것에 메여 있기보다는 작은 성공에 기뻐하라고 말하는 것이다.

긍정 정서의 수준이 높았던 수녀들이 '꽃'에만 주의를 기울였는지는 확신할 수 없다. 그러나 분명 잡초 속에서 꽃을 찾기 어려운 때도 있었을 것이고, 이러한 시기에 수녀들은 상황을 재평가함으로써 꽃을 찾을 수 있었을 것이다. 수녀들이 지니고 있던 긍정적인 태도가 그들의 몸을 지켜 장수할 수 있도록 했다는 점을 고려하면, 이들이 피할 수 없는 잡초더미 속에서도 꽃을 찾아낼 수 있었을 것이라는 점은 의심의 여지가 없다.

 그렇다면 표현력이 풍부한 작문 실력을 지닌 수녀들은 긍정적인 태도가 자연스럽게 나오게 해주는 독특한 기질을 가지고 태어난 것일까? 아니면 어린 시절의 경험들 때문에 긍정적 습관을 쉽게 형성, 유지하여 자동적으로 잡초 속에서 꽃을 찾아낼 수 있게 된 것일까? 우리가 수녀들의 삶에 대한 포괄적인 정보를 사용할 수 있었던 것은 사실이지만, 그럼에도 이러한 중요한 질문들에 대해서는 답을 할 수가 없었다. 최근에는 과학의 발전으로 인해 개인의 유전적 차이를 검사하는 것이 가능해졌으며, 이론적 · 경험적 연구의 진보로 인해 백지설(tabula rasa)의 개념과 학습이론은 정서적 성향이나 태도와 같은 인간의 복잡한 행동을 설명하기에는 부적절하다는 것이 확인되었다.

 우리는 긍정적인 태도는 학습될 수 있으며 부정적인 태도는 바뀔 수 있다고 생각한다. 물론 단순히 정서적 사건을 기술하는 용어만 바꾼다고 해서 건강해지는 것은 아니다. 그렇지만 무언가를 '해야만 한다' 고 자주 말하는 자신에 대해 곰곰이 생각해본다면, 그동안 해왔던 일들이 정말 필요한 일들이었는가에 대한 의문이 생길 수 있을 것이다. 사실 '해야만 하는' 일들 중 일부는 그리 중요한 일이 아닐 수 있다. 또한 '해야만 하는' 일들에 대해 재평가를 하게 되면, 그 일들이 실은 자신이 하고 싶어 하는 일이며 자신에게 만족을 줄 수 있는 일이었다는 것이 밝혀질 수도 있다.

 이렇게 일의 우선순위를 변경하거나 일을 수행하는 이유를 변경함으로써 외부의 요구가 아닌 자신의 목표에 따라 살아가는 자기실현(self-realization)으로 나아갈 수 있다. 그리고 자기실현은 커다란 삶의 만족감을 가져오기 때문에 건강에 도움이 될 수 있

다. 확언할 수는 없지만, 각자의 어린 시절에 대한 긍정적인 회고
와 수녀로서의 삶을 시작하려는 열정을 고려한다면, 긍정 정서
수준이 높았던 수녀들의 경우가 바로 이러한 예에 해당될 가능성
이 높다.

사실 긍정 정서의 수준이 높았던 수녀들이 낮았던 수녀들에 비
해 학생들을 가르치고 함께 일하는 것을 더 즐겁게 여겼는지를
확인할 방법은 없다. 마찬가지로, 수업에 가야만 한다고 느끼고
학생들을 만나는 것을 끔찍하게 여기는 정도가 긍정 정서 수준이
낮았던 수녀들에게서 더 심했는지도 확인할 길이 없다. 하지만
만일 이것이 두 수녀집단의 일상적인 태도의 차이를 옳게 기술한
것이라면, 특정 태도를 지니는 것이 건강과 장수에 영향을 미친
다고 보는 것은 타당할 것이다.

성인기 초기의 한 시점에, 긍정 정서의 수준이 높은 수녀들은
삶의 다양한 상황에서 경험한 긍정 정서를 강조하면서 자신의 삶
을 기술하였다. 또 다른 연구에서는, 행복하고 긍정적인 아이가
덜 행복한 아이보다 더 건강하게 오래 살 것이라 예상하고 이들
을 추적하였다(Friedman, 1999). 하지만 이 연구에서는 행복한 아
이들이 건강에 위험한 행위에 몰두하여 결국 다른 아이들보다 더
오래 살지 못한 것으로 확인되었다. 그렇다고 해서 모든 행복한
아이들이 생명을 단축하는 위험한 행동에 몰두하여 단명하는 것
은 아니다. 이 연구는 통제할 수 없는 변인들에 의해 연구결과가
무용지물이 될 수 있다는 사실을 잘 보여주고 있다. 다행히도 노
트르담 수녀 연구에서는 이들의 특수한 생활양식으로 인해 이러
한 변인들이 어느 정도 통제가 되었다.

우리가 심혈관계에 대한 긍정 정서의 효과에 대해 주로 언급하기는 하였지만, 연구결과에 따르면 긍정 정서나 웃음은 면역체계 반응을 증진하기도 한다. 잔병을 치르지 않는 것이 누적되어 건강과 장수에 이득이 되었을 것이다.

더불어 우리가 지금까지 한 가지 긍정 정서에만 초점을 두었다고 해서, 즐거움이나 재미, 안도감 등이 건강에 중요하지 않다는 것은 아니다. 장수에 가장 중요한 역할을 하는 것은 긍정 정서를 지속적으로 경험하는 것이라고 생각한다. 앞서 언급한 대로 수녀들의 일상적인 정서 생활에 대해서는 알려진 바가 별로 없다. 하지만 다행스럽게도 몇 명의 인상적인 수녀들을 만날 수 있었는데, 이들은 교육업무를 이미 퇴임한 상태였다. 이들과 대화하는 가운데 우리는, 많은 수녀가 장기적인 동기를 필요로 하는 새로운 도전들을 지속적으로 받아들이고 있으며, 새로운 목표를 달성하려고 지속적으로 노력하고 있다는 것을 알게 되었다. 그들의 이러한 행동양상은 긍정 정서의 지속적인 경험에 대한 가설이 적절하다는 것을 입증하는 근거가 된다.

새롭게 떠오르는 긍정 정서에 관한 연구

긍정 정서가 어떻게 건강을 증진하고 수명을 연장시킬 수 있는지에 대해 비교적 간단하게 설명할 수 있다. 즉, 부정 정서나 스트레스 혹은 불안이 심혈관계 활동수준을 높이고 면역반응을 감소시키는 반면, 긍정 정서는 이러한 기능들이 다시 본래의 기준

선으로 돌아가도록 촉진한다는 것이다. 하지만 정서 연구에 대한 역사적인 접근들을 평가해봄으로써 긍정 정서에 대한 연구가 현재 부상하고 있는 이유를 이해하고, 향후 어떤 연구가 필요할지를 판단하는 데 도움을 받을 수 있을 것이다.

기본 정서에 대한 연구는 1940년대 초에 사회과학 분야에서 사실상 사라졌다고 볼 수 있다. Darwin(1872)은 기본 정서들에 수반되는 얼굴 표정이 내적 정서 상태에 대한 정보를 제공하는 용도로 사용되었던 기능적인 표정활동으로부터 진화된 것이라고 제안한 바 있다. 이 이론을 검증한 초기의 학자들은 얼굴 표정은 진화해왔으며, 유발인과 표정이 선천적으로 연결되어 있어서 변경하거나 억제하는 것이 어렵거나 불가능할 것이라고 가정하였다. 또한 이들은 분노, 두려움, 혐오, 슬픔의 얼굴 표정은 무의식적으로 자연스럽게 나타나는 것이기 때문에, 의도적으로 그런 표정을 짓거나 과거의 정서적 사건이 되살아날 때 이러한 정서들이 되풀이될 것이라고 가정하였다. 이들은 기본 정서가 활성화되면 각 정서별로 보편적으로 관찰되는 얼굴 표정이 나타날 것이라고 가정하기도 하였다. 하지만 연구자들은 정서가 담긴 얼굴 표정을 제시하고 각 표정이 어떤 정서를 담고 있다고 판단하는지를 조사하였을 때 일관된 결과를 얻지 못하였고, 결국 선천적인 정서란 존재하지 않으며 정서별로 보편적인 얼굴 표정이 있는 것도 아니라는 결론을 내리게 되었다.

요즘 기본 정서에 대한 연구가 사실상 자취를 감추기는 했지만, 불특정 부정 정서의 각성에 대한 연구들은 심리신체의학(psychosomatic medicine) 분야의 연구자들에 의해서 지속적으로

이루어져 왔다. 특히 스트레스나 불안, 혹은 A유형 성격이 건강
에 미치는 영향과 관련된 연구들이 이루어졌는데, 이러한 특성들
은 건강에 부정적인 영향을 미치는 것으로 확인되었다. 스트레
스나 불안은 정서와 관련이 있기는 하지만 기본 정서는 아니다.
관계를 따져보면, 스트레스는 다양한 부정적인 정서들을 활성화
시킬 가능성이 높으며, 불안은 예기된 두려움(anticipatory fear)의
한 형태라고 볼 수 있다. 불안을 일으키는 요인들은 대개 모호하
고 불확실한 경향이 있으며, 유발인이 없을 때에도 나타나곤 한
다. A유형 성격에서 주로 나타나는 조급함은 스트레스와 불안을
활성화시킬 가능성이 있지만, 이러한 유발인들은 개인마다 다르
기 때문에 따로 분류하고 정의 내리기가 어렵다. 마찬가지로 불
안에 수반되는 외현적 행동지표들이나 스트레스의 영향들을 감
지하여 객관적으로 측정해내기도 어렵다. 하지만 스트레스와 불
안이 만성적으로 지속되면 심장질환이나 고혈압, 기타 심혈관 장
애들이 발생할 위험이 높아지며 면역체계의 기능 역시 저하된다
는 사실은 충분히 입증되었다. 그래서 혈압, 발한, 심박의 상승과
자율신경계 활성화 효과에 대한 측정치들은 임상연구와 실험실
연구 모두에서 불안과 스트레스의 중요한 측정치로 사용되어 왔
다. 이상을 토대로 생각해보면, 스트레스를 주고 불안을 유발하
는 상황으로부터 주의를 전환하게 만드는 활동들은 신체적 · 심
리적 건강에 이득이 될 수 있음을 알 수 있다. 건강에 유익한 상
황이나 활동들을 조사한 자연주의 연구나 실험실 연구들 또한,
스트레스와 불안 연구에서처럼 비특이성(non-specificity) 문제로
인해 골머리를 앓았다. 혹은 이러한 연구들이 과도하게 특정적

으로 이루어져서, 한 가지 활동이 어떤 사람에게는 효과적이지만 다른 사람에게는 그렇지 못한 이유에 대해 별로 주의를 기울이지 못하였다.

건강에 해롭거나 이득이 되는 태도, 상황, 활동들에 대한 연구에서 특이성이 부족한 이유는 기본 정서에 차별화된 유발인과 특정한 표현 행동 및 도구적 행동이 존재한다는 가설에 대해 회의적이었기 때문이다. 이로 인해 다음과 같은 의문들은 거의 다루어지지 않았다. "어떤 부정 정서가 신체적 · 정신적 건강에 가장 해로운가?" "긍정 정서의 치유적 반응에 대한 수용성이 부정 정서마다 다른가?"

게다가 긍정 정서의 외적 지표들에 대한 객관적인 측정치가 없었다. 긍정 정서의 외적 지표로 규명된 유일한 지표는 미소뿐이다. 따라서 관찰만으로 성취나 만족, 재미, 희망, 갈망을 구분해 내는 것은 어렵거나 거의 불가능하다. 게다가 미소는 가장 쉽게 의도적으로 만들어낼 수 있는 정서적 표현이고, 긍정 정서가 활성화되었건 그렇지 않건 간에 사회적으로 이용될 수 있기 때문에, 각성된 부정 정서를 위장하기 위해 사용될 수도 있다. 물론 사회적 미소(social smile)와 표현적 미소(expressive smile)의 행동적 특성들이 연구된 바 있지만(Abel, 2002; Ekman & Friesen, 1982), 좀 더 자세히 구분하기 위한 추가적인 연구가 필요할 것이다. 그리고 얼굴 표정은 정서를 구성하는 요소들 중 하나일 뿐임을 기억하고, 정서적 사건의 각 단계들에 주의를 기울이는 것이 필요할 것이다. 불행히도 정서적 경험을 조사하는 주된 도구는 자기보고이며 이것은 자기회고를 통해서만 이루어지게 된다. 따라서 정보를 제공하는 사람이 아무리 통찰력이 있을지라도 정서가 유발되고 행동적으로 반응하기 전 1,000분의 1초 동안 일어나는 복잡한 신경학적·인지적 활동들을 밝히기는 어려울 것이다. 사실 어떤 정서가 활성화되었는지를 구분하는 것도 어려우며, 특정한 정서경험을 겉으로 드러내는 것에 대한 사회적 기대와 금기를 극복하는 것은 더 어려울 것이다.

　스트레스, 불안, 슬픔, 분노가 잠재적으로 건강에 부정적인 영향을 미치고 자율신경계의 각성을 동반한다는 특징을 공유하기는 하지만 같은 정서는 아니다(Levenson, Ekman, & Friesen, 1990). 각 정서 상태의 유발인과 표출규칙들이 서로 다르며, 무엇보다도 이러한 정서 상태로부터의 회복은 무엇이 긍정 정서를 불러일으키는가 하는 것만큼이나 다양하다. 초기의 연구들이 스트레스나 불안과 같은 모호한 상태가 아닌 두려움이나 슬픔, 분노와 같은 부정적인 기본 정서들이 건강에 미치는 효과를 강조했더라면, 건강에 대한 위험요인들과 예방법들에 대해서 좀 더 많은 것을 알게 되었을지도 모른다. 하지만 왜 이렇게 접근하지 않았는지는 이해할 만하다. 즉, 기본 정서의 유발인들이 대체로 보편적이기는 하지만 각 개인마다 선행 사건들이 다양하고 평가나 재평가 과정 역시 다양하기 때문에, 통제된 실험 연구 상황에서 모든 피험자들로부터 두려움이나 슬픔, 분노를 유발시킬 만한 한 가지 상황을 찾아내기란 상당히 어렵기 때문이다. 반면, 스트레스나 불안과 같은 더 모호한 정서 상태를 유발하는 것이 상대적으로 더 쉬웠을 것이다. 최근에 개발된 중요한 이론과 경험적 연구들은 이 문제에 대해서 일부 해결책을 제공해준다(예: Scherer &

Ellgring, 2007). 예를 들어, 평가 이론(appraisal theory)과 관련된 최근 연구들이 기본 정서 이론에 대한 대안으로 제시되고 있다. 우리는 이 두 이론들이 상호 배타적이기보다는 보완적이라고 생각한다. 따라서 향후에는 기본 정서를 유발하는 평가 과정을 결정하기 위한 이론과 연구들이 필요할 것이다. 이러한 과정들이 정서적 각성이 역기능적으로 작용하는 사람들에게서 어떻게 일어날지를 알아내는 것은 치료자들의 몫이며, 정상인들의 경우 어떠할지를 알아내는 것은 과학의 역할이다. 이러한 과정을 설명해 냄으로써 정서에 관한 연구는 한 걸음 앞으로 나아갈 것이다.

| 개인적인 작은 실험들 |

표정 만들어 감정 만들기

수녀 연구를 통해 얻어진 정서에 대한 연구결과를 반복검증하는 것은 어려울 것이다. 왜냐하면 일생 동안 동일한 직업과 생활양식에 위험요인까지 같은 데다가, 삶에 대한 기록까지 잘 보존된 집단을 구한다는 것은 거의 불가능하기 때문이다. 하지만 긍정 정서의 힘을 보여줄 만한 간단한 실험은 해볼 수 있다.

표정 만들기   다음 제시된 것과 유사한 체계적인 연구에 대한 아이디어는 Paul Ekman과 Wallace Friesen이 안면행위 부호화체계(Facial Action Coding System: FACS)를 개발하던 중 얻은 우연한 발견으로부터 도출되었다(Ekman & Friesen,

1978). FACS는 얼굴 근육의 움직임과 이것들의 조합을 통해 나타나는 얼굴 표정을 기술하기 위해 고안된 해부학 기반의 부호화체계다. 이 체계를 이용하여 얼굴의 움직임을 부호화하기 위해서는 특정 안면근육이 수축될 때 일어나는 피부의 변화를 기술하는 법을 배워야 한다. 이 체계를 개발하는 과정에서, Ekman 박사와 Friesen 박사는 얼굴의 개별 근육을 수축시켜 보기도 하고, 여러 근육들을 조합하여 수축시켜보기도 했다. 이들은 자신의 얼굴,혹은 상대방의 얼굴을 연구하였으며 관찰한 변화들에 대해 기록을 남겼다. 그렇게 다양한 얼굴 모양을 만들어내고 또 기술하던 어느 날, 한 사람이 "기분이 영 아니네…… 그만 해야겠어."라고 말했고, 다른 한 사람 역시 기다렸다는 듯이 동의하였다.

그 후 이들은 그날 하루 동안의 작업을 검토하였는데, 그 결과 자신들이 부주의하게도 부정 정서만을 연구했다는 사실을 발견하게 되었다. 이들은 그 전날에는 어떠했었는지에 대해 이야기하였고, 결국 그날 경험한 신체적·정서적 스트레스가 매우 독특한 것임을 깨닫게 되었다. 그리고는 자율신경계의 순간적인 활동을 측정할 수 있는 전문가면서 동시에 정서로 인한 얼굴 표정과 자율신경계 각성과의 관계를 연구하는 데 협력할 만한 사람을 찾기 시작했다.

미국 버클리에 있는 California 대학교의 Robert Levenson 박사와 수년간 함께 연구하면서 Ekman과 Friesen 박사는 그날 경험한 불편한 느낌을 잘 설명할 수 있었을 뿐 아니라, 행복, 슬픔, 두려움, 분노, 혐오의 표정에 의해 유발되는 독특한 자율신경계 패턴을 설명할 수 있었다. 연구결과, 부정 정서에 대한 자율신경계 반응패턴은 도망이나 싸움과 같은 생존을 위한 행동을 취할 수 있도록 몸을 준비시킬 때 필요한 변화와 일치한다(Levenson, Ekman, & Friesen, 1990). Levenson 박사와 그의 제자들은 관련된 연구를 지속하였고, 긍정 정서가 어떻게 심혈관계에 부담을 주는 부정 정서의 자율신경계 영향을 차단하는지를 입증하는 연구결과들을 제시하기도 하였다(Fredrickson & Levenson, 1998).

다음에 제시된 실습과제에는 두 개의 서로 다른 표정을 만들어내는 방법이 제시되어 있다. 먼저 표정 A를 따라 해보고 그때의 경험을 기록해보라. 그리고는 몇 분 동안 기다렸다가 표정 B를 따라 해보라. 마지막으로 표정 A를 따라 한 뒤 곧이어 표정 B를 따라 해보고 그때의 경험을 기록해보라. 얼굴을 움직여 제시된 얼굴 모양을 만드는 동안 실험보조자가 지시문을 읽어주도록 하고, 표정이 완성될 때까지 한 단계씩 얼굴을 움직이는 것이 좋다. 표정이 완성되면 10초 동안 그 상태를 유지한 다음 표정을 풀어라. 그러고 나서 즉시 경험을 기록해라. 정서를 경험하였는가? 그렇다면 얼마나 강렬하게 경험하였는가? 복부나 가슴, 어깨, 팔, 혹은 다른 신체 부위의 감각을 꼭 기술하도록 하라.

지시문: 표정 A

1. 입술을 꽉 다물고 그 상태를 유지하세요.
2. 눈꺼풀 아랫부분을 바짝 긴장시키세요.

3. 눈꺼풀 윗부분을 치켜 올리세요.

4. 양쪽 눈썹을 아래로 당겨서 가운데로 끌어 모으세요.

5. 10초 동안 그 상태를 유지하세요.

6. 이제 표정을 풀고, 경험한 바를 적어보세요.

경험 보고하기

정서를 경험하셨나요? 그렇다면 어떤 정서를 경험하셨나요? 경험한 정서의 강도를 0점(경험하지 않았음)에서 10점(가장 강렬한 정서적 경험을 하였음) 사이의 값으로 평가해주세요.

복부 부위의 감각에 대해 기술해보세요.

- 조이거나 긴장한 느낌이 들었나요?
- 그 부위가 뜨거워졌었나요?
- 그 부위가 차가워졌었나요?

가슴 부위의 감각에 대해 기술해보세요.

- 조이거나 긴장한 느낌이 들었나요?
- 그 부위가 뜨거워졌었나요?
- 그 부위가 차가워졌었나요?

팔, 어깨, 등이나 기타 다른 신체 부위의 감각에 대해 기술해 보세요(각 신체 부위 별로).

- 조이거나 긴장한 느낌이 들었나요?
- 그 부위가 뜨거워졌었나요?
- 그 부위가 차가워졌었나요?

지시문: 표정 B

1. 입술의 양 끝 부분을 귀 방향으로 가능한 한 높이 끌어올리세요.
2. 뺨을 들어 올려서 눈꺼풀 아랫부분이 위로 밀려 올라가도록 하세요.
3. 10초 동안 그 상태를 유지하세요.
4. 표정을 풀고 위에 제시되어 있던 질문들에 답하면서 경험한 것들을 적어보세요.

지시문: 표정 A 이후 표정 B

1. 표정 A를 만들었다가 풀고 난 후 즉시 표정 B를 만드세요.
2. 표정을 풀고 위에 제시된 질문들에 답하면서 경험한 것들을 적어보세요. 그리고 다음에 제시되어 있는 추가질문들에 답해보세요.

표정 B를 만들었을 때:

- 신체 감각에 어떤 변화가 있었나요?
- 특정 신체 부위의 긴장이 풀리던가요? 표정 A로 인해 생겼던 감각의 변화 정도를 0점(변화 없음)에서 10점(표정

A에 의해 유발된 감각이 완전히 사라짐) 사이의 값으로 평가해주세요.

-복부

-가슴

-어깨

실험을 실시하고 경험을 기록하기 전에는 다음 부분을 읽지 마시오.

표정 A를 유지하고 있는 동안에는 심장이 뛰고, 가슴이 조여오며, 어깨에 힘이 들어가고, 몸의 다른 부위에도 힘이 들어가는 것을 느꼈을 것이다. 표정 A에 기술된 것은 분노에 수반되는 얼굴 표정이다. 표정 B의 지시문에 나타난 얼굴모양을 완성했을 때에는 가슴이 가볍고, 몸에 힘도 거의 들어가 있지 않다는 것을 느꼈을 것이다. 이러한 효과는 입술 양 끝 부분을 들어 올리고 있으면서 눈 모양을 더했을 때 가장 두드러지게 나타나고, 표정을 완성하면서부터 점차로 희미해졌을 것이다. 이때 심장 박동이 빨라지거나 근육이 긴장되는 것을 느낄 가능성은 매우 적은데, 이는 기쁨이나 행복을 경험하는 데 필요한 얼굴 근육들을 활성화시켰기 때문이다. 표정 A 직후 표정 B를 만들었을 때에는 긴장감을 느꼈다가 어느 정도 이완되는 것을 느꼈을 것이다. 이때의 긴장 해소는 표정 A나 표정 B만을 단독으로 만들었을 때보다 더 두드러졌을 것이다.

다른 피험자들로부터 자료 모으기   '표정 만들기 연구'라는 이름으로 피험자들을 모아라. 그리고 얼굴 근육을 비교적 잘 통제하는 피험자들을 선별하라. 피험자가 모아지면, 피험자 앞에 앉아 이제부터 특정 얼굴 근육을 수축시키라는 지시를 할 것이며, 지시에 따라 근육 수축을 모두 마치고 나면 10초간 유지하고 근육을 풀라고 요청할 것이라고 설명하라. 그리고는 표정을 짓고 있는 동안 무엇을 느꼈는지에 대한 몇 가지 질문을 하게 될 것이라는 점도 설명해두어라. 설명을 마치고 나면, 먼저 입 주변부의 근육을 수축시키도록 지시하고, 근육 수축이 올바르게 되면 눈 주위의 근육을 수축시키도록 지시하라. 모든 얼굴 근육들을 수축시켰다면 그 표정을 그대로 유지하도록 지시하라. 그리고 10초가 지난 후에 표정을 풀도록 지시하라. 그리고 나서 위에 제시되어 있는 질문들을 묻고 피험자의 대답을 기록하라.

자료 요약하기   모든 피험자에 대해서 다음 정보들을 입력하여 연구자료를 수집하라.

1. 성별
2. 나이
3. 표정 A를 올바르게 만들었는가? (예, 아니요)
   '아니요' 라고 답한 경우: 올바르게 만들어낸 것은 무엇이고 잘 만들어내지 못한 것은 무엇인가?
4. 경험한 정서들과 각 정서의 강도
5. 보고된 신체감각의 부위, 특징(긴장/이완), 강도

이 실험이 긍정 정서 경험에 대해 알려준 것은 무엇인가? 당신이 얻은 실험결과는 이 장에 제시되어 있는 연구결과들을 더욱 강화하였을 것이라 생각한다. 사실 긍정적인 정서 경험은 스트레스를 주는 생활사건의 영향을 완화하는 강력한 수단임에 틀림없다. 당신은 실험을 하는 동안 자신의 몸에서 일어나는 변화를 분명 느꼈을 것이다. 아마도 당신은 이 실험을 통해 얻은 자각, 즉 부정 정서에 우리 몸이 어떻게 반응하는지를 자각함으로써, 이러한 반응을 줄이고 좀 더 오래 행복하게 살아갈 수 있을 것이다. 그것이 바로 우리가 바라는 바다!

> 참고문헌

Abel, M. (2002). *An empirical reflection on the smile.* Lewiston: Edwin Mellen Press.

Danner, D. D., Snowdon, D. A., & Friesen, W. V. (2001). Positive emotions in early life and longevity: Findings from the Nun Study. *Journal of Personality and Social Psychology, 80,* 804-813.

Diener, E. (2000). Subjective well-being: The science of happiness and a proposal for a national index. *American Psychologist, 55,* 34-43.

Ekman, P., & Friesen, W. V. (1969). The repertoire of nonverbal behavior: Categories, origins, usage and coding. *Semiotica, 1,* 49-98.

Ekman, P., & Friesen, W. V. (1978). *The Facial Action Coding System: A technique for the measurement of facial movement.* Palo Alto, California: Consulting Psychologists Press.

Ekman, P., & Friesen, W. V. (1982). Felt, false and miserable smiles. *Journal of Nonverbal Behavior, 6*(4), 238-252.

Fredrickson, B. L., & Levenson, R. W. (1998). Positive emotions speed recovery from the cardiovascular sequelae of negative emotions. *Cognition & Emotion, 12*, 191-220.

Friedman, H. S. (1999). Personality and longevity: Paradoxes. In J. M. Robine, B. Forette, C. Franceschi, & M. Allard (Eds.), *The paradoxes of longevity* (pp. 115-122). Berlin, Germany: Springer-Verlag.

Friesen, W. V. (1972). *Cultural differences in facial expressions in a social situation: An experimental test of the concept of display rules.* Unpublished doctoral dissertation: University of California, San Francisco.

Gross, J. J., & Levenson, R. W. (1997). Hiding feelings: The acute effects of inhibiting negative and positive emotion. *Journal of Abnormal Psychology, 106*, 95-103.

Headey, B., & Wearing, A. J. (1992). *Understanding happiness: A theory of subjective well-being.* Melbourne, Australia: Longman Cheshire.

Hughes, C. F., Uhlmann, C., & Pennebaker, J. W. (1994). The body's response to processing emotional trauma: Linking verbal text with autonomic activity. *Journal of Personality, 62*, 565-585.

Izard, C. E. (1971). *The face of emotion.* New York: Appleton.

Levenson, R. W., Ekman, P., & Friesen, W. V. (1990). Voluntary facial expression generates emotion-specific autonomic nervous activity. *Psychophysiology, 27*, 363-384.

Maruta, T., Colligan, R. C., Malinchoc, C., & Offord, K. P. (2000). Optimists vs. pessimists: Survival rate among medical patients over a 30-year period. *Mayo Clinic Proceedings, 75*, 140-143.

Pennebaker, J. W. (1993). Putting stress into words: Health, linguistic and therapeutic implications. *Behavior Research and Therapy, 31*, 539-548.

Pennebaker, J. W., & King, L. A. (1999). Linguistic styles: Language use as an individual difference. *Journal of Personality and Social Psychology, 77*, 1296-1312.

Scherer, K. R., & Ellgring, H. (2007). Are facial expressions of emotion produced by categorical affect programs or dynamically driven by appraisal? *Emotion, 7*(1), 113-131.

Seligman, M. E. P. (2000). Optimism, pessimism, and mortality. *Mayo Clinic Proceedings, 75*, 133-134.

3

감사 연습하기

· Jo-Ann Tsang, Wade C. Rowatt와 Ruth K. Buechsel

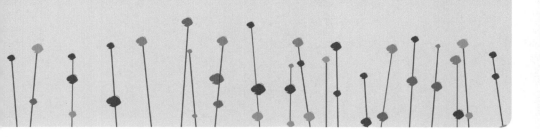

감사 연습하기

Jo-Ann Tsang, Wade C. Rowatt와 Ruth K. Buechsel

기자들 앞에서, 불과 몇 시간 전에 자신의 아들을 구해준 웨슬리 오트리(Wesley Autrey)라는 자에게 감사를 표하고 있는 캐머런 홀로피터(Cameron Hollopeter)의 아버지 심정을 상상해보라. 2007년 1월 3일 이른 오후, 홀로피터는 뉴욕 지하철 승강장에서 간질 발작을 일으켰다. 기차가 막 들어오는 그때 그가 선로로 떨어져 버렸고, 그를 전혀 모르는 오트리는 선로에 뛰어들어 그를 도왔다. 오트리는 홀로피터를 선로의 빈 공간에 밀어 넣고 다섯 량의 지하철이 그들 위로 지나가는 동안 그를 감싸고 있었다. 두 남자는 경미한 상처와 화상만 입은 채 살아남았다. 그날 오후 홀로피터의 아버지는 감사의 눈물을 흘리며 병원 앞에 서서 기자들에게 오트리에 대한 감사의 마음을 표했다(Buckley, 2007; Lee & Feldman, 2007).

생명을 구하는 영웅적인 행동은 도움을 받은 사람뿐 아니라 그

것을 본 사람들에게도 감사를 이끌어낸다. 낯선 이를 돕기 위해서
생명의 위험을 감수했기 때문에, 오트리는 많은 토크쇼에 출연하
게 되었고 사업가 도널드 트럼프(Donald Trump)로부터 만 달러를
받았으며, 디즈니 월드로 여행을 가고, 뉴욕의 Bronze Medallion
Award에 참석하게 되었다. 게다가 2007년 연두교서(state of the
union address)[6]에 초대받아 내빈석에 앉아 대통령의 감사인사를
받았다(연합통신, 2007; Barrett, 2007; Dobnik, 2007). 그의 용감한 행
동은 홀로피터와 그의 가족뿐 아니라 온 국민으로부터 감사의 마
음을 이끌어낸 것이다.

　일상의 모든 평범한 일들도 감사를 이끌어낸다. 어떤 사람들에
게는 좋지 못한 환경조차 결국은 감사를 이끌어내는 것 같다.
Ryan(1999)은 비극의 한 가운데서도 고마움을 느끼는 한 여성에
대해 다음과 같이 묘사하였다.

　　나의 외아들이 5년 전에 죽었다. 당시 나이가 네 살 반이었
　다. 그 아이의 죽음이 가져다준 선물 중 하나는 조급함을 멈추
　게 해주는 구실이 생긴 것이다. 첫해 동안 나는 내가 필요할 때
　마다 슬픔으로 스스로를 씻어냈다. 그리고 이 놀라운 세상에
　서 우리를 둘러싸고 있는 치유에 내 자신을 개방했다. 나는 친
　구들과 껴안고 이야기하는 시간을 가졌다. 나는 소중히 할 4년
　반이라는 긴 시간을 가지고 있었다. 요즈음 사무실 창밖으로

---

6 역자 주: 미국 대통령이 연초에 국가의 기본정책을 설명하고 입법을 요청하는
　자리.

보이는 만(灣) 위로 무지개가 생기거나, 작은 깃털이 하늘에서 나에게로 내려오거나, 맥도날드에서 아이들의 웃음소리에 눈물이 흐를 때, 하던 일을 멈추는 것은 나에게 이상한 일이 아니다. 나는 아들을 잃은 게 아니라, 그만큼 오래 함께할 수 있었기에 얼마나 운이 좋은가를 깨닫게 되었다. 나는 당신의 영혼을 붙잡고, 어쩌면 다시는 오지 않을 특정한 순간의 소중함을 알기 때문에 운이 좋다(p. 63).

평범한 것부터 극적인 것까지, 혹은 일상적인 것에서 영적인 것까지 이렇게 다양한 감사의 경험들을 하나로 묶어주는 것은 무엇인가? 우선 이 장에서는 이 모든 예시를 포괄할 수 있는 감사의 심리학적 개념을 제시하고자 한다. 그런 다음, 감사의 사회적 · 도덕적 기능을 지지하는 심리학적 연구를 제시하면서 이 기능들을 개관할 것이다. 또한 '감사를 잘 하는 성격(grateful personality)'의 존재에 대해 논의하고, 감사 경험의 건강상 이득을 지지하는 연구를 개관할 것이다. 마지막으로, 우리 자신의 삶에서 감사 경험을 촉진하기 위해 고안된 "감사 연습(grateful exercises)"을 독자들에게 소개하겠다.

감사의 정의: 감사와 감사가 아닌 것

이 주제에 대해 논의하기 전에 더 근본적인 질문을 할 필요가 있다. 감사란 정확히 무엇인가? 심리학적으로, '감사(gratitude)란 다른 사람으로부터 호의나 도움을 받았을 때 생겨나는 기쁜 감정'으로 생각할 수 있다(Emmons & Shelton, 2002; McCullough, Kilpatrick, Emmons, & Larson, 2001). 예를 들어, 거동이 불편한 사람들에게는 배달 음식과 가까운 친구나 이웃이 잠깐 방문하는 일이 종종 고마운 일이다. 많은 사람(예: 신혼부부, 갓 부모가 된 사람들)이 가족들로 부터 필요한 물건을 선물로 받았을 때 고마움을 느낀다. "지난 한 주를 돌아보고 네 인생에서 감사할 만한 일 다섯 가지를 써 보라."고 대학생들에게 물었을 때, 그들의 답은 다음과 같다.

- 오늘 아침에 눈을 뜬 것
- 친구의 너그러운 태도
- 신이 나에게 준 결단력
- 훌륭한 부모님(Emmons & McCulloughm, 2003, p. 379)

  잠시 당신이 감사하는 사람이나 감사하는 것을 떠올려 보라. 언제 다른 사람으로부터 도움을 받거나 선물을 받았는가? 오트리가 생명을 구해줬을 때 홀로피터가 보인 극적인 친절 행동을 경험해본 적이 있는가? 혹은 삶의 소소한 것들에 그저 감사하는가? 어떤 일들이 당신을 감사하게 만드는가? 연구자들은 이제 이런 고결한 감정을 연구하기 시작했고, 그것이 어떻게 작동하는지에 대해 점점 더 알아가고 있다.

  감사는 다른 이의 의도적인 행동에 대한 반응이다. 우리는 대게 사람들이 우연히 우리에게 한 행동이나(Heider, 1958), 우리가 스스로에게 한 행동에 대해 고마움을 느끼지 않는다(Emmons &

Crumpler, 2000). 다른 사람이 우리에게 무언가 긍정적인 것을 반드시 주어야 하는 것은 아니다. 만약 누군가가 우리에게 무언가를 주려고 했지만 그렇지 못했을 때도 우리는 그들의 선한 의도에 고마워할 수 있다. 감사의 대상이 항상 다른 사람일 필요도 없다. 가령 우리는 신, 운명, 우주에 대해 고마움을 느낄 수 있다.

감사에 대한 긍정적인 느낌과 반대로, 부채감(indebtedness)은 호의에 대한 부정적인 반응이다. 다음과 같은 상황을 생각해보라. 한 학생이 어떤 사람에게서 학기 등록금을 낼 수 있도록 돈을 받았다. 이 선물을 친척이나 오랜 친구로부터 받은 것이라면 수혜자는 감사로 응답할 것이다. 그러나 이 선물을 싫어하는 사람에게서 받았다면 수혜자에게 그 선물은 '조건이 있는' 것으로 느껴져 선물에 대해 부채감이라는 부정적인 반응을 보일지도 모른다. 심리학자들은 감사의 마음과 부채감은 사람들이 다른 반응을 하게 하는 구분되는 감정이라는 것을 발견했다. Philip Watkins와 동료들은 우리가 다른 사람으로 하여금 호의에 보답하기를 기대할 때, 부채감은 증가하고 고마움은 감소한다는 사실을 발견했다(Watkins, Scheer, Ovnicek, & Kolts, 2006). 또한 흥미롭게도 사람들이 고마움을 더 많이 느낄수록 실제 그 호의에 보답할 가능성이 높아지고, 부채감을 느낄수록 적대감을 갖는 것으로 밝혀졌다.

우리는 분명 다른 이의 호의에 대해 항상 긍정적인 반응만을 하는 것은 아니다. 가끔 고마움보다는 분노를 느끼기도 한다(Tsang, 2006; Watkins et al., 2006). 상사에게 부적절한 시기에 호의를 베푼 경우 이는 친절한 행동 대신에 '뇌물'로 받아들여질 수 있다.

크리스마스날 아침에 어떤 아이들은 교복 선물에 감사해하지 않을 수 있다. 또 다른 아이들은 그 선물이 자신이 가장 받고 싶은 것이 아니기 때문에 화를 낼 수도 있다. 이렇듯 호의에 대한 우리의 반응이 항상 긍정적이지는 않지만, 연구에 따르면 사람들은 감사의 표현을 더 자주 하는 것으로 나타났다. 1998년 갤럽 조사에 따르면, 미국인의 과반수 이상이 신에게 감사를 표한다고 하였고(54%), '항상' 고마움을 느낀다고 보고한 사람이 67%였다.

감사의 도덕적 기능

많은 사람이 감사를 경험한다는 사실은 그것이 연구할 만한 가치가 있는 중요한 감정이라는 것을 말해준다. 하지만, 감사가 중요한 더 큰 이유는 우리가 다른 이들과 관계를 맺는 방식에 영향을 미치기 때문이다. Michael McCullough와 동료들(McCullough et al., 2001; McCullough & Tsang, 2004)은 감사가 관계에 영향을 미치는 세 가지 방식에 대해 개관하였다. 첫째, 감사의 감정은 누군가가 우리에게 좋은 일을 해주었다는 것을 알게 해준다(감사의 도덕적 지표 기능: moral barometer). 둘째, 감사는 우리에게 호의를 베풀어준 그 사람뿐 아니라 아무 관련이 없는 사람들까지 타인을 돕고 싶게 만든다(도덕적 동기부여 기능: moral motivator). 셋째, 사람들이 감사를 표현하면, 이것이 은인에게 보상이 될 수 있고, 그가 이후에도 좋은 일을 하도록 동기부여를 한다(도덕적 강화 기능: moral reinforcer).

도덕적 지표로서의 감사

많은 심리학자들은 정서가 일반적으로 우리 자신과 우리를 둘러싼 상황에 대한 정보를 제공해주는 중요한 기능을 수행한다고 믿는다(Batson, Shaw, & Oleson, 1992; Schwartz, 1990). 감사는 다른 사람에게서 긍정적인 무언가를 받았다는 것을 알게 해주는 '도덕적 지표'로서 정보제공의 기능을 한다. 특히 우리가 감사를 느낄 때, 이는 누군가('은인')가 '의도적으로' 많은 '노력'이나 '비용'을 들여서 어떤 '가치로운' 일이 우리('수혜자')에게 일어나게 해주었다는 것과 그 사람이 의무감 때문이 아니라 '대가를 바라지 않고' 행동했다는 것을 우리에게 알려준다.

의도는 감사의 가장 필수적인 요소로 여겨진다(Berber, 1975; Emmons & Crumpler, 2000; Steinder-Rast, 1967). "본질적으로, 중요한 것은 생각이다." 만약 은인이 은혜를 강제로 제공하거나 그에 대해 의무감을 느낀다면 수혜자는 감사를 덜 느낄 것이다. Fritz Hider(1985)는 사람들이 의도적인 행위의 결과에 대해서만 고마움을 느낀다고 주장했다. 만일 은인이 강요에 의해 혜택을 제공했거나 그렇게 하는 데 의무감을 느꼈다면 수혜자는 고마움을 느낄 가능성이 더 낮아진다. Sandra Graham과 Bernard Weiner(1986)는 감사가 다수의 "귀인-의존적(attribution dependent)" 정서, 즉 특정 결과의 원인에 대한 개인의 지각에 의해 유발되는 정서 중 하나라고 말한다. 이들에 따르면, 감사는 자신에게 혜택이 된 긍정적인 결과가 다른 사람의 통제하에 의도적으로 행해진 것이라고 개인이 지각할 때 느껴지는 것이다. Richard와 Bernice Lazarus(Lazarus &

Lazarus, 1994)는 수혜자가 "이타적 선물에 감사할 만한"(p. 118) 상황으로 인식할 때 감사의 마음이 일어난다고 생각했다. 어떤 혜택이 '이타적'이라고 여겨질 때는 은인이 선의(善意)로 베풀어주었다고 여겨질 때다.

은혜의 비용 또한 감사에서 중요하다(Berger, 1975; McCullough et al., 2001). 시간, 돈, 생명까지도 희생한 사람들은 수혜자로 하여금 오래 지속되는 감사를 경험하게 한다. 오트리의 영웅적인 행동은 그의 값진 선택이 생명을 어느 정도 담보하는 것이었기 때문에 그토록 많은 사람의 감사를 이끌어낸 것이다. Andrew Ortony 등(Ortony, Clore, & Collins, 1998)은 은혜의 비용이 그 행동이 칭찬받을 만한 가치가 있다고 지각하게 만들기 때문에 감사의 강도를 증가시킨다는 이론을 제안하였다. Robert Trivers(1971)는 감사를 진화론적인 관점에서 설명하였다. 즉, 감사가 사람들로 하여금 이타적인 행동의 가치에 대한 비용의 비율(cost/value ratio)에 민감해지게 하며, 호혜적인 행동을 장려함으로써 이타적인 행동의 적응성을 증가시키기 위해 발달하였다는 것이다. 따라서 받은 도움의 비용과 가치가 증가하면 감사가 증가하게 된다. 가치의 경우와 마찬가지로 수혜자가 감사를 경험하는 것은 실제 호의의 비용이 아니라 수혜자가 '지각한' 비용이다.

호의의 가치가 클수록 감사의 감정은 더 증가한다(Berger, 1975; McCullough et al., 2001; Robert, 2004; Tsang, 2007). 모든 조건이 같다면 5달러짜리 선물보다 500달러짜리 선물이 더 많은 감사를 유발할 것이다. 감사는 수혜자 쪽에서 느끼는 것이기 때문에 은혜의 가치 효과는 수혜자의 해석에 달려 있다(Ortony et al., 1988;

Pyke & Coltrance, 1996; Roberts, 2004). 은인이 그 은혜가 가치 있다고 느껴도 그 호의를 받은 사람이 그렇지 않다면, 수혜자는 감사를 경험하지 않을 것이다(이런 경우 은인은 감사의 표현을 기대할 것이므로 수혜자의 반응을 괘씸하게 여길 것이다.).

사람들은 또한 대가를 바라지 않고 은혜를 베풀었을 때 더 고마움을 느끼는 경향이 있다. Ortony 등(1998)은 우리가 역할에 따른 기대 이상의 은혜에 더 고마워하는 경향이 있다고 주장하였다. 가족이나 친구가 의무적으로 은혜를 베풀 때는 그저 약간의 감사를 느끼겠지만 낯선 이나 그냥 안면만 있는 사람으로부터 도움을 받으면, 그 호의는 보상을 바라는 것이 아닐 가능성이 높고 역할 때문에 혹은 의무감에서 나온 게 아닐 가능성이 높기 때문에 더 큰 감사를 느낄 것이다. 오트리의 행동에 대중들이 감사의 반응을 보이는 또 다른 원인은 그가 모르는 사람을 위해 목숨을 걸었다는 점과 그를 도울 아무런 의무가 없었다는 점이다. 그러나 Lazarus와 Lazarus(1994)는 은인이 자신의 역할에 따른 의무의 일환으로 도움을 주었더라도 그것이 의무의 범위를 넘어섰다고 수혜자가 느낀다면, 여전히 고마움을 느낄 것이라고 주장한다. 의사가 단지 '자신의 일을 하는 것'임에도 환자들은 자신의 생명을 구해준 의사에게 고마움을 느낄 것이다. 감사에 영향을 주는 또 다른 요인은 수혜자가 생각하는 가치나 쓸모다. Heider (1958)는 자신이 그것을 받을 만한 가치가 있다고 여길 경우 혜택에 대해 감사를 느낄 가능성이 낮다고 생각했다. 따라서 용서와 같은 과분한 은혜는 서비스에 대한 지불 같은 당연한 이득에 비해 더 큰 감사를 유발할 것이다.

이와 같은 감사의 원인들에 대한 과학적 증거들은 많다(표 3.1
에 다양한 감사 연구들을 요약하였다.). Jeneva Lane과 Norman
Anderson(1976)뿐 아니라 Abraham Tesser 등(Tesser, Gatewood,
& Driver, 1968)은 참가자들에게 다른 수준의 '의도' '가치'(Tesser
와 동료들), '비용'이 포함된 시나리오를 읽게 하였다. 그들은 사
람들이 의도적이고, 더 가치 있고, 더 비용이 많이 든 호의에 대
해 더 많은 감사를 보고한다는 사실을 발견했다. Daniel Bar-Tal
등(Bar-Tal, Bar-Zohar, Greenberg, & Herman, 1977)은 이와 유사하
게 참가자들에게 안면이 있는 사람부터 부모까지 친밀도가 다른
여러 사람으로부터 도움을 받는 장면을 상상하도록 했다. 그 결
과 부모보다는 낯선 이에게 도움 받는 것을 상상할 때 참가자들
이 더 고마움을 크게 느끼는 것으로 나타났다. 이는 고마운 행동
이 역할에 따른 의무에서 벗어난 것으로 여겨질 때 더 많은 감사
를 이끌어낸다는 점을 시사한다. Shinichiro Okamoto와 Peter
Robinson(1997)은 뒷사람을 위해 문을 잡아주는 현지조사를 수
행했다. 그들은 도움을 주는 사람이 누군가를 위해 문을 잡아줄
때의 어려움의 정도를 달리 했다. 가령 어떤 사람들에게는 실험
동조자가 자신도 통과하면서 문을 잠깐 잡아주어서 거의 노력이
들지 않는 '낮은 비용'의 도움을 제공하였다. 한편, 다른 사람들
에게는 실험 동조자가 참가자의 반대 방향에서 걸어와서 참가자
가 문을 통과하는 동안 한쪽 편에 서서 문을 잡고 있어야 했다.
이 조건에서는 실험 동조자가 문을 여는 데 더 많은 애를 써야 하
기 때문에 '더 비싼 비용'의 도움을 제공했다고 볼 수 있다. 더
높은 비용 조건에 있던 사람들은 더 값싼 비용 조건의 사람들에

비해 실험동조자에게 더 많은 감사를 표했다.

가치, 비용, 의도성, 무보상은 모두 감사를 증가시키는 데 충분한 요인들이며, 이 모든 요인들이 한꺼번에 존재할 필요는 없는 것 같다. 가령 어떤 사람이 의도적으로 선물을 주었는데 그것의 가치가 낮은 경우, 이를테면 아이가 학교에서 우리에게 그림을 그려주는 경우, 우리는 여전히 상당한 고마움을 느낄 것이다. 도덕적 지표의 기능은 모든 것이 동일한 상황이라면 우리는 보다 가치가 크고, 비용이 많이 들고, 의도성이 있고, 보상을 바라지 않는 도움에 대해 더 감사를 느낀다는 점을 일러준다.

|표 3.1| 감사의 기능과 이득에 대한 최근 연구결과

일반적 감사 연구

- 1998년 갤럽 조사에서, 다수의 미국인들이 신(54%)과 다른 사람들(67%)에게 '항상' 감사를 표현한다고 응답했다.
- 사람들은 감사를 부정적인 감정보다는 긍정적인 감정으로 구분한다(Storm & Storm, 1987; Vav Overwalle, Mervielde, & De Schuyter, 1995).
- 사람들은 그들 자신보다는 다른 사람에 의해 발생된 결과로 감사를 확인한다(Weiner, Russell, & Lerman, 1978, 1979; Zaleski, 1988).
- 사람들은 사적으로보다 공적으로 다른 사람의 도움을 더 잘 인정하는 경향이 있다(Baumeister & Iiko, 1995).

감사의 발달

- 아이들은 나이가 들수록 더 자주 감사를 표현하고, 감사의 개념이 구체적인 것에서 추상적인 것으로 변해간다(Baumgarten-Tramer, 1938).
- 어떤 아이들은 학령기전에 감사의 표현이 필요한 때를 인식할 수 있다. 한 연구에서, 37%의 학령기전 아이들이 스티커를 받을 때 "고맙습니다."라고 말했고, 수입이 낮은 가정의 소녀와 아이들이 감사를 더 자주 표현했다(Becker & Smenner, 1986).

- '감사' 감정을 묘사하는 이야기를 설명해보라고 요청했을 때, 영어권의 7세 아동이 5세 아동에 비해 감사를 더 정확하게 묘사하는 이야기를 했다(Harris, Olthof, Meerum Terwogt, & Hardman, 1987).
- 5~11세 아이들은 은인이 강제로 호의를 베풀게 되었을 때보다 자신의 의도로 호의를 베푼 시나리오에서 감사를 더 많이 느꼈다고 보고했다. 그러나 이 구분은 8세 이상일 때 더 잘 이루어졌다. 아이들은 또한 의도적 선물에 대해 보답하겠다는 말을 더 하는 경향이 있었고, 이 구분도 적어도 8세 아이들에게 더 잘 이루어졌다. 복잡한 감정에 대한 아이들의 이해는 나이가 들수록 성장해서 8세경에 감사에 대한 보다 추상적인 이해가 가능해지는 것으로 보인다(Graham, 1988).
- 할로윈데이에 "과자 안 주면 장난칠 거예요(trick-or-treating)."라고 외치는 4세나 5세 아이들은 보통 사탕을 받을 때 자발적으로 "고맙습니다."라고 말하지 않는다. 6세에서 10세 아이들은 지시 없이도 어른에게 고마워하기 시작할 것이다. 이는 아이들이 나이를 먹음에 따라 어떤 상황에서 "고맙습니다."라고 말해야 할지에 대한 이해가 발달함을 보여주는 것이다(Gleason & Weintraub, 1976).
- 또 다른 발달 연구에서, 7세 아이들이 4세 아이들에 비해 감사를 더 잘 이해하지는 못했으나 모든 연령대의 아이들이 감사를 부정적인 감정보다는 긍정적인 감정으로 구분할 수 있었다(Russell & Paris, 1994).
- Froh, Sefick과 Emmons(2008)는 매일의 감사 개입이 일상의 스트레스에 초점을 맞춘 개입에 비해 청소년의 정신적(신체적이 아닌) 웰빙을 증가시킴을 발견하였다.

감사의 도덕적 지표 기능

- 사람들은 의도적이고, 더 가치 있고, 비용이 많이 드는 호의에 대해 더 큰 감사를 보고했다(Lane & Anderson, 1976; Okamoto & Robinson, 1997; Tesser, Gatewood, & Driver, 1968; Tsang, 2007).
- 사람들은 자신의 부모보다 낯선 이가 도움을 줄 때 더 고마움을 느꼈다(Bar-Tal, Bar-Zohar, Greenberg, & Hermon, 1977).

감사의 도덕적 동기부여 기능

- 성인기 초기에 영향력 있는 멘토가 있었고 그 멘토에게 고마워하는 여성들은 중년기에 generativity(다른 이를 돌보고 멘토링하는 것) 측정에서 높은 점수를 기록했다(Peterson & Stewart, 1996).

- 고마움을 느끼는 사람들은 은인에게 은혜를 갚는 경향이 높고(Barlett & DeSteno, 2006; Tsang, 2006b, 2007), 아무 관련 없는 사람에게도 호의를 베풀 가능성이 높다(Barlett & DeSteno, 2006).

감사의 도덕적 강화 기능

- 감사 전화를 받은 보석 가게의 고객들은 그다음 구매에서 70% 증가를 보여 주었다(Carey, Clicque, Leighton, & Milton, 1976). 반면에 감사 전화를 받고 세일에 대한 이야기를 들은 고객들은 30% 증가된 구매를, 전화를 받지 않은 고객들은 증가를 보이지 않았다.
- 비행청소년 담당자는 자신과 자신의 관리자가 청소년 주거 단위에서 감사 메모를 받은 후에 내담자 방문을 증가시켰다(Clark, Northrop, & Barkshire, 1998).
- 담당 서버가 계산서에 "감사합니다."라고 적었을 때 아무것도 안 적었을 때보다 식당 손님들이 팁을 더 많이 주었다(Rind & Bordia, 1995).
- 실험 동조자에게 길을 가르쳐준 것에 대해 감사를 받은 사람들이 도움을 준 것에 대해 비난을 받은 사람들에 비해 가까운 미래에 다른 실험 동조자—예를 들어, 길에서 책을 떨어뜨린 사람—를 도울 가능성이 훨씬 높았다(Clark, 1975; Goldman, Seever, & Seever, 1982; Moss & Page, 1972).

감사를 잘 하는 성격

- 감사는 구분된 특질이라기보다 친화적 성격 특질과 정적으로, 개방적 특질과는 부적으로 상관이 있는 것으로 보인다(Saucier & Goldbrtg, 1998).
- 감사를 잘 하는 사람은 도움을 잘 주고, 종교적이고, 외향적이고, 사교적인 것으로 평가받았다(McCullough, Emmons, & Tsang, 2002).
- 감사를 잘 하는 성격이라고 보고한 사람들은 자신이 용서를 잘 하고, 삶의 만족도가 높다고 보고했고(Adler & Fagley, 2005), 감사를 덜 느끼는 사람에 비해 긍정적인 감정은 더 많이 느끼고 부정적인 감정은 덜 느낀다고 보고했다 (McCullough, Emmons, & Tsang, 2002).
- 감사를 잘 하는 사람들은 감사를 덜 하는 사람들에 비해 덜 물질적이고, 질투를 덜 하고, 더 낮은 우울과 불안 수준을 가지고 있었다(McCullough, Emmons, & Tsang, 2002).
- 감사를 잘 하는 사람들은 감사를 덜 하는 사람들에 비해 더 겸손하고 덜 거만했다(Rowatt, Powers, Targhetta, Comer, Kennedy, & LaBouff, 2006).
- 감사를 잘 하는 사람들은 우울, 공격성, 분노, 피상적 신앙심, 자기애 같은 부정

적인 특질에서 낮은 점수를 기록했다(Watkins, Woodward, Stone, & Kolts, 2003).

■ 반면, 자기애적 성격의 사람들은 협동 과제 동안에 감사를 덜 표현하는 경향이 있었고, 그들의 성공에 대해 파트너와 영예를 나누려 하는 경향이 낮았다 (Farwell & Wohlwend-Lloyd, 1998).

감사와 건강

■ 2001년 9월 11일 테러리스트들이 미국을 공격한 후에 심리학자들은 많은 대학생을 대상으로 조사를 하였는데, 학생들 중 대다수가 부정 정서뿐 아니라 감사, 사랑, 동정 같은 긍정 정서를 보고했다. 이 긍정 정서는 탄력적인 사람들이 테러리스트 공격 후에 우울을 덜 경험하고, 평온함, 낙관주의, 삶의 만족을 더 많이 경험하도록 도왔다(Frederilson, Tugade, Waugh, & Larkin, 2003).

■ 고마움을 느끼는 사람에 대해 생각한 사람들은 긍정적 정서 경험에서 유의한 증가를 보여주었다. 감사를 잘 하는 성격의 사람들은 감사 경험에서 가장 큰 이득을 나타냈다(Watkins et al., 2003).

■ 아직 감사하지 못한 사람에게 감사편지를 써서 부친 사람들은 그 기억에 대해 쓰기만 한 사람들에 비해 더 높은 행복감과 낮은 우울감을 보고했다. 그리고 긍정적인 심리적 효과는 감사 연습 후에 한 달까지 지속되었다(Seligman, Steen, Park, & Peterson, 2005).

■ 매일 또는 매주 감사일지를 쓰는 것은 정신적 건강뿐 아니라 신체적 건강까지도 증가시킬 수 있다(Emmons & McCullough, 2003).

■ 연구들에 따르면 여자가 남자보다 감사와 감사개입으로부터 더 많은 이득을 얻을 수 있을 것이라고 제안한다(Kashdan, Froh, Mishira, Emmons, & Breen, 2007).

도덕적 동기로서의 감사

우리가 일단 고마움을 느끼면 말과 행동으로 고마움을 표현하고자 하는 동기가 생긴다(Berger, 1975). 감사의 두 번째 기능은 우리가 자신을 도와준 사람에게 혹은 아무 관련 없는 사람들에

게까지 친절을 돌려주게 한다는 것이다. 2000년에 상영된
영화 〈아름다운 세상을 위하여(Pay It Forward)〉는 도덕적 동기
로서의 감사의 예를 보여준다. 영화에서 한 사회과학 선생님이
학생들에게 세상을 발전시킬 무언가에 대해 생각해보라고 말한
다. 한 학생이 은혜를 되갚는 대신 '앞으로 갚기(pay forward)'를
하기로 결심을 하는데, 그렇게 함으로써 그 호의를 받은 사람들
이 다른 이들을 위해 선행을 하도록 영감을 준다.

심리학 연구자들은 이런 감사의 도덕적 동기부여 기능을 지지
해왔다(표 3.1을 보라.). 예를 들어, Graham(1988)은 초등학교 학
생들에게 한 어린이가 다른 아이에게서 호의를 받고 각각 다른
양의 감사를 느끼는 시나리오를 읽게 했다. 참가자들은 더 많은
감사를 느낄수록 그 아이가 받은 것을 돌려주려고 노력한다고
판단했다. 다른 연구자들(Barlett & DeSteno, 2006; Tsang, 2006b,
2007)은 연구실에서 실제 호의에 대한 사람들의 반응을 관찰했
는데 자신이 다른 참가자로부터 호의를 받았다고 생각하는 참가
자들은 더 감사를 느끼고 더 그 호의를 돌려주고 싶어 했다.

마찬가지로 우리는 고마움을 느낄 때 우리를 도와준 사람에게
해를 끼치고 싶어 하지 않는다. 이솝 우화 〈Androcles〉는 큰 못
이 발바닥에 박혀 고통스러워하던 사자의 발바닥에서 못을 빼내
어 도와준 노예에 대한 이야기다. 그 노예는 나중에 잡혀서 사자
무리에 던져지는데 배고픈 사자가 그를 잡아먹으려고 달려오다
가 그가 자신을 도와주었던 친구라는 것을 알아차리고 감사의
표시로 그 남자의 손을 핥기 시작했다. 심리학적 연구를 보면,
Robert Baron(1984)은 실험 동조자로부터 선물을 받은 참가자는

경쟁적 전략 대신에 그와 협력적 전략을 사용하는 데 더 가치를 둔다는 것을 발견했다.

Trivers(1971)는 감사를 이타적 행동, 특히 낯선 이를 향한 이타주의에 대한 사람들의 반응을 조절하는 진화적인 적응기제로 보았다. 그는 돕는 행위가 미래에 다른 이로부터 도움을 받을 가능성을 높인다는 측면에서 이타주의, 즉 도움 행동을 진화적으로 적응적이라고 보았다. 도움이 최대로 적응적이기 위해서는 되돌려줄 때의 가치가 그 도움이 주어졌을 때의 가치에 상응해야 한다. Trivers는 특히 감사하는 마음은 이타적 행동의 이득에 대한 비용의 비율에 민감하기 때문에, 상대적으로 값비싼 이득이 더 많은 감사를 이끌어낸다고 주장하였다. 이런 감사의 증가는 낯선 이들 사이에서 상호작용 수준을 높이고, 더 협력적이고 건설적인 미래의 상호작용을 이끌어낸다.

도덕적 강화물로서의 감사

감사는 고마움을 느끼는 사람에게 영향을 미칠 뿐 아니라, 누군가가 감사를 표했을 때 감사를 받는 사람에게도 영향을 미칠 수 있다. 누군가가 "고맙습니다."라고 말할 때 느껴지는 이 따뜻한 느낌은 우리에게 심리적 보상을 주고 미래에 다른 사람을 돕고 싶게 만든다. 반면에 누군가가 감사해하지 않으면 우리는 그에 대해 매우 부정적인 감정을 갖게 되어(Stein, 1989), 미래에 그를 돕고자 하는 마음이 줄어든다. 아마도 오트리는 자신이 도움을 준 사람뿐 아니라 국가로부터 받은 넘치는 감사 때문에 미래

에 다른 이를 도울 가능성이 더 높을 것이다. 많은 현장조사연구
에 따르면, 자신의 노력에 대해 감사인사를 받은 은인들이 감사
인사를 받지 않은 은인들에 비해 다른 사람을 기꺼이 돕고자 하
는 경향성이 더 높은 것으로 나타났다. 가령 Ronald Carey 등
(Carey, Clicque, Leighton, & Milton, 1976)은 구매에 대한 감사전화
를 받은 보석 가게 손님들이 이후 70% 증가된 구매율을 보인 것
으로 보고하였다. 이에 비해, 감사전화를 받고 세일에 대한 얘기
를 들은 손님들은 단지 30% 증가된 구매율을 보였고, 전화를 받
지 않은 손님들은 구매율이 증가하지 않았다. Hewitt Clark 등
(Clark, Northrop, & Barkshire, 1988)은 비행청소년 사건담당자들이
내담자를 방문한 후에 청소년 지역단체로부터 감사 메모를 받은
다음 내담자 방문 횟수가 증가하였다는 것을 발견하였다. Bruce
Rind와 Prashant Bordia(1995)는 식당 손님들이 담당 서버가 계산
서에 "감사합니다."라고 적었을 때 팁을 더 많이 준다는 것을 발
견했다. 몇몇 실험들(Clark, 1975; Goldman, Seever, & Seever, 1982;
Moss & Page, 1972)은 모두 실험 동조자에게 길을 가르쳐준 것에
대해 감사인사를 받은 사람들이 도움을 준 것에 대해 비난을 받
은 사람들에 비해 가까운 미래에 다른 실험 동조자—예를 들어,
길에서 책을 떨어뜨린 사람—를 도울 가능성이 훨씬 높아진다는
사실을 증명하였다.

감사의 도덕적 강화 요소를 지지하는 상당한 연구들이 있다(표
3.1을 보라). 진정한 감사의 표현을 한 수혜자들은 미래의 자신의
수혜자들에게 도움을 줄 가능성이 높다. 또한 사람들은 이미 도
움을 준 사람으로부터 진정한 감사를 받은 후에 제3의 누군가를

도울 가능성이 높아진다. 이런 식으로 감사는 부드럽고 유익한
사회적 관계를 만들어낼 수 있다.

감사를 잘 하는 성격

감사는 누구나 경험할 수 있는 것이긴 하지만, 어떤 사람들은
다른 사람에 비해서 고마움을 더 자주 느끼는 경향이 있다. 감사
하는 성격을 가진 사람은 긍정적인 결과에 대한 다른 사람의 역
할을 더 자주 인식하는 경향이 있기 때문에 감사를 더 자주 경험
하고 표현하게 된다. 여론 조사에 따르면, 감사하는 성격을 가진
사람이 꽤 많다. 1998년 갤럽의 조사에 따르면, 성인 중 25%가
감사하는 성격을 타고난 사람들을 많이 안다고 응답했고, 68%는
조금이라도 알고 있다고 응답했다.

감사하는 성격은 다른 긍정적인 특질과 함께 나타나는 경향
이 있다. 다른 사람보다 감사를 더 자주 경험하는 사람은 감사
를 덜 경험하는 사람에 비해 더 행복하고, 도움을 잘 주며, 용서
를 잘 하고, 덜 우울한 경향이 있다. McCullough 등(McCullough,
Emmons, & Tsang, 2002)은 감사하는 성격을 측정하는 6문항으로
이루어진 감사 질문지(Gratitude Questionnaire-6: GQ-6)를 개발했
다. 여기서 높은 점수를 받은 사람들은 자기평정과 타인평정에
의해 더 도움을 잘 주고, 종교적이며, 외향적이고, 사회적인 것으
로 나타났다. 그들은 또한 고마움을 덜 느끼는 사람들에 비해 더
용서를 잘 하고, 더 높은 삶의 만족을 보이며, 긍정적인 감정을
더 느끼고 부정적인 감정은 덜 느끼는 것으로 보고했다. 더불어

감사하는 사람들은 물질주의적 성향이 낮고, 질투를 덜 하며, 우울과 불안을 더 낮은 수준으로 경험하고 있었다(McCullough et al., 2002). 연구자들은 또한 감사하는 사람들이 그렇지 않은 사람들보다 더 겸손하고, 덜 거만하다는 것도 발견했다(Rowatt, Powers, Targhetta, Comer, Kennedy, & LaBouff, 2006).

Watkins 등(Watkins, Woodward, Stone, & Kolts, 2003)은 감사하는 성격을 측정하기 위한 좀 더 복잡한 44문항으로 이루어진 척도를 개발했다. 그들도 여기서 높은 점수를 받은 사람들이 삶을 더욱 만족스럽게 느끼고, 주관적 안녕감이 높으며, 긍정적 감정을 더 많이 느낀다는 것을 발견했다. 감사하는 사람들은 우울, 공격성, 분노, 피상적 신앙심, 자기애 같은 부정적인 특질에서 낮은 점수를 기록했다. 게다가 감사하는 성향이 더 높은 사람들은 긍정 정서를 증가시키는 감사의 개입에 대해 더 호의적으로 반응하였다.

감사를 포함한 성격적 강점에 대한 최근의 쌍둥이 연구는 이 덕성의 개발과 양육방법에 대한 새로운 창을 제공한다(Steger, Hicks, Kashdan, Krueger, & Bouchard, 2007). 이 연구에서 Michael Steger와 동료들은 336명의 중학생 일란성, 이란성 쌍둥이들에게 감사 측정을 실시했다. 일란성 쌍둥이(유전자의 100%를 공유함)와 이란성 쌍둥이(유전자의 50%를 공유함)의 감사 점수를 비교한 결과, 차이의 약 40%는 유전적 구조로 설명되고, 약 60%는 독특한(비공유) 환경과 사회화 경험의 차이로 설명된다는 것을 발견했다. 다시 말하면, 감사는 유전적·환경적 기원을 모두 가지고 있다는 것이다. 단일한 '감사 유전자'가 있을 가능성은 희박하며, 오히려 감사의 일정 부분은 여러 다른 유형의 감정과 행동에 영향을 미치는 다양한 유전자의 복잡한 기능에서 비롯될 가능성이 더 높다. 또한 감사는 어떤 추가적인 환경적 기원을 가지고 있기 때문에, 학습된 반응일 수 있으며, 훈련과 연습을 통해 우리가 더 많이 고마움을 느끼고 그로 인해 얻을 수 있는 이득을 경험할 수도 있을 것이다.

감사와 건강

많은 연구에서 특정한 개입이 감사의 감정을 일시적으로 증가시킬 수 있으며, 이 개입들은 정신적으로 뿐만이 아니라 신체적인 건강에도 상당히 유익하다는 것을 보여주었다(표 3.1을 보라.). 가령 Watkins 등(Watkins et al., 2003)은 고마운 사람에 대해 생각하기, 고마운 사람에게 편지쓰기, 고마운 사람에게 편지 보내기와 같은 여러 가지 감사 연습을 실시하였고, 통제집단에는 자신이 살고 있는 방을 묘사하도록 했다. 감사 연습에 참여한 사람들은 그 직후에 긍정적 정서 경험에서 유의한 증가를 보였고, 그 효과는 고마운 사람을 생각하도록 한 집단에서 가장 강했다. 초반에는 감사하는 성격을 가진 사람들이 이 감사 연습으로 가장 큰 이득을 보였다.

Martin Seligman 등(Seligman, Steen, Park, & Peterson, 2005)은 감사 연습이 장기적으로 행복감을 증가시킨다는 사실을 발견하였다. 연구에 참여한 사람들에게 고마움을 느끼지만 아직 고마운 마음을 전하지 못한 사람에게 감사편지를 써서 부치도록 하였다. 비교집단에는 어린 시절 기억에 대해 쓰도록 하였다. 감사편지를 써서 부치도록 한 사람들은 그냥 기억에 대해 쓴 사람들에 비해서 더 행복하고 덜 우울하다고 보고했다. 그리고 감사 연습 후 한 달까지 긍정적인 심리적 효과가 지속되었다.

한 번의 연습시간 동안 고마운 것에 대해 떠올리는 것이 정신 건강에 영향을 미친다면, 규칙적으로 감사에 대해 생각하는 것은 우리 건강을 얼마나 향상시킬까? Robert Emmons와 Michael McCullough(2003)는 감사 일지 개입이 대학생과 다양한 신경근육 장애를 가진 성인들 모두에게서 심리적 안녕감을 향상시킨다는 것을 밝혀냈다. 세 가지 실험에서 참가자들은 2주에서 10주 사이에 매일 또는 매주 일지를 쓰도록 했다. 일부는 그들을 감사하게 만든 것에 대해 쓰게 했고, 일부는 매일 매일의 괴로운 일들에 대해서, 나머지는 자신이 다른 사람보다 더 나은 부분에 대해 쓰도록 했다. 감사에 대해 쓴 사람들은 다른 집단의 사람들에 비해 더 높은 긍정 정서와 삶의 만족도를 보고했다. 더불어, 일부 참가자들은 그들이 감사에 대해 쓸 때 신체적 질병을 덜 보고하고, 건강 관련 행동을 더 많이 보이는 것으로 보고했다. Froh, Sefick 그리고 Emmons(2008)는 이와 유사하게 청소년집단에서 매일의 감사 개입이 고통에 초점을 맞춘 개입에 비해 정신적 안녕감(신체는 아님)을 증가시켰음을 발견하였다. 연구자들은 여자가 남자보다 감사와 감사개입에서 더 많은 이득을 얻을 수 있다고 제안한다(Kashdan, Froh, Mishira, Emmons, & Breen, 2007). 더불어 연구자들은 고마운 것에 대해 일회성으로 혹은 정기적으로 쓰는 이런 간단한 연습만으로도 심리적 안녕감과 어쩌면 신체적인 건강까지 향상시킬 수 있음을 보여준다.

　Barbara Fredrickson(2004)은 감사가 갖는 이득은 개인의 정신적 · 신체적 건강을 넘어선다고 하였다. 그녀가 제시한 긍정 정서의 '확장 및 축적' 이론에서는 감사와 같은 긍정 정서가 개인적 · 사회적 자원을 구축할 뿐 아니라 지역사회를 강화하는 역할을 할 수 있다고 말한다. Fredrickson은 감사의 도덕적 동기는 단순히 주고받는 상호작용만이 아니라 은인과 다른 사람을 돕는 다른 방법들을 고안하게 하는 창의성을 고무시킨다고 주장하였다. 이 친사회적 행동은 친구나 다른 사회적 집단 같은 사회적 자원을 강화하는 역할을 한다. 또한 감사는 구성원들을 지역사회와 연결해주고 시민들 간에 도덕적 행동을 장려함으로써 사회를 강화하는 역할을 할 수 있다. Frederickson은 신도들과 신의 결속을 강화하는 데에 기여한 감사의 역할을 언급하면서, 여러 국가의 종교들이 감사의 중요성을 강조하고 있음을 지적하였다. 결론적으로 감사는 영구적인 자원을 축적하고 여러 다양한 수준에서 사회적 결속을 강화하는 잠재력을 지니고 있다고 할 수 있다.

결 론

　감사는 누군가가 의도적으로 대가를 바라지 않고 비용을 들여 가치 있는 일을 우리에게 해주었음을 알려주는 긍정 정서다. 감사는 우리에게 그 호의와 감사의 대가를 은인에게 돌려주도록 동기화하고 미래에 다시 도움을 줄 가능성을 높인다. 감사 경험은 우리의 정신적·신체적 건강에 긍정적인 영향을 미치도록 하는 잠재력을 지니며, 나아가 사회, 지역사회, 종교집단의 결속을 강화하는 역할을 한다. 선천적으로 다른 이들보다 감사를 더 잘 하는 성격을 타고난 사람들도 있지만, 모든 사람은 자신의 감사 경험을 쉽게 촉진할 수 있다.

| 개인적인 작은 실험들 |

감사를 함양하기

여기에 당신이 경험하는 감사의 양을 증가시키는 데 도움이 되는 몇 가지 연습들이 제시되어 있다. 이는 이 장에서 논의된 연구를 모델로 한 것이다.

감사 편지　일주일 동안 당신이 감사를 느끼는 현존하는 누군가에 대해 생각하고 편지를 써라. 아직 적절하게 감사를 표현할 기회를 찾지 못한 사람을 골라 보라. 이 편지를 쓴 후, 인편이나 우편으로 상대에게 전달하라.

감사 일지　적어도 2주 동안 매일 저녁마다, 하루 동안 고마웠던 것들에 대해 5분간 써보아라. 감사를 유발했던 사건을 짧게 기술하고 그 상황에서 고마웠던 특정 사람들에 대해 기록하라.

나의 감사 특질 측정하기　감사 질문지(GQ-6)는 완성하는

데 5분도 걸리지 않고, 당신 자신의 감사하는 성격을 측정하도
록 돕는다. 질문지는 다음 주소에서 볼 수 있다. http://www.
ppc.sas.upenn.edu/gratitudequestionnaire6.pdf. 척도에 대
한 더 많은 정보는 McCullough 등(2002)의 문헌에서 찾을 수
있다.

> 참고문헌

Adler, M. G., & Fagley, N. S. (2005). Appreciation: Individual differences
in finding value and meaning as a unique predictor of subjective
well-being. *Journal of Personality, 73*, 79-114.

Associated Press (2007, January 6). Clinton praises NYC subway hero with
resolution [Electronic version]. *AM New York*. Retrieved on
February 1, 2007, from www.amny.com/news/local/amhero010607,
0,2862877,print.story.

Bar-Tal, D., Bar-Zohar, Y., Greenberg, M. S., & Hermon, M. (1977).
Reciprocity behavior in the relationship between donor and
recipient and between harm-doer and victim. *Sociometry, 40*, 293-
298.

Barlett, M. Y., & DeSteno, D. (2006). Gratitude and prosocial behavior:
Helping when it costs you. *Psychological Science, 17*, 319-325.

Barrett, D. (2007, January 24). Bush lauds subway hero [Electronic
version]. *AM New York*. Retrieved on February 1, 2007, from
www.amny.com/news/local/amsubway0124,0,2148194,print.story.

Baron, R. A. (1984). Reducing organizational conflict: An incompatible
response approach. *Journal of Applied Psychology, 69*, 272-279.

Batson, C. D., Shaw, L. L., & Oleson, K. C. (1992). Differentiating affect, mood, and emotion: Toward functionally based conceptual distinctions. In M. S. Clark (Ed.), *Emotion* (pp. 294-326). Thousand Oaks: CA: Sage Publications.

Baumeister, R. F., & Ilko, S. A. (1995). Shallow gratitude: Public and private acknowledgement of external help in accounts of success. *Basic and Applied Social Psychology, 16*, 191-209.

Baumgarten-Tramer, F. (1938). "Gratefulness" in children and young people. *Journal of Genetic Psychology, 53*, 53-66.

Becker, J. A., & Smenner, P. C. (1986). The spontaneous use of *thank you* by preschoolers as a function of sex, socioeconomic status, and listener status. *Language in Society, 15*, 537-546.

Bennett, C. (2007, January 5). Subway hero basks in nat'l spotlight [Electronic version]. *AM New York.* Retrieved February 1, 2007, from www.amny.com/news/local/am-hero010507,0,2338588, print.story.

Berger, F. R. (1975). Gratitude. *Ethics, 85*, 298-309.

Buckley, C. (2007, January 3). Man is rescued by stranger on subway tracks [Electronic version]. *The New York Times.* Retrieved on January 4, 2007, from www.nytimes.com/2007/01/03/03life.html

Carey, J. R., Clicque, S. H., Leighton, B. A., & Milton, F. (1976). A test of positive reinforcement of customers. *Journal of Marketing, 40*, 98-100.

Clark, H. B., Northrop, J. T., & Barkshire, C. T. (1988). The effects of contingent thank you notes on case managers' visiting residential clients. *Education and Treatment of Children, 11*, 45-51.

Clark, R. D. (1975). The effects of reinforcement, punishment and dependency on helping behavior. *Bulletin of Personality and Social Psychology, 1*, 596-599.

Dobnik, V. (2007, January 6). Some heroes crash after instant fame [Electronic version]. *AM New York.* Retrieved on February 1, 2007, from www.amny.com/news/nationworld/nation/wire/sns-ap-hero-aftermath,0,6662198,print.story.

Emmons, R. A., & Crumpler, C. A. (2000). Gratitude as human strength: Appraising the evidence. *Journal of Social and Clinical Psychology, 19*, 56-69.

Emmons, R. A., & McCullough, M. E. (2003). Counting blessings versus burdens: An experimental investigation of gratitude and subjective well-being in daily life. *Journal of Personality and Social Psychology, 84*, 377-389.

Emmons, R. A., & Shelton, C. M. (2002). Gratitude and the science of positive psychology. In C. R. Snyder & S. J. Lopez (Eds.), *Handbook of positive psychology* (pp. 459-471), New York: Oxford University Press.

Farwell, L., & Wohlwend-Lloyd, R. (1998). Narcissistic processes: Optimistic expectations, favorable self-evaluations, and self-enhancing attributions. *Journal of Personality, 66*, 65-83.

Fredrickson, B. L. (2004). Gratitude, like other positive emotions, broadens and builds. In R. A. Emmons & M. E. McCullough (Eds.), *The psychology of gratitude* (pp. 145-166). New York: Oxford University Press.

Fredrickson, B. L., Tugade, M. M., Waugh, C. E., & Larkin, G. R. (2003). What good are positive emotions in crises? A prospective study of resilience and emotions following the terrorist attacks on the United States on September 11th, 2001. *Journal of Personality and Social Psychology, 83*, 365-376.

Froh, J. J., Sefick, W. J., & Emmons, R. A. (2008). Counting blessings in early adolescents: An experimental study of gratitude and subjective well-being. *Journal of School Psychology, 46*, 213-233.

Gallup, G. H., Jr. (1998, May). *Thankfulness: America's saving grace.* Paper presented at the National Day of Prayer Breakfast, Thanks-Giving Square, Dallas.

Gleason, J. B., & Weintraub, S. (1976). The acquisition of routines in child language. *Language in Society, 5*, 129-136.

Goldman, M., Seever, M., & Seever, M. (1982). Social labeling and the foot-in-the-door effect. *Journal of Social Psychology, 117*, 19-23.

Graham, S. (1988). Children's developing understanding of the motivational role of affect: An attributional analysis. *Cognitive Development, 3*, 71-88.

Graham, S., & Weiner, B. (1986). From an attributional theory of emotion to developmental psychology: A round-trip ticket? *Social Cognition, 4*, 152-179.

Harris, P. L., Olthof, T., Meerum Terwogt, M., & Hardman, C. E. (1987). Children's knowledge of the situations that provoke emotion. *International Journal of Behavioral Development, 10*, 319-343.

Heider, F. (1958). *The psychology of interpersonal relations.* Hillsdale, New Jersey: Lawrence Erlbaum Associates.

Kashdan, T. B., Froh, J. J., Mishra, A., Emmons, R. A., & Breen, W. E. (2007). *Do women perceive and react to gratitude differently then men? Examining appraisals, narratives, changes in psychological needs, and intervention.* Manuscript in preparation.

Lane, J., & Anderson, N. H. (1976). Integration of intention and outcome in moral judgment. *Memory and Cognition, 4*, 1-5.

Lazarus, R. S., & Lazarus, B. N. (1994). *Passion and reason: Making sense of our emotions.* New York: Oxford University Press.

Lee, T., & Feldman, C. (2007, January 4). Construction worker one day, subway hero the next [Electronic version]. *The New York Times.* Retrieved on January 4, 2007, from www.nytimes.com/2007/01/04/nyregion/04life.

McCullough, M. E., Emmons, R. A., & Tsang, J. (2002). The grateful disposition: A conceptual and empirical topography. *Journal of Personality and Social Psychology, 82*, 112-127.

McCullough, M. E., Kilpatrick, S. D., Emmons, R. A., & Larson, D. B. (2001). Is gratitude a moral affect? *Psychological Bulletin, 127*, 249-266.

McCullough, M. E., & Tsang, J. (2004). Parent of the virtues? The prosocial contours of gratitude. In R. A. Emmons & M. E. McCullough

(Eds.), *The psychology of gratitude* (pp. 123-141). New York: Oxford University Press.

McLaglan, M. (Producer), Leder, M. (Director), Dixon, L. (Writer), & Hyde, C. R. (Writer) (2000). *Pay it forward* [Motion Picture]. United States: Warner Brothers.

Moss, M. K., & Page, R. A. (1972). Reinforcement and helping behavior. *Journal of Applied Social Psychology, 2*, 360-371.

Okamoto, S., & Robinson, W. P. (1997). Determinants of gratitude expressions in England. *Journal of Language and Social Psychology, 16*, 411-433.

Ortony, A., Clore, G. L., & Collins, A. (1988). *The cognitive structure of emotions.* Cambridge: Cambridge University Press.

Peterson, B. E., & Stewart, A. J. (1996). Antecedents and contexts of generativity motivation and midlife. *Psychology and Aging, 11*, 21-33.

Pyke, K., & Coltrane, S. (1996). Entitlement, obligation, and gratitude in family work. *Journal of Family Issues, 17*, 61-82.

Rind, B., & Bordia, P. (1995). Effect of server's "Thank you" and personalization on restaurant tipping. *Journal of Applied Social Psychology, 25*, 745-751.

Roberts, R. C. (2004). The blessings of gratitude: A conceptual analysis. In R. A. Emmons & M. E. McCullough (Eds.), *The Psychology of gratitude* (pp. 58-78). New York: Oxford University Press.

Rowatt, W. C., Powers, C., Targhetta, V., Comer, J., Kennedy, S., & LaBouff, J. (2006). Development and initial validation of an implicit measure of humility relative to arrogance. *Journal of Positive Psychology, 1*, 198-211.

Russell, J. A., & Paris, F. A. (1994). Do children acquire concepts for complex emotions abruptly? *International Journal of Behavioral Development, 17*, 349-365.

Ryan, M. J. (1999). *Attitudes of gratitude.* Berkley, CA: Conari Press.

Saucier, G., & Goldberg, L. R. (1998). What is beyond the Big Five?

Journal of Personality, 66, 495-523.

Schwarz, N. (1990). Feeling as information: Informational and motivational functions of affective states. In E. T. Higgins & R. M. Sorrentino (Eds.), *Handbook of motivation and cognition: Foundations of social behavior, Vol. 2* (pp. 527-561). New York: Guilford.

Seligman, M. E. P., Steen, T. A., Park, N., & Peterson, C. (2005). Positive psychology progress: Empirical validation of interventions. *American Psychologist, 60,* 410-421.

Steger, M. F., Hicks, B., Kashdan, T., Krueger, R., & Bouchard, T. J., Jr. (2007). Genetic and environmental influences on the positive traits of the values in action classification, and biometric covariance with normal personality. *Journal of Research in Personality, 411,* 524-539.

Stein, M. (1989). Gratitude and attitude: A note on emotional welfare. *Social Psychology Quarterly, 52,* 242-248.

Steindl-Rast, D. F. K. (1967). A deep bow. *Main Currents in Modern Thought, 23,* 128-132.

Storm, C., & Storm, T. (1987). A taxonomic study of the vocabulary of emotions. *Journal of Personality and Social Psychology, 53,* 805-816.

Tesser, A., Gatewood, R., & Driver, M. (1968). Some determinants of gratitude. *Journal of Personality and Social Psychology, 9,* 233-236.

Trivers, R. L. (1971). The evolution of reciprocal altruism. *Quarterly Review of Biology, 46,* 35-57.

Tsang, J. (2006a). The effects of helper intention on gratitude and indebtedness. *Motivation and Emotion, 30,* 198-204.

Tsang, J. (2006b). Gratitude and prosocial behavior: An experimental test of gratitude. *Cognition & Emotion, 20,* 138-148.

Tsang, J. (2007). Gratitude for small and large favors: A behavioral test. *Journal of Positive Psychology, 2,* 157-167.

Van Overwalle, F., Mervielde, I., & De Schuyter, J. (1995). Structural modeling of the relationships between attributional dimension, emotions, and performance of college freshman. *Cognition & Emotion, 9,* 59-85.

Watkins, P. C., Scheer, J., Ovnicek, M., & Kolts, R. (2006). The debt of gratitude: Dissociating gratitude and indebtedness. *Cognition & Emotion, 20,* 217-241.

Watkins, P. C., Woodward, K., Stone, T., & Kolts, R. L. (2003). Gratitude and happiness: Development of a measure of gratitude, and relationships with subjective well-being. *Social Behavior and Personality, 31,* 431-452.

Weiner, B., Russell, D., & Lerman, D. (1978). Affective consequences of causal ascriptions. In J. H. Harvey, W. J. Ickes, & R. F. Kidd (Eds.), *New directions in attribution research (Vol. 2).* Hillsdale, N. J.: Erlbaum.

Weiner, B., Russell, D., & Lerman, D. (1979). The cognition-emotion process in achievement related contexts. *Journal of Personality and Social Psychology, 37,* 1211-1220.

Zaleski, Z. (1988). Attributions and emotions related to future goal attainment. *Journal of Educational Psychology, 80,* 563-568.

4

아동 및 청소년기의 감사

• Jeffrey J. Froh와 Giacomo Bono

4

아동 및 청소년기의 감사

Jeffrey J. Froh와 Giacomo Bono

'제임스(James)'는 예외적인 학생이었다. 내가 학교 심리학자로서 만났던 대다수의 학생은 중류층에서 중상류층 출신들이었다. 제임스는 엄마와 함께 보호시설에서 살았는데, 그곳은 영양가 있는 식사와 편안한 잠자리가 사치인 곳이었다. 매일 아침 많은 부모가 자녀를 학교에 데려다주느라 독일산 수입차가 학교 앞에 즐비한 가운데, 제임스는 1시간 30분을 버스로 통학해야 했다.

겨울이 다가왔지만 그는 여전히 티셔츠 한 장만 입고 있었다. 그의 선생님인 리비(Riebe) 여사가 보온용 스포츠 재킷을 사주셨다. 이는 친절한 행동이긴 했지만, 공립학교에서 스포츠 재킷을 입은 6학년생이란 단 한 가지 사실, 즉 따돌림의 표적임을 의미했다. 나는 제임스의 안전을 강구하기 위해 그를 찾았다. 제임스를 발견했을 때, 그는 놀랍게도 너무나 큰 옷을 입고도 당혹스러워하지 않고 환한 미소를 짓고 있었다. 그는 "프로(Froh) 선생님,

리비 선생님께서 제게 주신 멋진 재킷을 봐주세요. 난 이게 너무 좋아요. 선생님께 너무나 감사해요."라고 말했다. 제임스는 특대 스포츠 재킷을 입은 채, 피곤하고 배고픈 상태로 복도에 서 있었지만 감사를 표하고 있었다. 이 장면은 내게 결정적인 순간이었다. 감사는 내 생각에 우리 학생들, 그리고 일반 청소년들에게 주입될 필요가 있었다.

제임스와의 경험은 나의 유년시절을 돌아보게 했다. 나는 '감사의 제왕'이라는 별칭답게 항상 다른 사람들, 특히 친구들에게 감사를 표했다. 언어적으로('고맙다'고 말하기), 글로('감사 편지'), 또는 호혜성의 원리(호의에 답례하기)에 따라 감사를 전달했다. 감사 표현이 아동기와 청소년기의 안녕감을 증진시킨다는 사실이 나로 하여금 백만 불짜리 질문을 생각하게 했다. 내가 감사 표현으로부터 이득을 얻었다면, 모든 사람이 그럴 수 있지 않을까?

Robert Emmons, Michael McCullough 그리고 다른 동료들 덕분에 성인의 감사에 대한 이해가 높아지고 있다. 그러나 아동과 청소년의 감사에 대해서는 알려진 바가 거의 없다. 아동 발달의 전반을 이해하고 장려하기 위해서는 아동과 청소년의 감사 연구가 필수적이다. 이 장의 주요 목적은 청소년의 감사에 대해 알려진 바를 명확히 설명하는 것이다. 먼저 감사에 대한 일반적인 논의에서 시작하여, 감사의 발달을 규명할 것이다. 그런 다음 감사의 개인적·대인관계적 결과들과 감사 증진을 위해 고안된 개입들을 소개하겠다. 마지막으로 청소년의 감사에 대한 추후 연구를 위한 제언으로 끝을 맺을 것이다.

감사의 정의

　감사는 뭔가 이로운 것을 받을 때 경험하게 되는 것으로서, 누군가 친절하거나 유익한 일을 할 때 느끼게 되는 고마운 마음이다. 감사는 선물을 받은 것에 대한 고맙고 기쁜 느낌으로 정의되어 왔는데, 그 선물이 특정 타인으로부터 받은 확실한 이익이든, 자연의 아름다움이 자아낸 평화로운 행복의 순간이든 상관없다(Emmons, 2004, p. 554). 감사는 개인적·관계적 웰빙을 증진시킨다는 점에서 인간 강점의 원천이자, 수많은 철학자(예: Cicero)와 세계 주요 종교들 모두가 장려하는 매우 고귀한 특성이라 할 수 있다.

　감사는 심리학 역사에서 상당히 무시되어 왔지만, 최근 들어 과학계의 상당한 관심을 끌고 있다(Bono, Emmons, & McCullough, 2004; Bono & McCullough, 2006; Emmons & McCullough, 2004; Froh, Miller, & Snyder, 2007; Froh, Sefick, & Emmons, 2008; Kashdan, Uswatte, & Jilian, 2006; McCullough, Emmons, & Tsang, 2002; Tsang, 2008; Watkins, Scheer, Ovnick, & Kolts, 2006). 그리고 사실 대중문화에서도 관심을 보이고 있다(예: Emmons, 2007; Emmons & Hill, 2001; Hay, 1996; Norville, 2007; Ryan, 2000). 이미 우리는 감사의 심리학 영역에서 어느 정도 발전을 이루었지만, 여전히 연구해야 할 것들이 많이 남아 있다.

　감사는 정서적 특질이자 기분 혹은 정서다(McCullough et al., 2002). 특질로서의 감사 혹은 감사 성향은 "자신에게 주어진 긍

정적인 경험과 결과들에서 다른 행위자가 베푼 선의를 알아차
리고 긍정적 감정으로 반응하는 일반화된 경향성"을 말한다
(McCullough et al., 2002, p. 112). 감사 특질이 높은 사람은 감사를
보다 쉽게, 자주, 강하게 경험하고 표현할 것이다. 예컨대, 기질
적으로 감사를 잘 하는 아이는 아빠가 낚시 여행에 데려가 준 것
에 대해 많은 고마움을 경험할 것이다. 비록 대부분의 시간을 물
고기를 잡는 것보다 땅콩버터와 젤리 샌드위치를 먹고 아빠와 이
야기하는 데에 보냈다 하더라도 말이다. 더욱이 감사의 표시로
보트와 낚시 도구를 청소함으로써 자발적으로 아빠를 도와줄 것
이다. 반면에, 덜 감사하는 아이는 보트에 앉아 물고기를 잡지 못
한 채 허비해버린 시간에 초점을 둘 것이다. 따라서 실망스러워
하며 어딘가 다른 곳에 있기를 바랄 것이다. 게다가, 청소는 아빠
에게 맡겨버리고, 고의든 아니든 서둘러 친구네 집으로 가버리는
배은망덕한 행동을 보일 것이다. 감사하는 사람들은 어느 때나
그들에게 주어진 수많은 선물을 알아차리고 고맙게 생각한다.
그들은 땅콩버터와 젤리, 사랑하는 사람과 함께 보낸 시간과 같
이 '작은 것'을 고맙게 여긴다. 따라서 감사로 인해 삶이 풍요로
워진다.

McCullough와 그의 동료들(2002)은 뚜렷한 정서적 경험을 일
으키는 감사 성향의 네 가지 측면을 제안한 바 있다. 첫 번째 측
면은 강도(intensity)다. 감사하는 사람은 긍정적 사건에 대해 더
강한 고마움을 느낄 것이다. 두 번째 측면은 빈도(frequency)다.
감사하는 사람은 하루 동안 여러 번 고마움을 느끼고 작은 호의
나 공손한 행동에 고마워한다고 보고한다. 세 번째 측면은 범위

(span)다. 감사하는 사람은 언제나 삶의 다양한 상황들(예: 가족, 친구, 선생님, 건강, 아이스크림)을 고맙게 여긴다. 네 번째 측면은 밀도(density)다. 감사하는 사람은 한 가지 긍정적인 결과에 대해 여러 명의 사람에게 고마움을 느낀다. 일례로, 고등학교 졸업식에서 졸업생 대표는 수년간 숙제를 도와준 부모와 학구열을 심어준 유치원 선생님, 도서관에서의 오랜 시간들을 격려해준 친구들, 그리고 주말에 부족한 잠을 만회할 수 있도록 해준 남동생에게 감사를 표할 것이다.

Ericka Rosenberg(1998)에 따르면, 기분(mood)은 날마다 변한다는 점에서 정서(emotion)와 비슷하지만(Clark, Watson, & Leeka, 1989), 정서보다는 오랜 시간 지속된다(Davidson, 1994). 기분은 특질과 마찬가지로 사람의 생각과 행동에 강력한 영향을 미치지만, 특질과 달리 사람들이 의식적으로 경험할 가능성이 더 크다. 오랜 시간 지속된 기분으로서의 감사는 사람들이 정보를 처리하고 특정 상황에 반응할 수 있는 능력에 영향을 줄 것이다(McCullough, Tsang, & Emmons, 2004). 예컨대, 역경을 건설적으로 해석하는 것은 정서가 아닌 기분으로서의 감사에서 비롯된 것이다(예: 실연을 겪은 사람은 그로 인해 아픔을 느끼면서도 자신에게 지지적인 친구들에게 고마움을 느낄 것이다.).

감사의 정서는 어떤 사람이 의도적으로 제공한, 흔히 그 사람에게 어느 정도의 비용이 든 소중한 선물이나 호의를 받을 때 경험된다(McCullough, Kilpatrick, Emmons, & Larson, 2001). 말하자면, 정서적 상태로서 감사는 받을 만했거나 획득한 것이 아닌, 누군가의 선의의 결실인 긍정적 결과에서 비롯된다(Emmons &

McCullough, 2003). 더욱이, 정서로서 감사는 좋은 기분이 들 뿐만 아니라 타인을 도우려는 성향을 이끌어내어 관계강화를 증진시킨다는 점에서 심리적으로 유익하다. 정서로서 감사를 경험하는 아이들은 은인에게 호의로 보답할 뿐만 아니라(즉, 직접적 호혜성), 애초의 이타적 교환과 무관한 사람들도 많이 도울 것이다(즉, 고차적 호혜성). 정서로서 감사가 은인을 비롯한 다른 사람들에게도 친사회적 행동을 베풀게 한다면, 그 결과로 아마도 이타주의가 확산될 것이다. 따라서 감사는 장기적으로 공동체의 응집력을 강화할 수 있기 때문에, 아이들이 서로 돕는 공동체로 학교를 변화시키는 데에 도움이 될 것이다.

감사를 정서로서 경험하기 위해서는 특정한 조건이 충족되어야 한다. 1958년 Fritz Heider가 제안했다시피, 감사는 수혜자가 타인의 행동을 의도적이라고 지각할 때 경험된다. 예를 들어, 아이는 저녁에 항상 일하는 엄마가 자신의 공연이나 연주회에 참석하기 위해 그날 저녁에 휴가를 냈다는 사실을 알았을 때 감사를 경험할 수 있다. 아동은 마음이론(theory of mind)이 발달한 후에야 비로소 사람들의 의도를 이해할 수 있다. 1968년 Abraham Tesser와 동료들은 Heider의 관찰을 확장시켰다. 그들에 따르면 첫째, 수혜자가 은인의 행동을 의도적이라고 생각할수록 그 행동을 진심으로 받아들일 가능성이 큰데, 이는 은혜를 베푸는 사람이 답례를 거의 바라지 않는다고 짐작되기 때문이다. 감사는 대인관계적 정서이기 때문에 누군가 최선을 다해 의도적으로 행동했다고 믿는 것이 감사를 경험하는 데 꼭 필요하다. 그렇지만 비인격적이거나(예: 자연) 인간이 아닌 존재(예: 신, 동물, 우주)를 향해서도 감사를 경험할 수 있다. 이를 가리켜 초월적 감사라고 일컫는다.

둘째, 수혜자는 은인이 많은 희생을 감수했다고 지각할 경우, 감사를 더 많이 경험하게 된다. 앞 예시에서 엄마는 상사의 허락을 받기 위해 더 열심히 일했거나, 병가를 사용했거나 초과 근무를 해야만 했을 것이다. 아들이 이 사실을 깨닫고 알아차릴수록 더 강한 감사를 느낄 것이다.

마지막으로, 수혜자가 은혜를 높이 평가해야 한다. 그 엄마가 공연이나 연주회에 참여한 것이 그에게 중요하게 여겨지는 만큼 아들은 감사를 경험할 것이다(Tesser et al., 1968). 아들이 공연을 위해 오랫동안 열심히 연습할수록, 그 공연이 그에게 중요할수록(예: 그가 흥미롭고 중요한 역할을 맡았거나, 미래에 연극배우가 꿈인 경우), 엄마의 참석은 그에게 더욱 중요한 의미일 것이고, 엄마가 와준 것에 대해 더 많은 감사를 경험하고 표현할 것이다.

감사는 또한 덕성으로서 개념화될 수 있다(McCullough et al., 2001). McCullough와 동료들은 감사에 대한 조작적 정의를 도덕적 정서, 즉 타인에 대한 관심을 유발하고 지지적인 사회적 유대를 전파시키는 것으로 내린 바 있다. 연구자들이 발달, 진화, 사회 및 성격심리 문헌을 철저히 검토한 후에 내린 결론은, 감사가 세 가지 도덕적 기능에 도움이 된다는 점이다. 도덕적 지표(moral barometer)로서, 감사는 수혜자에게 누군가 그에게 선물을 주었다는 사실을 신호해준다. 도덕적 동기(moral motive)로서, 감사는 수혜자가 은인에게 직접적으로(즉, 직접적 호혜성) 혹은 다른 사람들에게 친사회적으로(즉, 고차적 호혜성) 행동하도록 격려

한다. 마지막으로 도덕적 강화자(moral reinforcer)로서, 감사는 수혜자가 장차 은인에게 친사회적으로 행동할 가능성을 증가시킨다. 따라서 감사는 믿을 수 있는 사회적 관계를 구축하는 덕성이라 할 수 있다.

감사가 특질이든 기분이나 정서든 아니면 덕성으로 간주되든 간에, 그것이 아동과 청소년의 개인 및 관계의 안녕감에 미치는 영향은 부인할 수 없다. 우리는 감사가 번성한(flourishing) 이들의 삶에 필수적이라고 강력히 주장한다. 왜냐하면 사회적 정체감과 소속감이 형성되는 결정적인 시기에 감사는 개인의 안녕감과 사회적 통합 및 생산성을 보장해주는 인적 자원을 구축하는 데 도움이 되기 때문에, 긍정 발달의 과학적 탐구에 있어 감사가 꼭 포함되어야 한다(Bono & Froch, 인쇄 중). 다음으로 우리는 아동과 청소년의 감사 발달에 대해 간략하게 개관하고자 한다.

감사의 발달

아동 및 청소년기의 감사 발달은 여전히 수수께끼다. 1957년 Melanie Klein은 『질투와 감사(Envy and Gratitude)』라는 에세이에서 아동의 감사 발달을 설명하는 정신분석적 이론을 제안한 바 있다. 그녀는 감사가 유아기 첫 단계에 최초로 나타나지만, 질투가 감사의 발달을 억제하지 않을 때에만 나타난다고 역설하였다. 그녀의 주장에 따르면, 엄마가 아동에게 모유에 의한 신체적 자양분이나 사랑과 돌봄에 의한 정서적 자양분을 주지 않을 경우, 엄마와 아동의 유대감이 발달하는 동안 질투가 생겨나게 된다. 이러한 방식으로 질투를 발달시킨 아동은 결국 기쁨을 경험할 수 있는 기회를 박탈당하게 된다. 유아는 사랑의 역량이 적절히 발달된 경우에만 절대적인 즐거움을 경험하며, 이러한 즐거움은 감사의 기초가 된다. 이와 관련해서 Klein은 다음과 같이 주장하였다. "유아가 엄마와 갖는 초기 경험들은 성적 만족뿐만 아니라 이후 모든 행복감의 토대를 구성하며, 또 다른 사람과의 일치감을 형성할 수 있게 한다. 이러한 일치감은 온전히 이해받고 있음을 의미하며, 이는 모든 행복한 사랑이나 우정에 필수적이다."(p.18) Klein에 따르면, 기쁨은 감사의 전조이기 때문에 질투심을 발달시킨 아이는 감사를 발달시킬 수 없다. 오직 감사만이 질투와 탐욕의 파괴성에 맞설 수 있기 때문에 이는 가장 다루기 힘든 문제다.

Klein(1957)이 말하는 감사는 유아가 '좋은 대상'(즉, 엄마)과의 강력한 관계를 확립하고 자기 자신과 타인에 대한 인식 및 희망, 신뢰, 선한 마음 등을 육성하는 데 매우 중요한 것이다. 감사는 사랑하는 능력에 따른 당연한 결과물이기에, 유아가 엄마의 사랑을 많이 경험할수록 감사 또한 많이 경험할 것이다. 엄마가 공급하는 자양분에 만족할수록 소중한 선물의 수혜자가 되는 경험은 더 커진다. 정기적인 만족감은 아동의 기쁨과 감사의 경험을 촉진시킬 것이다. 이러한 경우, 감사는 관용을 불러일으킨다 (Klein). "가슴 깊이 감사를 느낀다면 받은 친절에 보답하고 싶은 마음이 생기는데, 이것이 관용의 토대가 된다. 받는 능력과 베푸는 능력 간에는 긴밀한 관련성이 있으며, 둘 다 좋은 대상과의 관

계의 일부다."(Klein, 1963/1987, p. 310)

Klein과 마찬가지로, Dan McAdams와 Jack Bauer(2004)는 Bowlby에 의해 개념화된 초기 애착경험으로부터 감사가 시작된다고 주장하였다. 감사의 뿌리를 유아기에서 찾으려는 이론적인 관점은 경험적 연구에 의해 입증될 필요가 있다. Klein의 이론은 일반적으로 정신분석적 해석에 따른 것이기 때문에 경험적 연구의 지지가 부족하다는 비판을 받고 있다. Aafke Komter(2004)는 "Klein이 자신의 개념을 입증하기 위해 인용한 임상 자료는 그녀 자신의 분석적인 관점에 의해 지나치게 여과되었거나 개인특정적인 것으로 여겨질 수 있다."(p. 202)고 지적하였다. 감사와 같은 덕성을 계발하려면 지속적인 노력과 집중이 필요하기 때문에, Emmons와 Charles Shelton(2002)은 "신생아 때 감사가 저절로 나타나지는 않는다."(p. 468)고 주장하였다. 그러므로 유아기는 감사의 발달에서 가능성 있는 발달 단계이기는 하지만, 엄격한 경험적 증거들이 있을 때에만 확실히 결론 내릴 수 있을 것이다.

어떤 이들은 감사 경험이 발달 과정에서 향상된다고 생각한다(Baumgartner-Tramer, 1938; Graham, 1988). 즉, 나이 많은 아동이 나이 어린 아동에 비해 더 많은 감사를 경험하고 표현한다는 것이다. Jean Gleason과 Sandra Weintraub(1976)은 아동 발달에서 언어적 관습에 대해 살펴볼 목적으로 할로윈 밤에 115명의 아동들(2~16세)과 어른들 간의 대화를 녹취하였다. 3년에 걸쳐 할로윈 때마다 두 가정에 녹음기를 문 가까이에 숨겨두고 초인종이 울릴 때마다 켜놓았다. 아이들이 그 집을 떠날 때 아이들에게 나이를 물어보았다. 또한 연구자들은 자녀가 사탕 받는 것에 대해 엄마들이 뭐라고 말하는지에 대한 자료를 수집하기 위해, 다른 집으로 이동할 때 두 명의 엄마와 그 자녀들을 따라갔다. "trick or treat" 놀이에서, 6세 이하의 아동들은 10세 아동(83%)과 11~16세 아동(88%)에 비해 어른이 사탕을 준 것에 고마움을 현저하게 덜 표현하였다(21%).

다른 연구자들도 비슷한 결과를 보고하였다. Esther Greif와 Jean Gleason(1980)은 "안녕하세요." "고맙습니다." "안녕히 가세요."와 같은 일상적인 예의 행동을 연구하기 위해 2~5세의 아동 22명과 부모를 대상으로 실험실 연구를 실시하였다. 감사를 표현한 아동의 86%에서는 부모의 격려가 있었다. 또한 격려가 없는 경우 감사의 표현은 최소 빈도로 줄었는데, 단지 7%의 아동만이 자발적으로 감사를 표했다.

이 연구에서 학령 전기 아동들이 "고맙습니다."라는 말을 거의 하지 않았다는 것이 감사를 경험하지 않았다는 것을 의미하지는 않는다. 이들 연구가 새로운 상황(즉, 첫 연구에서는 할로윈 밤, 두 번째는 실험실)에서 시행된 것이므로, 아이들은 "고맙습니다."라고 말하는 대신 상황의 낯선 측면에 보다 관심을 기울였을 것이다. 이러한 연구들은 자연스러운 상황에서 아동이 보이는 감사 경험과 표현을 정확히 그리지 못한다(Bscker & Smenner, 1986). 실제로, Judith Becker와 Patricia Smenner는 3세 반부터 4세 반 아이의 37%가 친숙한 상황에서 자발적으로 "고맙습니다."라고 말하는 것으로 보고하였다. 하지만 이 결과는 아동의 사회경제적 지위(SES)의 영향을 받았는데, 저소득층의 아이들은 중산층 아이들에 비해 "고맙습니다."라고 말하는 경향성이 더 높았다

(34% 대 18%). 말하자면 가족 환경이 아동의 감사 표현을 장려할 수 있다. 그럼에도, 이러한 연구들은 감사가 초기 아동기에 발달하기 시작하여 아마도 중기 아동기에 굳어지며, 개인의 사회화 정도에 따라 영향을 받는다는 것을 시사한다(Becker & Smenner, 1986).

성인들은 아동 및 청소년의 감사 발달을 촉진시킬 수 있다. 아동의 언어 습득은 어른들이 제공하는 정보에 의해 촉진된다(Gleason & Weintraub, 1976). Greif와 Gleason(1980)의 실험 연구에서 보여주듯, 성인의 격려가 없으면 감사의 자발적인 표현은 줄어든다. 특정 언어행동과 사회적 관습은 성인과 아동 사이에 설명적인 대화가 더 많이 이루어지도록 자극한다. 예컨대, 아이에게 어휘 항목과 개념을 가르치는 어른들은 그것을 여러 틀 안에 삽입시킨다(예: "새가 보이지? 그건 새야. 새가 날고 있네."). 하지만 감사를 표현한다든지 "고맙습니다."라고 말하는 것과 같은 예절 방식에 관해서는 자주 설명해주지 않는다. 대신에 감사는 사회적 관습으로서 학습되는데, 그마저도 '왜' 감사를 해야 하는지에 대해서는 거의 설명해주지 않는다. 부모들은 감사해야 할 상황과 "고맙습니다."라고 말하는 타이밍(예: 친구가 숙제를 도와줄 때)에 주로 관심이 있고, 도와준 이유(예: 친구가 너의 욕구를 '알아차리고' 도움을 주기로 '선택' 했다)에 대해서는 거의 강조하지 않는다. 감사란 배워서 후천적으로 획득할 수 있는 덕성이기 때문에, 어른의 한결같은 지지는 아동이 감사를 경험하고 표현하는 기술을 습득하는 데 도움이 될 것이다. 감사를 예절로서 그리고 타인의 선한 노력에 대한 자각으로서 훈련시킨다면, 감사 발달이 반드시 이루어질 것이다.

아동과 청소년은 감사의 경험과 표현에 있어 차이를 보인다. 1938년 감사 발달에서 가장 야심적인 연구를 시작한 Franziska Baumgarten-Tramer는 스위스 베른에 사는 1,059명의 7~15세 학령기 아동들에게 두 가지 질문을 하였다. (1) 당신의 가장 큰 소망은 무엇입니까? (2) 만일 누군가가 소망을 이뤄준다면, 그 사람에게 당신은 무엇을 하겠습니까? 분석 결과, 네 가지 유형의 감사가 나타났다. 언어적 감사(verbal gratefulness, 예: "고맙다고 말하겠다.")가 전체 응답의 30~48%에 이르렀고, 주로 15세 아동들이 이렇게 답하였다(72%).

구체적 감사(concrete gratefulness)는 아동이 그 선물에 대한 보답으로 은인에게 무언가 주기를 원하는 경우다(예: "그에게 인사를 하고, 책과 주머니칼을 주겠다."). 구체적 감사에는 두 종류, 즉 교환과 물질이 있다. 교환 감사는 수혜자가 은인에게 물건에 대한 답례로 물건을 주는 경우다(예: 비디오 게임을 받은 답례로 스케이트보드를 줌). 수혜자가 받은 선물을 높이 평가할수록 더 많은 감사를 경험하게 된다는 Tesser 등(1968)의 믿음대로, Baumgarten-Tramer(1938)는 수혜자가 경험한 교환 감사의 정도는 선물의 답례로 준 물건의 주관적인 가치를 반영한다고 주장하였다. 교환 감사를 표한 아동의 비율은 보고되지 않았다. 물질 감사는 수혜자가 그 선물의 유익을 은인과 함께 공유하는 경우다(예: 은인에게 자전거를 태워주며 동네 한 바퀴 도는 것). 이런 유형의 감사는 8세 아동에게서 가장 많았으며(51%), 12~15세 아동에게서 가장 적었다(6%). 교환 감사와 물질 감사 모두 텃포탯(tit-for-tat)[7] 교환을 말한다. 그러나 교환 감사는 서로 다른 물건을 바꾸는 경우이고, 물질 감사는 수혜자와 수여자 모두 동일한 선물의 혜택을 받는 경우다.

연결 감사(connective gratefulness)는 수혜자가 은인과 정신적 관계를 맺고자 하는 시도다. "그가 필요로 할 때 내가 도와줄 것이다."라는 말이 이런 유형의 감사를 특징적으로 보여준다. 연결 감사는 7세의 어린 아동에게서 보고되었지만, 11세에 더 많아지고 12세에는 60%에 이르렀다(Baumgarten-Tramer, 1938). 이 시기에 아이들은 자기중심성이 줄어들면서 보다 타인중심적인 태도를 갖게 되고 추상적으로 사고할 수 있으며, 초기 청소년기에 향상된 사회적 이해와 공감의 발달에 맞먹는 발달적 성장을 보이게 된다(Berk, 2007). 이 유형의 감사는 마음이론, 즉 행동의 목적을 지각할 수 있는 능력(3~4세경에 발달함)이 확립된 후에 나타난다(Baron-Cohen, 1995; Wellman, 1990). McAdams와 Bauer(2004)에 따르면, "아동은 자신과 마찬가지로 다른 사람들도 소망과 믿음에 의해 행동이 동기화되는, 의도를 가진 존재라는 사실을 이해할 때에만 감사를 느끼고 표현할 수 있다. 동기를 지닌 행위자가 없는 무작위 세상에서…… 감사는 불가능하다."(p. 88) 아동은 마음이론을 발달시킴으로써 행동이 의도적일 수 있다는 사실(감사 경험의 핵심사고)을 이해하기 시작한다. 따라서 연결 감사를 하게 될 때, 아이들은 성인의 감사 이론에 내재되어 있는 사회인지적

---

7 역자 주: '맞받아 치기'라는 의미를 지닌 영어 표현으로, 우리나라 속담 '눈에는 눈, 이에는 이'와 유사하게 쓰임.

평가, 즉 타인의 선한 의도에 대한 인식과 보답을 파악하기 시작한다(McCullough et al., 2001; Tesser et al., 1968).

마지막으로, **결정론적 감사**(finalistic gratitude)는 "아동이나 청소년이 자신의 소망이 실현된 것에 대하여, 바라던 대상이나 상황에 유익한 방식으로 또는 개인의 성장을 진전시키는 행동으로 보답하는 경향성"이다(Baumgarten-Tramer, 1938, p. 62). 예컨대, 하키팀에 들어가고 싶어 하는 아이의 경우, 만일 그 목적이 이뤄진다면 집에서 항상 반복연습을 하고 훈련과 경기에 일찍 나감으로써 감사를 표현하고자 할 것이다. 유아의 감사 발달에 관한 Klein(1957)의 정신분석적 해석과 비슷하게, Baumgarten-Tramer의 연구결과를 입증하는 경험적 자료가 없는 상태다. 초기 청소년기의 감사 발달을 연구한 Froh, Yurkewicz, Kashdan(2008)과 청소년 초기와 후기의 감사 발달을 연구한 Froh를 제외하고는, 아동기의 감사 경험 및 표현의 발달을 과학적으로 밝히려는 시도로는 Baumgarten-Tramer의 연구가 유일하게 알려진 것이다.

의무적인 감사와 진심어린 감사의 구별법을 아동에게 가르칠 수 있는가? 누군가 문을 잡아줄 때 "고맙습니다."라고 말하는 것과 같은 사회적 에티켓은 사회생활을 성공적으로 영위할 수 있도록 돕는다(Gleason & Weintraub, 1976). 그러나 이러한 사회적 관습은 아동에게 감사하는 마음을 가지고 반응할 것을 요구하지는 않는다. 감사의 경험은 주로 은인이 의도적으로 선물을 주었다고 믿을 때 나타난다(McCullough et al., 2001). 앞서 언급한 문을 잡아준 사람은 그렇게 하지 않아도 됐지만 일부러 문을 잡아준 것이다. 감사를 표현하지 않는 것은 사회적 문제를 초래할 수 있는 반면(Apte, 1974), 감사를 표현하는 것은 사회적으로 효과적인 의사소통을 가능케 하며 지지적이고 만족스러운 관계뿐만 아니라 긍정적인 사회적 상호작용을 보장해준다(Hess, 1970). 따라서 아동과 청소년들에게 감사의 경험과 표현 이면의 복합적인 측면을 가르치는 것이 감사 발달을 증진시키는 데 도움이 될 것이다.

개인적 결과와 대인관계적 결과

감사는 오랫동안 개인의 건강과 웰빙, 그리고 사회적 안정에 꼭 필요한 요소로 간주되었으며, 모든 문화권에서 감사의 실천이 장려되고 옹호되어 왔다(Emmons & Crumpler, 2000). 감사는 심리적 고양 경험(uplifting experience)으로 널리 인식되고 있으나 (Gallup, 1998), 그것의 개인적·대인관계적 결과에 관한 경험적 연구가 이루어진 것은 불과 10년밖에 되지 않았다. 경험적 증거들의 전반적인 내용은 감사가 단기적으로나 장기적으로 우리에게 유익하다는 것이다. 사실 Emmons(2004)는 최근에서야 감사가 우주와의 일체감과 의미를 제공하기 때문에, 초월과 관련된 성격적 강점 혹은 덕성에 속한다고 기술하였다. 뒤이어 Nansook Park과 Christopher Peterson(2006)은 감사가 아동의 도덕적 역량과 성격 형성에 기여한다는 사실을 보여주었다.

주관적 안녕감과의 연결성

감사는 다양한 긍정적 상태 및 결과와 관련된다. 기질로서의 감사에 관한 연구는 감사를 잘 하는 사람들이 나이에 상관없이 더 행복한 경향이 있다는 점을 일관되게 증명해준다(McCullough et al., 2002, 2004; Watkins, 2004). 이를테면, McCullough와 그 동료들(2002)은 감사를 잘 하는 사람이 덜 하는 사람들에 비해 더 높은 삶의 만족도, 낙관주의, 활력을 보이고, 우울과 질투심이 적으며, 보다 큰 종교성과 영성을 보고한다고 밝혔다. 연구자들에 따르면, 감사를 잘 하는 사람은 대체로 더 우호적이고 외향적이며 덜 신경증적인 성격을 지녔다고 한다. 더욱이, 앞서 언급한 관련성들은 자기보고뿐 아니라 또래보고에서도 동일하게 나타나기 때문에, 감사 및 감사의 긍정적 상관물들이 자기 자신은 물론, 친구, 친척, 연인에게도 뚜렷하게 관찰됨을 알 수 있다. 성인을 대상으로 한 다른 연구들과 함께(Overwalle, Mervielde, & DeSchyter, 1995; Watkins, Woodward, Stone, & Kolts, 2003), 이 연구는 감사를 잘 하는 사람이 긍정적인 기분, 만족감, 행복 그리고 희망과 같은 긍정 정서와 상태를 더 많이 경험하며, 질투, 우울감, 다른 부정적인 기분은 적게 경험한다는 점을 증명하였다. 감사와 행복은 서로를 강화시키며 선순환 하는 것 같다(Watkins et al., 2003).

지난 수년간 감사와 주관적 안녕감에 관한 연구는 거의 성인을 대상으로 수행되었다. 하지만 최근 Froh 등(2008)이 초기 청소년기의 감사 상관연구를 시행함으로써 그 간극을 메우기 시작했다. 연구자들이 감사 기분(즉, 그 전날부터 고마움을 느낌)과 안녕

감 간의 관계를 탐색한 결과, 초기 청소년의 감사는 성인 연구에
서 밝혀진 것과 동일한 정서들, 이를테면 희망, 용서, 자긍심, 만
족감, 낙관주의, 영감, 흥분 및 전반적인 긍정 정서와 정적 상관
을 보였다. 감사는 또한 조력에 대한 감사, 정서적 지지의 제공,
학교와 가정, 친구, 지역사회 및 자신에 대한 만족감과도 정적인
상관을 보였으며, 반대로 신체증상과는 부적 상관을 보였다. 감
사와 신체적·심리적 안녕감과의 확고한 관계에 대한 증거로서,
전반적인 긍정 정서의 효과를 통제하고도 여전히 이들 관계가 유
의미한 것으로 설명되었다. 하지만 감사는 전반적인 부정 정서
와 상관을 보이지 않았는데, 이는 성인을 대상으로 한 Watkins
등(2003)의 연구결과와는 일치하고, McCullough 등(2002)의 연
구결과와는 일치하지 않는다. 위에 인용된 성인의 감사와 주관
적 안녕감에 관한 대부분의 연구에서처럼, 이 연구도 상관결과이
기 때문에 인과적 해석은 불가능하다. 그러나 감사가 성인들에
게서 밝혀진 것처럼 아동의 긍정 정서와 심리적 결과를 증대시킨
다면(Emmons & McCullough, 2003; Sheldon & Lyubomirsky, 2006),
이러한 결과를 통해 청소년을 대상으로 한 감사 촉진이 그들의
안녕감과 성장을 함양하는 데 도움이 되리라는 점을 알 수 있다.

　이제 감사와 주관적 안녕감 간의 정적 상관관계에 대한 주요
원인으로 돌아가 보자. Fredrickson과 그의 동료들의 연구에 따
르면, 긍정 정서를 정기적으로 경험하게 되면 대체로 개인의 기
능과 안녕감이 증진되고, 그 결과 더욱 건강하고 유연해지며 사
회적으로 원만해진다(Fredreickson, 2001; Fredreickson & Joiner,
2002). 즉, 긍정 정서가 개인의 사고와 행동을 확장시켜주기 때문

에, 이후의 성공과 안녕감을 위한 신체적·지적·사회적 자원들을 축적할 수 있다.

감사 역시 이와 동일한 과정을 보인다. Fredrickson, Michele Tugade, Christian Waugh 그리고 Gregory(2003)는 감사가 2001년 9·11 테러공격 이후 두 번째로 가장 일반적으로 경험되는 정서라고 밝힌 바 있다(20개의 정서 가운데 동정심이 가장 많이 경험되는 정서였다.). 이 연구자들은 긍정 정서의 경험은 탄력성이 있는 사람들이 비극에 적극적으로 대처하는 데 도움이 된다는 증거를 찾았다. 뒤이어 아동이 9·11 테러 이전과 이후에 무엇에 대해 감사해하는가에 대해서 신문계정을 통한 문헌 연구를 실시한 결과 감사가 성인뿐 아니라 아동의 대처(coping)에도 중요한 역할을 한다는 증거가 제시되었다. Anne Gordon, Dara Musher-Eizenman, Shayla Holub 그리고 John Dalrymple(2004)의 연구에서는 인간의 기본 욕구(즉, 가족, 친구, 선생님/학교)에 대한 감사의 주제들이 9·11 이후 증가했다고 한다. 이러한 점으로 미루어볼 때, 감사가 역경에 대처할 수 있는 강력한 정서임이 시사된다(Fredrickson, 2004).

대인관계적 웰빙에 필요한 자원

감사를 더 많이 느끼는 사람은 다른 사람을 더 많이 돕는 경향이 있다. McCullough 등(2002)은 기질적인 감사가 타인에 대한 더 많은 조력, 지지, 용서 및 공감과 관련된다고 하였다. 이러한 결과는 자기보고는 물론 또래 보고를 사용한 경우에도 마찬가지였다. 다른 연구에서는 감사를 잘 하는 사람들이 덜 자기도취적인 것으로 나타났다(Farewell & Wohlwend-Lloyd, 1998). 여기서도 역시 감사가 청소년의 관계적 웰빙에 기여한다는 점이 시사된다. Froh 등(2008)의 연구에서 초기 청소년들은 또래집단과 가족 환경에 만족할 뿐 아니라, 또래와 가족들의 지지가 더 많은 것으로 지각하였다. 이상을 종합해보면, 감사의 개인차는 다른 성격 특질과 상호작용하여, 친구, 가족 및 여타 사회적 관계와 지지적이고 서로를 배려하는 유대관계를 맺는 데 영향을 미친다.

최근의 실험 연구에서는 감사가 실제로 친사회적 행동을 야기할 수 있음이 증명되었다. 감사 경험은 직접적인 호혜성을 유발시켜, 개인으로 하여금 은인에게 친사회적으로 반응하게 만들며(Barlett & DeSteno, 2006; Tsang, 2006, 2007), 간접적인 호혜성을 야기하여 이후의 다른 대인관계에서 사람들에게 친사회적으로 행동하도록 이끌 수 있다(Barlett & DeSteno, 2006). 게다가, 감사에 의해 자극된 친사회적 행동은 수혜자가 이득의 가치를 지각하는 정도에 따라 증가하는 경향이 있다(Tsang, 2007).

조력 행동의 증가 외에도, 감사는 파괴적인 대인행동을 억제시킨다. Robert Baron(1984)은 갈등 모의실험에 참여한 대학생들을 그들의 견해에 무조건 동의하지 않는 공모자와 함께 작업하도록 했다. 실험 중간에 공모자는 네 가지 조건(선물, 동정심, 유머, 통제집단) 중 하나에 할당되었다. 선물과 유머 조건의 참여자들은 통제집단에 비해 공모자를 보다 유쾌한 사람으로 묘사하였고 추후 이러한 갈등을 해결하는 데 협력을 더 많이 사용할 것이라고 보고하였다. 감사가 이러한 효과를 설명하는지 여부는 측정되지 않았지만, 연구결과에 비추어볼 때 감사 경험이 사회적 갈등의 해결에 도움이 될 것이라 추측할 수 있다.

감사를 잘 하는 사람은 단순히 감사를 표현하는 한 가지 방식으로 친사회적 행동을 하지만, 시간이 흐르면서 이러한 행동들은 사람들의 사회적 관계에 지속적인 영향을 미칠 수 있다(Emmons & Shelton, 2002; Harpham, 2004; Komter, 2004). 감사는 일반적으로 사회적 관계에서 신뢰를 구축하는 데 이바지한다(Dunn & Schweitzer, 2005). 감사가 사회적 지지라는 인적 자원을 유지하고 구축한다는 주장이 연구에 의해 뒷받침된다(Fredrickson, 1998, 2001, 2004). 이러한 사실은 장애나 사회적응문제를 지닌 청소년들에게 결정적일 수 있다. 청소년들이 직면한 중대한 과제는 사회적 목표와 학업적 목표를 효과적으로 조율하는 것이다(Wentzel, 2005). 사회적 수용과 또래 관계가 청소년의 사회적 행동과 발달을 결정하는 데 중추적이라는 점(Berk, 2007; Youniss & Haynie, 1992)을 고려할 때, 감사는 청소년들이 그들의 사회적·학업적 목표를 조정하는 데 매우 유용할 것이다. 이제 우리는 개인의 그리고 대인관계에서의 웰빙을 촉진시키는 데 작용하는 감사의 또 다른 잠재적 기제에 대해 설명하도록 하겠다.

감사가 내재적 동기를 촉진시키는가

긍정 정서에 대한 Fredrickson(2001)의 확장 및 구축 이론에 따르면, 감사는 웰빙에 필요한 영구적인 자원들을 구축하는 데 기여한다. 특히 창의성, 내적 동기 및 강한 목적의식을 양성시킨다.

이것이 감사를 잘 하는 사람들에게서 활력, 낙관성, 탄력성 그리고 영성이 더 높게 나타나는 이유일 것이다(McCullough et al., 2002). 멘토링처럼 생애 초기에 받은 도움에 대한 감사는 이후 그 은인이나 사회를 위한 생산적인 행동을 하도록 동기를 부여한다(Peterson & Stewart, 1996). 또한 감사를 많이 경험하는 사람들일수록 물질주의적인 성향이 낮은데, 외재적 또는 물질적 목표를 끊임없이 추구하는 것은 적극적이고 목표지향적인 삶을 해친다는 사실이 입증되어 왔다(Kasser & Ryan, 1993; Ryan & Deci, 2000; Ryan, Sheldon, Kasser, & Deci, 1996). 이 모든 결과는 감사가 내재적 목표, 타인지향적 동기 그리고 고차적 욕구(예: 자기 관련 영역에서의 성취)의 실현에 집중하게 하는 반면, 물질주의는 개인을 외재적 목표, 개인주의적 동기 그리고 하위 욕구(예: 안락함과 안정감의 획득)의 실현에 집중하게 한다는 사실로 설명될 수 있다(Polak & McCullough, 2006). 감사는 이러한 부식효과(erosion)로부터 보호하는 기능을 갖는다.

　Giacomo Bono와 Emily Polak(2008)은 감사와 물질주의를 2주에 걸쳐 측정하는 일지 연구를 실시하여, 상기 해석에 대한 보다 직접적인 증거를 제시하였다. 연구자들에 따르면, 사람들이 감사를 더 많이 한 날에 평소보다 낮은 물질주의 경향을 보였다고 한다. 이러한 관련성은 사람들의 물질주의 수준과는 상관이 없었으며, 자극의 가치를 높게 평가할수록 더욱 강하게 나타났다. 특히 감사의 일시적인 증가는 물질주의의 세 측면(재정적 노력, 매력적인 외모, 사회적 인정) 모두를 일시적으로 감소시켰다. 더욱이 감사와 물질주의는 사회적 고독 및 갈등적인 사회적 상호작용

과는 서로 다른 관련성을 보였다. 이러한 결과들은 감사와 물질
주의가 상반되는 존재 양식(사람이나 사회적 자산과의 연결에 가치
를 두는 것과 물질의 소유나 사회적 지위에 가치를 두는 것)으로 사람
들을 인도한다는 사실을 시사한다. 외재적 가치에 지나치게 의
존하는 것은 담배와 술, 마리화나의 남용 및 문란한 성관계와 관
련된다는 증거들(Williams, Cox, Hedberg, & Deci, 2000)과 함께 이
러한 결과를 종합해보면, 감사는 삶의 목표와 공동체를 위한 성
장을 장려하기 때문에 청소년의 삶을 번성시키는 데 기여한다는
사실이 명백해진다. 사실상 청소년이 사회에 기여하는 것은 긍
정적인 발달의 결과로 기대할 수 있다(Lerner et al., 2005). 따라서
성격 강점이 발달하는 그 시기에 감사 태도를 가르치는 일은 상
당한 효과가 있다(Park & Peterson, 2006). 왜냐하면 청소년은 감
사를 통해 주요 도전과제에 성공적으로 대처하고 정체감을 형성
할 수 있기 때문이다(Rowe & Marcia, 1980).

감사를 향상시키는 개입과 방략

종교집단 및 자조집단에서는 일반적으로 집단원들이 삶에서
고맙게 여긴 선물이나 좋았던 상황들을 곰곰이 생각해보게 하는
활동들을 실시한다. 이러한 연습들은 감사의 마음이 웰빙을 증
진시킨다는 가정에 기초한 것이다. 감사의 증가를 목적으로 한
실험들은 이와 유사한 방식을 통해서 이런 활동들이 심리적 · 사
회적 기능을 육성할 수 있음을 보여주었다.

Emmons와 McCullough(2003)는 감사-유도 연습(즉, 축복 헤아리기)이 불평이나 하향 사회적 비교 또는 중립적인 생활사건에 비해 시간에 따른 안녕감의 상승을 더 유발할 수 있는지를 연구하기 위해 세 가지 실험을 실시하였다. 참여자들은 이들 실험조건에 무선 할당되었으며, 매일 또는 매주 자신의 긍정 및 부정 정서, 건강 행동, 신체증상, 대처행동 및 전반적인 생활평가를 기록하였다. 첫 번째 연구에서, 참여자들은 10주 동안 일주일에 한 번씩 위와 같은 연습을 실시하고 측정치들을 작성하였다. 그 결과 감사 조건에 있는 참여자들은 불평 조건에 비해 더 많은 감사를 보고했을 뿐만 아니라, 삶 전반에 대해 더 긍정적으로 느끼고 미래에 대해 더욱 낙관적으로 봤으며, 건강에 대한 불평은 감소하였고 운동을 더 많이 하는 것으로 나타났다. 따라서 주 1회의 간단한 감사 개입만으로도 유의한 정서적 유익과 건강상의 이득이 유발된다는 사실이 입증되었다.

Emmons와 McCullough(2003)의 두 번째 연구(즉, 2주 동안 매일 축복 헤아리기를 실시함)에서는 감사 조건의 참여자들이 불평 조건에 비해 더 많이 기쁘고 열광적이고, 관심과 흥미가 깊으며, 활기 있고 활발하고, 결연하고 강하다고 느낀 것으로 보고했다. 그들은 또한 다른 사람에게 더 많은 정서적 지지를 제공하거나 개인적인 문제들을 도와주었다고 보고하였는데, 이는 감사를 경험하면 친사회적 동기가 증가한다는 사실을 시사해준다. 첫 번째 연구와 마찬가지로, 감사 조작은 불평 조건과 비교해볼 때 긍정 정서에 유의미한 효과를 보였지만, 부정 정서에는 유의한 영향을 미치지 않았다. 세 번째 연구에서는 신경근 질환을 앓은 성

인들을 대상으로 이러한 효과들을 반복 검증하였다. 이전 연구
와 비슷하게, 감사집단은 통제집단보다 유의미하게 높은 긍정 정
서와 삶의 만족도를 보였을 뿐 아니라 부정 정서도 적게 보였다.
게다가, 참여자의 자기보고와 배우자의 보고 모두 긍정 정서와
삶의 만족도 증가를 반영하는 것으로 나타났다. 이 세 연구를 통
해 감사가 주관적 안녕감에 영향을 미친다는 점이 입증되었으며,
다양한 연령집단이 정기적인 감사 경험 및 표현으로부터 이익을
얻을 수 있음을 알 수 있다.

　어떤 감사 표현 방식이 긍정 정서를 가장 많이 향상시킬 수 있
는지를 연구하기 위해, Watkins 등(2003)은 학생들을 네 가지 조
건에 각각 할당시키는 실험을 실시하였다(연구 4). 세 조건은 감
사 관련(즉, 고맙게 여긴 사람에 대해 생각하기, 글쓰기, 편지쓰기) 조
건이고, 한 가지는 통제 조건(즉, 거실에 대해 글쓰기)이었는데, 감
사 조건에 할당된 사람들이 통제집단에 비해 긍정 정서에서 유의
미한 증가를 보고하였다. 즉, 감사 경험을 표현하거나 생각하게
하는 것만으로도 기분이 향상될 수 있었다. 또한 쓰기 조건에 비
해 감사 생각 조건에서 이러한 효과가 가장 컸다는 사실은, 감사
경험에 대한 명상이 이를 분석적으로 처리하는 것보다 긍정 기분
을 더 많이 향상시킬 수 있다는 점을 말해준다. 아마도 한 가지
이유는 감사 경험을 철저히 조사하는 것이 긍정 기억 편향을 억
제하기 때문인 것 같다(Watkins, Grimm, & Kolts, 2004). 그럼에
도, 이러한 결과들은 감사 개입을 할 때 그것이 상대의 관심과 흥
미를 끄는지, 개입에 필요한 시간이 얼마인지, 주어진 상황에서
가장 적합한 개입의 수준이나 유형이 무엇인지를 고려해야 함을

시사해준다.

여성이 남성에 비해 감사를 더 많이 경험하고 표현하는 경향이 있다(Becker & Smenner, 1986; Gordon et al., 2004; Ventimiglia, 1982). Todd Kashdan 등(2008)은 감사의 성차를 조사하기 위해 다수의 연구를 진척시켰는데, 그 결과 남성과 여성이 감사의 지각과 반응에서 서로 다르다는 것이 입증되었다. 148명의 대학생을 대상으로 한 연구에서(연구 3), 감사와 관계성 및 자율성의 정적 상관이 여성에게서는 나타났지만 남성에게서는 나타나지 않았다. 이러한 차이는 여성에게 긍정 정서(예: 감사)를 수용하고 표현하는 경향이 있기 때문인 것으로 설명되었다. 남성들은 대체로 힘과 지위와 연관된 정서를 표현하는 경향이 있다(Brody, 1997, 1999). 감사와 부채감, 의존성이 어떤 점에서 서로 연관되어 있기도 하고(Solomon, 1995) 아니기도 한데(Watkins et al., 2006), 남성들은 감사의 경험과 표현이 그들의 사회적 지위를 손상시킨다고 생각하는 것 같다. 이를 염두에 둔다면, 감사 개입을 개인에 맞게 재단함으로써 감사 행동에서 자신만의 이유를 찾을 수 있도록 돕는 것이 남성과 여성 모두에게 유익할 것이다. 끈끈하고 만족스러운 관계를 형성하는 것은 집단주의를 지향하든 개인주의를 지향하든 상관없이 누구에게나 유익하다.

Froh 등(2008)은 여아가 남아에 비해 감사 경험을 더 많이 보고하는 경향이 있다고 하였다. 이는 청소년집단(Becker & Smenner, 1986; Gordon et al., 2004)과 성인집단(Kashdan et al., 2008; Ventimiglia, 1982)의 결과와도 일치한다. 그렇지만 남아는 여아에 비해 감사로부터 더 많은 사회적 이득을 얻는 것으로 나타났는

데, 이는 성인집단과 일치하지 않는 결과였다(Kashdan et al.,
2008). Post와 Neimark(2007)의 연구에서, 감사하는 것은 여아보
다 남아에게 더 많은 이득이 되는 한편, 감사하지 않는 것은 남아
보다 여아에게 더 많은 손해를 끼쳤다. 남아의 감사는 예상 외이
기 때문에 감사로 인한 유익이 더 큰 것으로 여겨지며, 이는 그들
의 자신감과 자존감을 향상시키는 것 같다. 그렇지만 여아는 감
사 표현이 사회적 규범을 지키는 것이기 때문에 그로부터 이득을
덜 얻을 뿐 아니라, 배은망덕한 태도를 보이면 부적인 증상을 더
많이 경험하는 것 같다.

　감사 경험과 표현에서의 성차는 감사 개입에 있어 아동의 성차
가 고려되어야 함을 보여준다. 왜냐하면 감사에서의 성차가 아
동기에 나타나기 때문에(Froh et al., 2008; Gordon et al., 2004), 남
아에게 타인으로부터 받은 선물에 감사를 표하는 것이 절대로 자
신의 업적이나 자율성을 손상시키지 않는다는 점을 재교육시킬
필요가 있다. 재교육은 용감하게 보이고 싶은 남아의 바람을 활
용할 때 더욱 성공적일 수 있다(Emmons, 2004). 예컨대, 학업성
취에서 다른 사람들의 도움에 감사하는 것은 일을 잘 해내기 위
해 자신에게 필요한 것이 무엇인지 또는 누구를 의지해야 하는지
를 아는 것으로 해석될 수 있다. 이러한 시도들은 감사 행동을 바
람직한 것으로 해석하고 감사를 유능감과 양립할 수 있는 것으로
만들기 때문에, 청소년들의 감사 표현을 촉진시킬 것이다. 이는
장기적으로, 건강한 목표 성취 습관과 보다 높은 사회적 정서지
능을 길러주는 데 도움이 될 것이다.

　Froh, Sefick 그리고 Emmons(2008)는 초기 청소년기의 감사

개입을 위한 첫 번째 실험 연구를 시행하였다. 2주 동안 학생들에게 매일 감사한 일 다섯 가지를 세거나(감사 조건) 짜증나는 일 다섯 가지를 세도록 하고(불평 조건), 통제 조건에서는 질문지를 완성하도록 하였다. 감사일기에 기록된 것은 다음과 같다. "내가 뜻하지 않게 테라스 테이블을 부수었을 때 엄마가 화를 내지 않아서 참 감사하다." "코치 선생님께서 야구 연습 때 도와주셨다." "나는 나의 가족, 친구, 종교, 교육, 건강, 행복에 대해 고마움을 느낀다." "할머니가 건강하시고, 아버지가 여전히 함께 계시고, 우리 가족이 서로를 사랑하고, 형제들이 건강하고, 매일 즐겁게 살아간다."

축복 헤아리기는 감사, 낙관주의, 삶의 만족도의 증가 및 부정 정서의 감소와 관련된다. 타인의 도움에 대해 고맙게 여긴 학생들은 보다 많은 긍정 정서를 보고하였다. 실제로 타인의 도움에 대해 감사를 느끼는 것과 긍정 정서와의 관계는 2주간의 개입 동안 더욱 강해졌고 개입이 끝난 뒤 3주째 가장 강했다. 도움에 대한 감사는 축복 헤아리기를 지시받은 학생들이 왜 일반적인 감사를 더 많이 보고했는지 역시 설명해준다. 도움이라는 선물을 알아차리는 일은 보다 많은 감사를 생성하는 것으로 여겨진다. 우리의 관점에서 가장 중요한 결과는 축복 헤아리기와 학교 만족도의 관계였다. 학생들에게 축복 헤아리기를 하도록 지시하고 이를 불평 또는 통제 조건과 비교한 결과, 이들은 학교 경험에서 더 큰 만족도(즉, 학교가 재미있다고 생각하고 학업에 유능하다고 느꼈으며, 많은 것을 배운다고 생각하고, 학교에 가고 싶어 함; Huebner, Drane, & Valois, 2000)를 보고하였는데, 2주간의 개입 직후와 개입

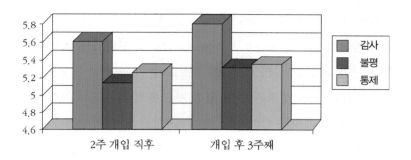

|그림 4.1| 학교 만족도

후 3주째에 모두 이러한 결과를 보였다(그림 4.1을 보라.). 학교 만족도를 나타내는 항목은 다음과 같다. "나는 학교에 고마움을 느낀다." "내가 받는 교육에 대해 고마움을 느낀다." "나는 좋은 학교에 다니고 있다." "우리 학교에는 육상팀이 있어서 내가 명예학생단체에 들어갈 수 있었다." 학교 만족도는 학업 및 사회적 성공과 정적인 상관을 보인다(Verkuyten & Thijs, 2002). 그렇지만 많은 청소년이 학교 경험에 대해 상당한 불만을 보이고 있다 (Huebner et al., 2000; Huebner, Valois, Paxton, & Drane, 2005). 따라서 축복 헤아리기를 통해 학생들에게 감사를 유도하는 일은 부정적인 학교 평가를 완화시키는 동시에 긍정적인 학교 분위기를 촉진시킬 수 있는 실용적인 개입이 될 수 있을 것이다.

감사 개입은 비교적 실시하기가 쉽다. 왜냐하면 삶에서 충족감을 얻고자 하는 바람은 기본적이고 보편적이라는 점에서 임상가와 개인의 흥미를 끌 수 있기 때문이다. 학교 심리학자로 재직할 당시, 첫 번째 저자인 Froh는 1,000명 이상의 중학생들에게 학교 단위의 축복 헤아리기를 계획한 바 있다. 2주간 모든 학생은

Froh와 동료들의 감사 조건에 할당된 학생들과 동일한 지침을 매일 연습했다(Froh, Sefick, & Emmons, 2008). 선생님들에게는 특별히 이번 개입을 위해 고안된 감사 교습 계획에 따라 2주간의 개입이 끝난 후 학생들과 함께 경험 자료를 정리하도록 지시하였다. 집중적 대화 교수법(Nelson, 2001)을 참고하여, 학생들에게 다음과 같은 유형의 질문들을 순서대로 제시하였다. 객관적 질문(예: 어떤 특정 축복을 헤아렸는가?), 반영적 질문(예: 축복 헤아리기에서 가장 좋았던 점은 무엇이었는가?), 해석적 질문(예: 감사를 표하는 것이 어떤 점에서 좋은가?), 결정적 질문(예: 어떻게 하면 우리의 삶과 학교에서 감사를 실천할 수 있는가?)

연구결과, 학생들은 축복 헤아리기를 통해 이득을 얻는 것으로 나타났다. 어떤 학생들은 "삶이 훨씬 더 나쁠 수 있었다."는 점을 알아차렸다고 보고하였다. 부유한 가정에서 자란 한 학생이 말하기를 "내가 이것을 가졌다는 것이 얼마나 좋은지를 깨달았다. 어떤 친구들은 아무것도 가진 것이 없다. 그전에는 이에 대해 생각해본 적이 한 번도 없었다." 이것은 청소년에게 감사 경험과 표현을 가르칠 수 있는 많은 창의적인 방식들 중 한 가지일 뿐이다(Froh, 2007). 또 다른 방법은 연중 특정한 시간(예: 특정한 달)을 다른 이에게 감사를 표하는 일에 보내도록 하는 것이다. 예컨대, 학생들은 다른 이들로부터 받은 선물에 대해 매주 감사카드를 쓸수 있다. 감사의 대상은 다른 학생(예: 따돌림으로부터 보호해주었음)이나 행정관(예: 박물관 견학을 지원받음), 선생님(예: 부모님이 데리러 올 때까지 함께 기다려줌), 혹은 지원팀(추운 겨울 동안 난방을 책임져 줌)이 될 수 있다. 또한 감사방문을 떠나서 은인에게 직접 편지를 읽어줄 수도 있다. 이러한 연습은 특히 성인들에게 한 달 이후까지 행복감의 유의미한 증가와 우울의 감소를 일으키는 것으로 나타났다(Seligman, Steen, Park, & Peterson, 2005). 감사의 유도가 쉽고, 그것이 학교 과제와 연습을 보다 창의적으로 만들 수 있으며, 개인과 환경에 유익하다는 점 등을 고려할 때, 청소년의 긍정적 발달에 관심 있는 분들이 청소년을 위한 감사 개입을 진지하게 고려해야 한다고 생각한다.

앞으로의 연구방향 및 결론

아동 및 청소년의 감사에 대한 과학적 이해가 아직 초기단계이 므로(Bono & Froh, 인쇄 중), 연구의 방향은 무한하다. 우리가 현재 탐구할 필요가 있다고 생각하는 감사 연구의 영역들을 몇 가지 소개함으로써 추후 연구에 대한 틀을 제안하고자 한다. 첫째, 청소년의 축복 헤아리기가 심리적 안녕감과 관련되는 것으로 나타났지만, 감사가 긍정 정서 이상의 성과에 유일한 어떤 것을 더 해주는지 여부는 아직 불명확하다. 아마도 아동들은 감사할 일에 대해 생각하는 것이 행복감을 유발하기 때문에 다른 사람에게 도움을 주는 것 같다. Froh, Yurkewicz 그리고 Kashdan(2008)은 이 문제를 상관연구로 설명하였지만, 감사 개입 실험을 통해 이를 밝히는 것이 감사의 유익한 효과와 긍정 기분의 효과를 구분 짓는 데 중요할 것이다.

둘째, 감사 훈련에 어느 정도의 노력이 필요한지를 결정하는 것은 중요한 논제다. Sonja Lyubomirsky, Kennon Sheldon 및 David Schkade(2005)는 일주일에 한 번 축복 헤아리기를 한 성인들이 일주일에 세 번 실시한 성인들에 비해 더 많은 삶의 만족감을 보고했다고 하였다. 연구자들은 일주일에 여러 번 축복 헤아리기를 하게 되면 연습의 신선함이 떨어져 오히려 지루해질 수 있기 때문이라고 설명했다. 따라서 감사를 많이 한다고 해서 항상 좋은 것은 아니므로, 이상적인 빈도에 대한 조사가 이루어져야 한다. 특히 청소년은 빨리 집중했다가 빨리 주의가 분산되는 특성이 있다.

셋째, 감사 개입을 사용할 때, 다른 변인들이 효과 크기에 영향을 미칠 수 있다. 성별, 성격, 기질적 감사, 종교성, 영성, 연령(예: 아동 대 청소년)과 같은 변인들은 연습 효과를 잠재적으로 향상시킬 수 있다고 간주해야 한다. Sheldon과 Lyubomirsky(2004)가 주장했듯이, 어떤 활동들은 특정 사람들을 더 행복하게 만들기도 하기 때문에 개인의 활동 적합성(person-activity fit)이 그러한 개입에 중요한 역할을 할 수 있다. 개인특유적인 가치와 흥미, 강점 및 경향으로 인해, 몇몇 감사 연습이 어떤 사람에게는 아무런 효과가 없지만, 다른 사람에게는 그저 잘 '맞기 때문에' 실제로 행복감을 증진시킬 수 있다.

최근에 Sheldon과 Lyubomirsky(2006)가 이러한 논리를 입증한 바 있다. 연구자들은 두 가지 정신활동, 즉 축복 헤아리기(감사)와 가능한 가장 뛰어난 자신의 모습 상상하기(Best Possible Selves: BPS)의 정기적인 연습에 따른 동기적인 예언요인과 긍정정서의 변화를 측정하였다. 두 가지 활동 모두 통제집단에 비해 많은 긍정 정서를 유발하였다. 하지만 BPS 활동이 다른 두 조건에 비해 긍정 정서를 유발하고 유지하는 데 더 뛰어났다(축복 헤아리기가 두 번째였음). 이처럼 개인의 활동 적합성이 개입의 지속효과에 영향을 미치기 때문에, 감사 활동에 있어 청소년의 내재적 흥미를 유발시키는 방식은 감사 개입이 유의한 영향을 미치도록 하는 데 꼭 필요하다.

넷째, 동일집단의 사람들을 광범위한 기간에 걸쳐 추적하는 종단 연구는 감사의 발달을 규명하는 데 필요하다. 특히 감사 경험을 가능케 하거나 억제하는 사회 인지적 차이를 정하는 일이 매우 중요할 것이다. 또한 같은 환경에 놓인 아동과 성인(예: 부모, 형제자매, 교사)의 자료는 이러한 결정인의 발달을 촉진하는 사회적 요인을 규명하는 데 도움이 될 것이다. 예컨대, 저녁식사 때의 감사기도와 취침 전 기도시간에만 감사를 말하는가? 아이들은 아빠나 엄마와 함께 있을 때 감사를 더 많이 말하는가? 그렇다면 왜 그런가? 가족의 종교가 감사 발달에서 중요한 역할을 하는가?

종단 연구는 또한 감사 개입의 장기적인 효과를 밝히는 데 도움이 될 것이다. 2005년에 Martin Seligman, Tracy Steen, Park과 Peterson은 인터넷을 통해 성인집단을 대상으로 감사 방문이 긍정 결과를 유발한 다른 개입(즉, 초기 기억에 대해 글쓰기)에 비해 한 달 이후 시점에서 행복의 유의미한 증가와 우울의 감소를 일으켰음을 보여주었다. 두 개의 연구를 제외하면(Froh, Ozimkowski, Miller, & Kashdan, 2008; Froh, Sefick, & Emmons, 2008), 청소년의 감사 개입이 지니는 지속적인 성과를 다룬 연구들은 없는 것 같다.

마지막으로, 아동과 청소년에게 감사에 대한 질문지를 작성하게 했을 때, 사회적 바람직성 때문에 의심스러운 결과가 도출될 수 있다(즉, 그들이 "그래야만 한다."고 생각하는 방식으로 질문에 답할 수 있다.). 이는 감사의 행동 측정치(예: 개입 후 "고맙습니다."라고 말한 횟수)를 포함시킴으로써 개선될 수 있다. 하지만 이 또한 한계가 있다. "고맙습니다."라는 말이 감사의 진정한 측정치인가 아니면 단지 예의바름의 표현인가? 따라서 자기보고와 행동 측정치를 함께 사용해서 감사를 연구하는 것이 이상적이라고 볼 수 있다(Emmons, McCullough, & Tsang, 2003).

과거에 비해 청소년의 감사의 발달, 측정, 향상 및 성과에 대해 더 많이 이해하게 된 것은 사실이지만(참조: Froh, Miller, & Snyder, 2007), 우리는 여전히 빙산의 일각을 보는 것일 뿐이라고 생각한다. 더 많은 연구가 필요하다. 감사는 아동과 청소년의 긍정 성과들 다수와 관련성을 보여 왔다. 감사는 개인적인 이득뿐 아니라 관계적인 이득도 양산한다. 즉, 가족, 또래, 학교, 지역사회를 강화시키는 역할을 한다. 감사는 아동과 청소년이 그들의 사회적, 심리적, 지적 그리고 영적인 잠재력을 실현시키는 데 도움이 되는 간단한 방법이다. 우리는 이 장이 청소년의 감사에 대한 이해를 견고히 하고 감사의 개인적·사회적 유익을 다루는 연구의 발단이 되기를 소망한다.

| 개인적인 작은 실험들 |

감사하기

우리는 감사 연습을 두 가지로 나누었는데, 많은 노력과 시간이 필요한 것과 그렇지 않은 것으로 구분하였다. 축복 헤아리기나 감사 방문과 같이 많은 노력이 필요한 연습을 하고 나면 감사가 더 크게 증가할 것이라고 생각한다. 이렇게 노력이 많이 필요한 연습들은 감사 경험과 표현으로부터 얼마나 많은 유익을 얻을 수 있는지 확인하는 데 관심이 있는 경우에 시도해볼 것을 권한다.

많은 노력과 시간이 필요한 연습

축복 헤아리기(counting blessings): 살면서 우리가 감사할 만한 크고 작은 일들이 많다. 지난날을 되돌아보고 당신이 고맙게 여기거나 감사하는 5가지 일들을 적어보라. 일기를 소지하고 2주간 매일 작성하라. 혹은 조금 다르게, 당신이 고맙게 여긴 한 가지 일에 집중하여 그 일이 특별히 고맙게 느껴지는 이유를 깊이 생각해보는 것도 좋다.

감사 방문(gratitude visit): 당신이 고맙게 여겼지만 감사하다고 말해본 적이 없는 사람을 떠올려보라. 그에게 그토록 고맙게 느끼는 이유를 상세하게 설명하는 편지를 써라. 그리고 난 뒤 그 사람에게 직접 편지를 읽어줘라. 만일 직접 하기가 힘들다면, 전화로 편지를 읽어줄 수도 있다.

적은 노력과 시간이 필요한 연습

- 당신이 당연하게 여겼던 일을 떠올리고 상대에게 매일 감사를 표현하라(예: 복도를 청소하는 건물관리인에게 감사하기). 이 연습을 최대한 활용하기 위해서는 먼저 당신이 일상을 보내는 여러 환경들(학교, 공원, 집, 친구의 집, 이웃집 등)에 대해 생각하고, 각 환경에서 당신에게 도움을 주었거나 행복하게 해준 일을 한 사람들에 대해 생각해보라. 또한 그 사람들이 할 필요가 없었던 일들, 일부러 해준 일들 또는 그 당시 당신의 필요나 목표 또는 소망에 실제로 부합했던 일들을 생각해보라.
- 하루에 당신이 "고맙습니다."라는 말을 사용한 횟수를 기록하라. 첫 주가 지난 후, 그 말을 두 배로 할 수 있도록 노력하라.
- 부모/형제자매/친구에게 매일 전화해서 고맙다고 말하라.
- 누군가에게 이메일 감사 인사 또는 즉석 메시지를 보내라.
- 당신의 룸메이트에게 당신이 고맙게 여긴 일에 대해 감사를 표하는 쪽지를 남겨라(예: 청소를 해주거나, 음식을 남겨주거나, 식사를 대접한 일)

> 참고문헌

Apte, M. L. (1974). Thank you and South Asian languages: A comparative sociolinguistic study. *International Journal of the Society of Language, 3*, 67-89.

Baron, R. A. (1984). Reducing organizational conflict: An incompatible response approach. *Journal of Applied Psychology, 69*, 272-279.

Baron-Cohen, S. (1995). *Mindblindness: An essay on autism and theory of mind.* Cambridge, MA: MIT Press.

Bartlett, M. Y., & DeSteno, D. (2006). Gratitude and prosocial behavior: Helping when it costs you. *Psychological Science, 17*, 319-325.

Baumgarten-Tramer, F. (1938). "Gratefulness" in children and young people. *Journal of Genetic Psychology, 53*, 53-66.

Becker, J. A., & Smenner, P. C. (1986). The spontaneous use of thank you by preschoolers as a function of sex, socioeconomic status, and listener status. *Language in Society, 15*, 537-546.

Berk, L. E. (2007). *Child development* (7th ed.). Boston: Allyn & Bacon.

Bono, G., Emmons, R. A., & McCullough, M. E. (2004). Gratitude in practice and the practice of gratitude. In P. A. Linley & S. Joseph (Eds.), *The practice of positive psychology* (pp. 464-481). New York: John Wiley & Sons.

Bono, G., & Froh, J. J. (in press). Gratitude in school: Benefits to students and schools. To appear in R. Gilman, E. S. Huebner, & M. Furlong (Eds.), *Handbook of positive psychology in the schools: Promoting wellness in children and youth.* Hillsdale, NJ: Lawrence Erlbaum.

Bono, G., & McCullough, M. E. (2006). Positive responses to benefit and harm: Bringing forgiveness and gratitude into cognitive psychotherapy. *Journal of Cognitive Psychotherapy, 20*, 147-158.

Bono, G., & Polak, E. L. (2008). *Gratitude and materialism: Divergent links to relational well-being.* Manuscript in preparation.

Bowlby, J. (1969). *Attachment.* New York: Basic Books.

Brody, L. R. (1997). Gender and emotion: Beyond stereotypes. *Journal of Social Issues, 53*, 369-394.

Brody, L. R. (1999). *Gender, emotion, and the family.* Cambridge: Harvard University Press.

Clark, L. A., Watson, D., & Leeka, J. (1989). Diurnal variation in the positive affects. *Motivation and emotion, 13*, 205-234.

Davidson, R. J. (1994). On emotion, mood, and related affective constructs. In P. Ekman & R. J. Davidson (Eds.), *The nature of emotion: Fundamental questions* (pp. 51-55). New York: Oxford University Press.

Dunn, J. R., & Schweitzer, M. E. (2005). Feeling and believing: The influence of emotion on trust. *Journal of Personality and Social Psychology, 88,* 736-748.

Emmons, R. A. (2004). Gratitude. In C. Peterson & M. E. P. Seligman (Eds.), *Character strengths and virtues: A handbook and classification* (pp. 553-568). New York: Oxford University Press.

Emmons, R. A. (2007). *Thanks! How the new science of gratitude can make you happier.* New York: Houghton Mifflin Company.

Emmons, R. A., & Crumpler, C. A. (2000). Gratitude as a human strength: Appraising the evidence. *Journal of Social and Clinical Psychology, 19,* 56-69.

Emmons, R. A., & Hill, J. (2001). *Words of gratitude: For mind, body, and soul.* Philadelphia: Templeton Foundation Press.

Emmons, R. A., & McCullough, M. E. (2003). Counting blessings versus burdens: An empirical investigation of gratitude and subjective well-being in daily life. *Journal of Personality and Social Psychology, 84,* 377-389.

Emmons, R. A., & McCullough, M. E. (2004). *The psychology of gratitude.* New York: Oxford University Press.

Emmons, R. A., & McCullough, M. E., & Tsang, J. (2003). The assessment of gratitude. In S. J. Lopez & C. R. Snyder (Eds.), *Positive psychological assessment : A handbook of models and measures* (pp. 327-341). Washington, DC: American Psychological Association.

Emmons, R. A., & Shelton, C. M. (2002). Gratitude and the science of positive psychology. In C. R. Snyder & S. J. Lopez (Eds.), *Handbook of positive psychology* (pp. 459-471). New York: Oxford University Press.

Farwell, L., & Wohlwend-Lloyd, R. (1998). Narcissistic processes:

Optimistic expectations, favorable self-evaluations, and self-enhancing attributions. *Journal of Personality, 66,* 65-83.

Fredrickson, B. L. (1998). What good are positive emotions? *Review of General Psychology, 2,* 300-319.

Fredrickson, B. L. (2001). The role of positive emotions in positive psychology: The broaden-and-build theory of positive emotions. *American Psychologist, 56,* 218-226.

Fredrickson, B. L. (2004). Gratitude, like other positive emotions, broadens and builds. In R. A. Emmons & M. E. McCullough (Eds.), *The psychology of gratitude* (pp. 145-161). New York: Oxford University Press.

Fredrickson, B. L., & Joiner, T. (2002). Positive emotions trigger upward spirals toward emotional well-being. *Psychological Science, 13,* 172-175.

Fredrickson, B. L., & Tugade, M. M., Waugh, C. E., & Larkin, G. R. (2003). What good are positive emotions in crises? A prospective study of resilience and emotions following the terrorist attacks on the United States on September 11th, 2001. *Journal of Personality and Social Psychology, 84,* 365-376.

Froh, J. J. (2007, Spring/Summer). A lesson in thanks. *Greater Good, 4*(1), 23.

Froh, J. J. (2008). [Assessing gratitude in youth and investigating gratitude as a potential buffer against envy and materialism in early and late adolescents]. Unpublished raw data.

Froh, J. J., Miller, D. N., & Snyder, S. (2007). Gratitude in children and adolescents: Development, assessment, and school-based intervention. *School Psychology Forum, 2,* 1-13.

Froh, J. J., Ozimkowski, K., Miller, N., & Kashdan, T. B. (2008). *The gratitude visit in children and adolescents: The moderating effect of trait positive affect.* Manuscript in preparation.

Froh, J. J., Sefick, W. J., & Emmons, R. A. (2008). Counting blessings in early adolescents: An experimental study of gratitude and subjective well-being. *Journal of School Psychology, 46*, 213-233.

Froh, J. J., Yurkewicz, C., & Kashdan, T. B. (2008). *Gratitude and subjective well-being in early adolescence. Examining gender differences.* Manuscript submitted for publication.

Gallup, G. (1998). Gallup survey results on "gratitude", adults and teenagers. *Emerging Trends, 20,* 4-5, 9.

Gleason, J. B., & Weintraub, S. (1976). The acquisition of routines in child language. *Language in Society, 5,* 129-136.

Gordon, A. K., Musher-Eizenman, D. R., Holub, S. C., & Dalrymple, J. (2004). What are children thankful for? An archival analysis of gratitude before and after the attacks of September 11. *Applied Developmental Psychology, 25,* 541-553.

Graham, S. (1988). Children's developing understanding of the motivational role of affect: An attributional analysis. *Cognitive Development, 3,* 71-88.

Graham, S., & Weiner, B. (1986). From an attributional theory of emotion to developmental psychology: A round trip ticket? *Social Cognition, 4,* 152-179.

Greif, E. B., & Gleason, J. B. (1980). Hi, thanks, and goodbye: More routine information. *Language in Society, 9,* 59-66.

Harpham, E. J. (2004). Gratitude in the history of ideas. In R. A. Emmons & M. E. McCullough (Eds.), *The psychology of gratitude* (pp. 19-36). New York: Oxford University Press.

Hay, L. L. (1996). *Gratitude : A way of life.* Carlsbad, CA: Hay House.

Heider, F. (1958). *The psychology of interpersonal relations.* New York: John Wiley & Sons.

Huebner, E. S., Drane, J. W., & Valois, R. F. (2000). Levels and demographic correlates of adolescent life satisfaction reports. *School Psychology International, 21,* 281-292.

Huebner, E. S., Valois, R. F., Paxton, R. J., & Drane, J. W. (2005). Middle school students' perceptions of quality of life. *Journal of Happiness Studies, 6,* 15-24.

Kashdan, T. B., Mishra, A., Breen, W. E., & Froh, J. J. (2008). Gender differences in gratitude: *Examining appraisals, narratives, the willingness to express emotions, and changes in psychological needs*. Manuscript submitted for publication.

Kashdan, T. B., Uswatte, G., & Julian, T. (2006). Gratitude and hedonic and eudaimonic well-being in Vietnam War veterans. *Behaviour Research and Therapy, 44*, 177-199.

Kasser, T., & Ryan, R. M. (1993). A dark side of the American dream: Correlates of financial success as a central life aspiration. *Journal of Personality and Social Psychology, 65*, 410-422.

Klein, M. (1957). *Envy and gratitude*. London: Charles Birchall & Sons Limited.

Komter, A. E. (2004). Gratitude and gift exchange. In R. A. Emmons & M. E. McCullough (Eds.), *The psychology of gratitude* (pp. 195-212). New York: Oxford University Press.

Lerner, R. M., Lerner, J. V., Almerigi, J. B., Theokas, C., Phelps, E., Gestsdottir, S., et al. (2005). Positive youth development, participation in community youth development programs, and community contributions of fifth-grade adolescents: Findings from the first wave of the 4-H Study of positive youth development. *Journal of Early Adolescence, 25*, 17-71.

Lyubomirsky, S., Sheldon, K. M., & Schkade, D. (2005). Pursuing happiness: The architecture of sustainable change. *Review of General Psychology, 9*, 111-131.

McAdams, D. P., & Bauer, J. J. (2004). Gratitude in modern life: Its manifestations and development. In R. A. Emmons & M. E. McCullough (Eds.), *The psychology of gratitude* (pp. 81-99). New York: Oxford University Press.

McCullough, M. E., Emmons, R. A., & Tsang, J. (2002). The grateful disposition: A conceptual and empirical topography. *Journal of Personality and Social Psychology, 82*, 112-127.

McCullough, M. E., Kilpatrick, S. D., Emmons, R. A., & Larson, D. B.

(2001). Is gratitude a moral affect? *Psychological Bulletin, 127,* 249-266.

McCullough, M. E., Tsang, J., & Emmons, R. A. (2004). Gratitude in intermediate affective terrain: Links of grateful moods to individual differences and daily emotional experience. *Journal of Personality and Social Psychology, 86,* 295-309.

Nelson, J. (2001). *Art of focused conversation for schools.* Gabriola Island, British Columbia: New Society Publishers.

Norville, D. (2007). *Thank you power : Making the science of gratitude work for you.* Nashville, TN: Thomas Nelson.

Nowak, M. A., & Roch, S. (2007). Upstream reciprocity and the evolution of gratitude. *Proceedings of the Royal Society B, 274,* 605-609.

Overwalle, F. V., Mervielde, I., & DeSchuyter, J. (1995). Structural modeling of the relationships between attributional dimensions, emotions, and performance of college freshman. *Cognition & Emotion, 9,* 59-85.

Park, N., & Peterson, C. (2006). Character strengths and happiness among young children: Content analysis of parental descriptions. *Journal of Happiness Studies, 7,* 323-341.

Peterson, B. E., & Stewart, A. J. (1996). Antecedents and contexts of generativity motivation at midlife. *Psychology and Aging, 11,* 21-33.

Polak, E. L., & McCullough, M. E. (2006). Is gratitude an alternative to materialism? *Journal of Happiness Studies, 7,* 343-360.

Post, S., & Neimark, J. (2007). *Why good things happen to good people: The exciting new research that proves the link between doing good and living a longer, healthier, happier life.* New York: Broadway Books.

Rosenberg, E. L. (1998). Levels of analysis and the organization of affect. *Review of General Psychology, 2,* 247-270.

Rowe, I., & Marcia, J. E. (1980). Ego identity status, formal operations, and moral development. *Journal of Youth and Adolescence, 9,* 87-99.

Ryan, M. J. (2000). *Attitudes of gratitude.* San Francisco: Conari Press.

Ryan, R. M., & Deci, E. L. (2000). Self-determination theory and facilitation of intrinsic motivation, social development, and well-being. *American Psychologist, 55,* 68-78.

Ryan, R. M., Sheldon, K. M., Kasser, T., & Deci, E. L. (1996). All goals are not created equal: An organismic perspective on the nature of goals and their regulation. In P. M. Gollwitzer & J. A. Bargh (Eds.), *The psychology of action: Linking cognition and motivation to behavior* (pp. 7-26). New York: Guilford Press.

Seligman, M. E. P., Steen, T. A., Park, N., & Peterson, C. (2005). Positive psychology progress: Empirical validation of interventions. *American Psychologist, 60,* 410-421.

Sheldon, K. M., & Lyubomirsky, S. (2004). Achieving sustainable new happiness: Prospects, practices, and prescriptions. In P. A. Linley & S. Joseph (Eds.), *Positive psychology in practice* (pp. 127-145). Hoboken, NJ: John Wiley & Sons.

Sheldon, K. M., & Lyubomirsky, S. (2006). How to increase and sustain positive emotion: The effects of expressing gratitude and visualizing best possible selves. *Journal of Positive Psychology, 1,* 73-82.

Solomon, R. C. (1995). The cross-cultural comparison of emotion. In J. Marks & R. T. Ames (Eds.), *Emotions in Asian thought* (pp. 253-294). Albany: State University of New York Press.

Tesser, A., Gatewood, R., & Driver, M. (1968). Some determinants of gratitude. *Journal of Personality and Social Psychology, 9,* 233-236.

Tsang, J. (2006). Gratitude and prosocial behavior: An experimental test of gratitude. *Cognition & Emotion, 20,* 138-148.

Tsang, J. (2007). Gratitude for small and large favors: A behavioral test. *Journal of Positive Psychology, 3,* 157-167.

Tsang, J., Rowatt, W. C., & Buechsel, R. K. (2008). Exercising gratitude. In S. J. Lopez (Ed.), *Positive psychology: Exploring the best in people, Vol 2. Capitalizing on emotional experiences* (pp. 37-54). Westport, CT: Praeger.

Ventimiglia, J. C. (1982). Sex roles and chivalry: Some conditions of gratitude to altruism. *Sex Roles*, *8*, 1107-1122.

Verkuyten, M., & Thijs, J. (2002). School satisfaction of elementary school children: The role of performance, peer relations, ethnicity, and gender. *Social Indicators Research*, *59*, 203-228.

Watkins, P. C. (2004). Gratitude and subjective well-being. In R. A. Emmons & M. E. McCullough (Eds.), *The psychology of gratitude* (pp. 167-192). New York: Oxford University Press.

Watkins, P. C., Grimm, D. L., & Kolts, R. (2004). Counting your blessings: Positive memories among grateful persons. *Current Psychology: Developmental, Learning, Personality, Social*, *23*, 52-67.

Watkins, P. C., Scheer, J., Ovnicek, M., & Kolts, R. (2006). The debt of gratitude: Dissociating gratitude and indebtedness. *Cognition & Emotion*, *20*, 217-241.

Watkins, P. C., Van Gelder, M., & Frias, A. (in press). Furthering the science of gratitude. In C. R. Snyder & S. J. Lopez (Eds.), *Handbook of positive psychology* (2nd ed.). New York: Oxford University Press.

Watkins, P. C., Woodward, K., Stone, T., & Kolts, R. (2003). Gratitude and happiness: Development of a measure of gratitude, and relationships with subjective well-being. *Social Behavior and Personality*, *31*, 431-452.

Weiner, B., & Graham, S. (1988). Understanding the motivational role of affect: Life-span research from an attributional perspective. *Cognition & Emotion*, *3*, 401-419.

Wellman, H. (1990). *The child's theory of mind*. Cambridge, MA: Harvard University Press.

Wentzel, K. R. (2005). Peer relationships, motivation, and academic performance at school. In A. J. Elliot & C. S. Dweck (Eds.), *Handbook of competence and motivation* (pp. 279-296). New York: Guilford Publications.

Williams, G. C., Cox, E. M., Hedberg, V. A., & Deci, E. L. (2000). Extrinsic life goals and health-risk behaviors in adolescents. *Journal of*

Applied Social Psychology, 30, 1756-1771.

Youniss, J., & Haynie, D. L. (1992). Friendship in adolescence. *Journal of Developmental & Behavioral Pediatrics, 13,* 59-66.

5

타인의 이익을 위하여

희생의 긍정심리학

• Emily A. Impett와 Amie M. Gordon

타인의 이익을 위하여
희생의 긍정심리학

Emily A. Impett와 Amie M. Gordon

지금은 금요일 밤이다. 당신과 당신의 애인은 어떤 영화를 볼 것인지에 대해서 서로 다른 생각을 가지고 있다. 당신은 새로 나온 로맨틱 코미디 영화를 보고 싶은데, 당신의 애인은 최신 액션 영화를 보자고 한다.

지금 당신은 지친 하루의 일과를 마치고 교통체증 속에서 집에 이르기만을 바라고 있다. 집 가까이 왔을 무렵 아내가 전화를 걸어와 당신의 사무실 근처에 있는 세탁소에서 세탁물을 찾아오라고 한다.

당신의 남편이 전화를 걸어 격앙된 목소리로 이야기하길, 환상적인 조건의 직장으로부터 입사 제안을 받았다고 한다. 그런데 그 직장은 당신의 가족과 친구들로부터 멀리 떨어져 있는 다른 도시에 있다고 한다.

　연인이나 부부와 같은 친밀한 관계에서 서로의 이익이나 욕구가 상충하는 것은 불가피한 일이다. 어느 한 사람에게 최상의 선택이 상대방에게도 늘 최선일 수는 없다. 때때로 그런 갈등상황은 영화를 고르거나 심부름을 해주는 것과 같이 사소한 경우도 있지만, 때로는 함께할 거취를 어디에 정할 것인지와 같이 중대한 사안일 경우도 있다. 관계를 유지하거나 발전시키기 위해서는 이러한 갈등상황에서 성공적으로 협상하는 방법을 배워야만 한다. 가능한 한 가지 방법은 그러한 갈등상황에서 자신의 이익을 희생하는 것인데, 여기에서 희생이란 '상대방의 안녕이나 두 사람 관계의 안녕을 개선하기 위해서 자신의 이익을 포기하는 것'을 말한다(Van Lange, Rusbult, Drigotas, Arriaga, Witcher, & Cox, 1997). 많은 사람이 상대방을 진심으로 사랑한다는 것을 정의할 때 보살핌, 존중, 충성이라는 개념과 함께 희생을 포함시킨다(Noller, 1996).

　희생이라는 주제는 여러 가지 이유에서 중요하다고 할 수 있다. 우선, 커플에게 있어서 서로의 이익과 욕구가 상충되는 상황들은 피할 수 없는 문제이기 때문이다. 우리가 건강하고 행복하며 오래 지속되는 관계를 만들어가기 원한다면, 이 희생이 어느 경우에 유용하고 이로운 전략으로 사용될 수 있는지에 대해 좀 더 이해할 필요가 있다. 둘째, 희생이라는 주제는 누구에게나 해당되는 것이기 때문이다. 저녁식사 모임에서 희생이라는 이야깃거리를 꺼낸다면, 모두가 제각각 자신의 이야기보따리를 풀어내느라 끝이 없을 것이다. 늦게까지 잠 못 자고 아이를 달랜 경험이라든지, 배우자를 위해 끔찍한 가족 모임에 참석했던 이야기라든지, 다양한 자신의 경험을 꺼내놓을 것이다. 셋째, 현대 사회의 성역할이 여성의 자율성 및 독립성을 강조하는 방향으로 변함에 따라, 연인관계에 있어 남녀 간 이해의 갈등이 더욱 빈번해졌다. 어떤 면에서는 남녀 모두에게 있어 건강하게 희생하는 방법을 배우는 일이 그 어느 때보다도 중요해졌다고 말할 수 있다.

이 장에서는 타인의 유익을 위해 자신의 바람과 선호를 포기하는 결정으로부터 얻는 득과 실에 대해 살펴보면서, 연인관계에서의 희생의 역할을 탐색하려고 한다. 첫 번째 절에서는 희생의 정의를 소개하고, 심리학 연구에서 희생과 관련된 측정이 어떻게 이루어져 왔는지 살펴보게 된다. 두 번째 절에서는 어떠한 환경적 상황에서 연인이나 둘의 관계를 위해 자신의 이익을 기꺼이 희생하게 되는지 탐색하면서, 희생을 촉진하는 요소에 대해 논의해볼 것이다. 세 번째 절에서는 희생하는 사람과 수혜자, 그리고 그 둘의 관계에 대해 희생이 가지는 잠재적인 이득에 관한 연구를 제시하면서, 희생의 긍정적인 측면에 관한 연구를 살펴보게 된다. 네 번째 절에서는 희생이 어떤 경우에는 위험할 수 있음에 대해 경고할 것인데, 특히 그 희생이 관계 속에서 상호적이지 못할 때 더욱 그러하다. 다섯 번째 절에서는 희생의 동기적인 측면에 대해 살펴볼 것이며, 이 관점은 어떤 경우 희생이 이득이 되고 어떤 경우 손해가 되는지에 대해 통찰을 가져다줄 것이다. 여섯 번째 절에서는 기꺼이 희생하는 데 있어 성차와 문화적 배경의 요인을 다룬다. 마지막 절에서는 희생에 대한 차후 연구에 있어 중요한 몇 가지 지침들을 제안할 것이다. 그리고 이 장의 마지막 부분에서는, 우리 자신의 삶과 실제 관계에 이 장에서 제시한 연구내용을 적용해볼 수 있도록 개인적인 작은 실험들을 소개한다.

기존의 희생에 대한 경험적 연구 대부분이 성인의 연인관계에 초점을 맞추고 있기에, 이 장에서도 역시 같은 맥락에서 희생을 다루기 시작한다. 그럼에도, 희생을 다양한 다른 관계의 맥락(예를 들어, 친구와의 관계, 부모와의 관계, 자녀와의 관계 등) 속에서 이해하는 것은 중요하며, 이를 통해 추후 연구에서 많은 흥미로운 방향이 제시되리라 믿는다. 또한 이 장에서 다루어지는 논의는 희생의 자율성을 기본 전제로 하고 있으므로, 누군가의 강요나 통제에 의해 희생이 이루어지는 상황은 배제하였다.

희생이란 무엇인가

다음의 세 가지 경우를 가정해보자. 첫 번째는 제인(Jane)이 남자친구의 이사를 돕는 데 자신의 토요일 오후 시간을 모두 할애한 경우다. 두 번째는 여자친구가 좋아하는 음식이라는 이유로 라이언(Ryan)이 중국음식을 주문한 경우다. 세 번째는 조(Joe)가 자신의 여자친구와 좀 더 가까이 지내기 위해 다른 대학으로 전학을 한 경우다. 희생이란, 상대방의 안녕 혹은 관계 자체의 안녕을 증진하기 위해 즉각적인 자신의 이익을 포기하는 행동으로 정의되어 왔다(Van Lange, Agnew, Harinck, & Steemers, 1997; Van Lange, Rusbult et al., 1997). 이러한 정의에 비추어볼 때, 위의 행동들은 희생으로 간주될 수 있는가? 그들이 왜 그런 행동을 하고 차후에 무엇을 포기했는지 등에 대한 추가적인 정보가 없다면,

그들의 행동이 희생이라고 단정하기는 어렵다. 이 절에서는 희생을 보다 명확히 정의해보고, 희생과 돕기를 구분하며, 관계 속에서 일어날 수 있는 서로 다른 종류의 희생을 살펴보게 된다.

남을 돕는 것 또는 호의를 베푸는 것과 희생은 서로 같은 것일까

남을 돕는 것 또는 호의를 베푸는 것과 희생하는 것은 서로 같을까? 희생 역시 연인에게 도움을 제공한다는 측면을 갖고 있지만, 희생과 돕기는 서로 같지 않다. 일반적으로, 돕는 행동은 자신의 개인적인 목표를 포기하지 않으면서 남에게 긍정적인 이득을 제공하는 것이다(Eisenberg, 1990). 반면에 희생은 자신의 개인적인 목표를 상대적으로 경하게 여기고, 잠재적으로는 그 과정 속에서 자신의 비용을 감내하고서라도 타인에게 긍정적인 이득을 제공하는 개념이다(Killen & Turiel, 1998). 도와주는 사람이 그 돕는 행동을 위해 자신의 목표와 이득을 제쳐두느냐 마느냐에 따라서, 같은 행동이라 할지라도 희생이 되기도 하고 단지 돕는 행동이 되기도 한다. 예를 들어, 메리(Mary)가 남편에게 공항에서 픽업해주기를 요청했을 때, 남편 존(John)이 해야 할 일이나 선약이 없었던 경우에 그의 행동은 (희생이 아니라) 돕는 것이라 느껴질 것이다. 하지만, 만약 존이 회사에서의 중요한 미팅을 깨고 그녀를 픽업해야 했다면, 특히 그러는 와중에 개인적인 비용을 감내해야만 했다면(예를 들어, 사장으로부터 질책을 들었다거나), 그는 자신의 행동을 희생으로 여기게 될 것이다. 이는 개인적인 목표를 뒤로하는 것이 포함되는 희생과, 그렇지 않은 돕기가 어떻게 다른지를 보여주는 예시라고 할 수 있다.

희생의 종류

사람들이 관계 속에서 감행하는 다양한 종류의 희생들이 여러 연구를 통해 소개되었다. 그 한 예로 적극적인 희생과 소극적인 희생이 있다(Van Lange, Rusbult et al., 1997). 적극적인 의미에서의 희생은, 스스로는 특별히 원치 않는 일임에도 상대방을 위해 또는 상대방과 함께 무언가를 하는 행동을 의미한다. 이러한 원치 않는 일에는 내 친구가 아닌 상대방의 친구들과 어울리거나, 상대의 일을 도와주거나, 연인과 가깝게 지내기 위해 새로운 도시로 이사 가는 일들이 포함될 수 있다. 반대로 소극적 희생이란, 내 친구들과의 시간을 포기하거나, 원하는 영화를 보러 가는 것을 포기하거나, 다른 도시의 더 나은 직장으로 옮겨가는 것을 포기하는 등의 예처럼, 자신이 하고 싶었던 일을 포기하거나 못하게 되는 경우를 가리킨다. 게다가 원하는 행동을 포기하는 동시에 원치 않는 행동을 해야 하는 희생도 많이 있다. 당신의 파트너와 금요일 밤의 계획을 세우는 경우를 상상해보자. 당신은 집에 머물며 영화보기를 원하고, 당신의 파트너는 밖에 나가 외식도 하고 재즈 공연을 관람하고자 한다. 예를 들어, 당신이 파트너의 요구를 존중하기로 결정하여 밖에 나가기로 했다면, 당신은 자신이 원하는 일을 포기하고(소극적인 의미의 희생: 집에 머물며 영화를 감상하고 싶었던 욕구를 포기함), 당신이 원치 않는 일을 하기로 결정한 셈이다(적극적인 의미의 희생: 밤에 시내로 나가서 공연 관람을 함께함).

또 다른 구분이라고 한다면, 주요한 희생과 일상적인 희생이 있을 수 있다. 관계에 있어서 어떤 종류의 이해 상충은 매우 중요한 것일 수 있다. 파트너가 더 좋은 직장을 구할 수 있도록 거주지를 옮긴다든지, 학위를 딸 수 있도록 재정적 지원을 해준다든지, 알레르기 반응을 보이기 때문에 애완견을 처분한다든지 하는 결정을 내려야 할 때가 있다. 주요한 희생에 초점을 맞춘 초기 연구들에서, 피험자로 하여금 자신의 삶에 있어서 가장 중요한 일들 세 가지 또는 네 가지를 열거하도록 하였다(Van Lange, Agnew et al., 1997; Van Lange, Rusbult et al., 1997). 대부분의 참가자가 교육, 종교, 여가시간과 같은 다양한 삶의 영역에 걸친 활동들을 보고하거나, 부모, 형제자매, 친구 등의 특정 인물과 함께하는 활동(예를 들어, 해변가에 놀러 가거나 축구하기 등)들을 나열하였다. 그런 다음, "[이 특정 활동]과 파트너와의 관계를 병행할 수 없는 상황이라고 가정해봅시다……. 그 활동을 어느 정도까지 기꺼이 포기할 수 있습니까?"라고 물었다. 당신이 가까운 관계에서 주요한 희생을 얼마나 기꺼이 선택할 수 있는지를 측정하기 위해, 장 마지막 부분에 실린 '개인적인 작은 실험들'의 첫 부분에 실제로 답해보도록 하자.

새 거주지로 이사하거나 사랑하는 애완견을 포기하는 것 같은 주요한 희생만 늘 존재하는 것은 아니다. 인간관계 속에서 사람들은 비교적 작은 정도의 희생을 일상에서 요구받기도 한다(Impett, Gable, & Peplau, 2005). 커플이 서로 다른 취향(예를 들어, 음식, 영화, 외출, 친밀감의 표시 등에 있어서)을 보인다면, 누군가는 상대방을 위해, 또는 둘의 관계를 위해 자신의 욕구를 희생해야만 한다. 예를 들어, 당신은 액션물보다는 리얼리티 프로그램을 더 즐기거나, 멕시칸 음식보다는 중국 음식을 선호하거나, 집에서 쉬는 것보다는 외출하는 것을 더 좋아할 수 있다. 이러한 작은 차이는 일상 속에서 희생의 문제가 일어나게 한다. 표 5.1에는 연인관계 속에서 이루어지는 11가지 다양한 일반적인 희생의 종류들이 제시되어 있다(Impett et al., 2005). 그러나 일상적인 희생도 때에 따라 좀 더 주요한 희생이 될 수 있다. 예를 들면, 절친한 친구가 함께 외출하자는 제안을 파트너를 위해 거절하는 것이 결국에는 친구관계가 영원히 소원해지게 할 수도 있는 법이다.

요약하자면, 물론 모든 희생이 파트너를 위해 자신의 이득을 져버리는 속성을 지니기는 하지만 파트너를 위해 행하는 희생은 그 종류가 매우 다양하다는 것이다. 때때로 사람들은 자신이 즐기거나 하고 싶은 일을 포기하기도 하고, 때로는 원치 않는 행동을 선택하기도 한다. 어떤 희생은 상당히 주요한 문제이기도 하고, 어떤 것들은 좀 더 소소한 일이거나 관계 속에서 빈번히 발생하는 것이기도 하다. 그런데 왜 누군가는 자신의 이득을 추구할 때, 어떤 이들은 희생을 선택할까? 다음 절에서는, 관계 속에서 희생을 촉진시키는 요소들을 살펴보기로 하자.

|표 5.1| 참가자들이 열거한 희생의 유형들

희생의 유형	예들(적극적 희생과 소극적 희생)
친구	"그 사람 친구의 파티에 함께 감." 그리고 "내 친구들과의 계획을 포기함."
여가	"LA 모터쇼에 다녀옴." 그리고 "그녀가 돌아온 후에는 비디오 게임을 하지 않음."
심부름, 잡다한 일, 부탁	"그의 옷들을 다림질함." 그리고 "그가 내 아파트에 있는 동안에는 세탁기를 돌리지 않음."
학교, 직장	"그의 과제물 편집을 해줌." 그리고 "나의 공부하는 시간을 줄임."
건강, 생활습관	"그가 아플 때 약을 챙겨줌." 그리고 "그녀와 있을 때 담배를 줄임."
가족	"그의 가족들과 추수감사절을 보냄." 그리고 "내 여동생을 너무 자주 만나지 않음."
의사소통, 상호작용	"그와 이야기하려고 늦게까지 자지 않음." 그리고 "그가 공부할 때는 만나지 않음."
선물, 돈	"그녀를 위해 목걸이를 장만함." 그리고 "그가 실직일 때 원조해줌."
남녀 간 상호작용	"다른 남자와 이야기하는 것을 피함." 그리고 "다른 여자랑 데이트 하지 않음."
외모	"그가 섹시하다 말한 것을 입음." 그리고 "노출이 심한 옷을 입지 않음."
친밀감	"내가 원치 않을 때에도 성관계 가짐." 그리고 "신체적 접촉을 시도하지 않음."

희생을 촉진하는 요소는 무엇인가

다음의 상황을 가정해보자. 금요일 밤에 사라(Sarah)의 친구들이 그녀에게 클럽에 춤추러 가자고 제안한다. 그녀는 정말 그러고 싶지만, 남자친구를 빼고 춤추러 갔다는 사실을 그가 알게 되면 화를 낼 것이라는 것도 알고 있다. 사라는 그녀가 진정 원하는 대로 하는 것(춤추러 가는 것)과 남자친구를 행복하게 만들고 관계에서의 갈등을 피할 수 있는 것(집에 머무는 것) 사이에서의 중요한 선택을 해야만 한다. 만약에 사라가 친구들과 춤추러 가는 것보다 남자친구와의 관계에서 갈등을 피하는 것이 더 중요하다고 판단했다면, 그녀는 자신의 이익을 추구하려는 동기로부터 벗어나 둘의 관계나 파트너에게 최선의 것을 우선시하려는 동기로 옮겨갔다고 볼 수 있다. 도대체 어떤 환경적인 조건에서 사람들은 자신의 이득을 기꺼이 버리고, 파트너나 둘의 관계를 위한 최선을 추구하게 되는 것일까? 이 절에서는 기꺼이 희생하기를 선택하도록 촉진하는 두 가지 요소를 다루어본다. 그 하나는 '관계에 대한 헌신'이며, 다른 하나는 '상대방의 희생에 보답하고 싶은 욕구'다(Kelley & Thibaut, 1978).

헌신

Rusbult(1980)에 따르면 헌신이란, '좋을 때든 나쁠 때든' 관계를 유지하려고 애쓰면서 그 관계에 심리적으로 애착을 가지는 것이라고 정의했다. Rusbult(1980, 1983)의 '헌신에 대한 투자 모형'에 따르면, 관계에 대한 만족도가 높고, 그들 관계에 대한 다른 대안이 없으며(예를 들어, 현재 파트너 외에 다른 매력적인 상대를 갖고 있지 못함), 그 관계에 높은 수준으로 투자(정서적, 물질적인 면 모두에서)하고 있는 사람이 그 관계에 최선을 다해 헌신할 것이라고 설명한다. 그들 관계에 헌신하려고 할 때 세 가지 속성 모두를 가지고 있을 필요는 없다. 예를 들어, 다른 대안적 상대를 갖고 있지 못하다고 생각하거나 그 관계에 이미 많은 것을 투자했다고 느끼는 여성은, 비록 결혼생활에서 행복하지 못하더라도 자신의 부부관계에 깊게 헌신하려 할 것이다. 남편의 소득에만 의존하며 자녀가 있는 여성이라면, 그 관계를 끝내는 비용이 너무 크다고 느낄 것이며(심지어 관계에 만족하고 있지 못할지라도), 현재 남편과의 관계를 유지하는 쪽으로 선택하게 될 것이다. 당신의 가장 가까운 관계에 대한 헌신 정도를 측정해보려면 '개인적인 작은 실험들'의 두 번째 부분을 작성해보도록 하자.

자신의 관계에 깊이 헌신할수록 헌신도가 낮은 사람에 비해 더욱 기꺼이 희생할 수 있다(Van Lange, Agnew et al., 1997; Van Lange, Rusbult et al., 1997; Wieselquist, Rusbult, Foster, & Agnew, 1999). 높은 수준의 헌신이 어떻게 자신의 이득을 대가로 해서라도 관계를 유지하려는 욕구를 증대시키는지에 대한 몇 가지 중요한 이유들이 있다. 첫째, 관계에 깊이 헌신하는 사람들은 자신의 파트너와 그 관계에 대한 의존도가 높은 경우가 많다. 의존도가 높은 개인의 경우 그들 관계에 머무르려는 욕구가 크고, 관계의 지속을 위해 장기적인 관계를 가지게 된다. 이러한 사람들의 경우 그런 관계가 필요하기 때문에 관계 유지를 위해 좀 더 기꺼이 희생하려 한다(Van Lange, Rusbult et al., 1997). 예를 들어, 관계에 대한 의존도가 높은 여대생의 경우, 남자친구를 기쁘게 하고 관계 지속을 확실히 하기 위해서 여학생 기숙사가 아닌 남자친구와 함께 사는 선택을 하게 될 것이다.

둘째, 헌신도가 높은 사람일수록 자신의 행동에 따른 즉각적인 결과뿐만 아니라 미래의 결과까지 고려하는 장기적인 안목으로 관계에 임하게 된다(Van Lange, Agnew et al., 1997; Van Lange, Rusbult et al., 1997). 이러한 장기적인 결과에는 자신의 파트너가 미래 비슷한 상황에서 희생할 것을 보장하는 것뿐만 아니라, 장기간 관계를 성공적으로 유지하는 것까지 포함하고 있다(Axelrod, 1984; Van Lange, Rusbult et al., 1997). 예를 들어, 자신의 관계에 대해 장기적인 안목을 가진 남자의 경우, 약혼자가 화낼 것을 알기에 주말에 라스베이거스에서 있을 총각파티에 가지 않을 것이고, 라스베이거스에서의 주말보다는 약혼녀의 기분을 좋게 하는 일이 더 중요하다고 믿을 것이다. 또는 그의 약혼녀 역시 처녀파티를 포기하리라는 믿음 속에 희생을 선택하게 된다.

셋째, 헌신도가 높은 사람은 낮은 사람에 비해 그들의 관계를 좀 더 공동의 것으로 본다. '공동의 관점'은 자기에 초점을 두기보다 관계에 초점을 두는 것을 말한다(Clark & Mills, 1979). 의사결정의 순간에 있어서, 공동의 관점을 가진 사람은 '나'에게 최선의 것을 생각하기보다는 '우리'에게 있어서 최선의 것을 먼저 생각하게 된다. 예를 들어, 공동의 관점에서 관계를 바라보는 여성의 경우, 다른 도시로 이주해야 하는 조건이 붙은 승진은 그녀

자신을 위해서는 좋지만, 그녀의 관계를 위한 최선의 선택은 되지 못하기 때문에 받아들이지 않는다.

넷째, 헌신도가 높은 사람은 파트너의 기분, 생각, 정서에 영향을 많이 받는 양상을 보이므로, 상대방에게 심리적으로 애착되거나 '연결되어' 있다고 할 수 있다. 파트너를 행복하게 하는 것은 스스로를 행복하게 만드는 것이고 파트너를 슬프게 만드는 것은 스스로를 슬프게 만드는 것이다. 파트너의 이익은 곧 자신의 이익이 될 것임을 알기에, 자신의 지금 당장의 이익을 희생할 수 있다(Aron & Aron, 1986). 예를 들어, 온종일 업무에 시달려 지친 남성이, 여자친구와 함께 클럽에 가는 것이 그녀를 행복하게 만들고 그녀의 행복은 다시 자신에게 보상으로 돌아올 것이라는 이유 때문에 그녀의 제안을 받아들일 수 있다.

파트너의 희생에 보답하려는 욕구

기꺼이 희생하는 것을 촉진시키는 데 있어 개인의 헌신도 중요한 요소이긴 하나, 파트너 역시 중요한 역할을 담당한다. 비록 사람들이 가까운 관계를 교환적 측면(즉, 준 만큼만 되돌려준다는 식)에서 보는 것을 좋아하지는 않지만, 커플들은 흔히 상대방의 호의와 친절함에 서로 보답하는 모습을 보인다(Foa & Foa, 1974). 누군가 자기자신의 이익을 멀리하면, 상대방 입장에서는 보답해야 한다는 부담을 느낄 수 있다(Axelrod, 1984). 파트너가 자신을 위해 기꺼이 희생하려 한다고 생각될 때, 좀 더 기꺼운 마음으로 희생하게 된다는 연구결과(Van Lange, Agnew et al., 1997; Wieselquist et al., 1999)가 있다. 이에 대한 한 가지 이유는 사람들이 호혜성을 추구하기 때문이다. 사람들은 자신이 파트너에게 제공한 것과 자신에게 되돌아온 것 사이에서 균형을 기대하며, 형평성을 유지하려는 경향을 가지고 있다. 그러므로 누군가 상대방을 위해 희생하면 할수록 상대방 역시 그 반작용으로 희생하게 될 가능성이 높아진다는 것이다.

요약하자면, 관계를 유지하려고 깊이 헌신하는 남성일수록 자신의 아파트를 포기하고 여자친구의 거처로 옮겨 함께 사는 선택을 할 가능성이 높다는 사실이다. 또한 여자친구 역시 희생을 무릅쓰고 미래의 관계를 유지하려는 모습을 보여주었을 때, 그가 거처를 옮기는 희생을 선택할 확률이 더욱 높아지는 셈이다. 그렇다면 희생은 어떤 방식으로 관계에 있어 도움이 되는 걸까? 이 장의 다음 절에서 희생이 갖는 개인적인 이득과 대인관계에 있어서의 이득에 대한 연구들을 살펴보게 된다.

희생이 갖는 긍정적인 측면

우리는 곧 베풂으로써 은혜를 받기 때문입니다.
— 성 프란체스코의 평화의 기도 중에서

우리가 관계 속에서 희생을 선택할 때 받는 선물은 무엇인가? 이 절에서 우리는 희생으로부터 얻을 수 있는 이득을 살펴볼 것이며, (관계에 대한 이득뿐만 아니라) 희생하는 사람이 받는 이득과 그 희생으로 인한 수혜자가 받는 이득 모두에 대한 연구들을 살펴보려고 한다.

관계를 위한 이득

희생이 관계에 유익을 주는 방법 중에 하나는, 시간의 흐름에 따라 관계의 만족도와 안정성을 높인다는 데 있다. 미혼 및 기혼 커플들을 대상으로 한 몇몇 연구들에 따르면, 기꺼이 희생하려는 태도와 높은 관계 만족도 및 안정성이 관련이 있다고 한다(Van Lange, Agnew et al., 1997; Van Lange, Rusbult et al., 1997). 좀 더 자세히 살펴보자면, 파트너를 위해 기꺼운 마음으로 희생하려는 사람들의 경우 더 깊은 친밀감, 더 훌륭한 문제해결, 더 많은 공유된 활동을 보였다고 한다. 또한 기꺼이 희생하는 정도는 시간의 흐름에 따라 관계를 성공적으로 유지하는 능력을 예측해주었다. 그리고 좀 더 기꺼이 희생하려는 사람들의 경우, 연구가 종료된 지 6~8주 이후에도 여전히 관계를 지속하고 있는 모습을 더 많이 보였다.

희생이 관계에 유익을 줄 수 있는 또 다른 점은, 파트너에 대한 헌신과 신뢰를 높여준다는 데에 있다(Wieselquist et al., 1999). 신뢰란, '파트너가 의지할 수 있을 만큼 호의적으로 행동하고, 자신의 욕구에 충분히 반응해주리라는 기대'로 정의될 수 있다(Holmes, 1989, Rempel, Holmes, & Zanna, 1985; Sorrentino, Holmes, Hanna, & Sharp, 1995). 사람들은 자신의 파트너가 스스로를 희생하면서까지 돌봐주고 반응하는 모습을 확인할 때 비로소 파트너를 신뢰하게 된다. 더욱 신뢰하면 할수록, 그들은 관계에 더욱 헌신하게 된다(Wieselquist et al., 1999). 더욱 헌신하면 할수록, 그 보답으로 희생을 보여줄 가능성도 높아지게 되는데, 이를 통해 '상호 순환적 성장'을 형성하고, 그에 따라 관계 속에서 서로 더 신뢰하고 헌신하고 희생하는 선순환을 보이게 된다.

또한 연구결과에 따르면, 희생에 대한 태도 역시 관계의 질과 안정성에 영향을 미친다는 사실을 보여준다. 희생에 대한 태도는 사람들이 자신의 파트너를 위한 희생으로부터 어느 정도의 만족감을 얻게 되는지와 관련되어 있다. Stanley와 Markman(1992)의 "희생에 대한 만족도" 척도는, "파트너를 위해 무언가 해줌으로써 나 자신도 만족감을 얻는다." 등의 문항들을 통해서 사람들이 그들 관계에서의 희생을 보상으로 받아들이는 정도를 측정한다. 기혼자 커플들을 대상으로 한 장기연구 결과, 희생에서의 만족감을 적게 보고한 커플들보다 더 많은 만족감을 표시한 커플들이 덜 고통 받고, 6년 뒤 이혼도 적게 했다(Stanley, Whitton, Sadberry, Clements, & Markman, 2006).

희생을 선택한 사람들의 이득

희생을 선택한 사람들은 다음의 몇 가지 이유들 때문에, 자신의 이익을 포기한 것으로부터 중요한 이득을 얻게 된다. 첫째, 희생을 선택함으로써 그들은 상대방의 욕구를 보살펴주는 좋은 파트너라는 긍정적 자기상을 유지하게 된다(Holmes & Murray, 1996). 둘째, 파트너를 기분 좋게 해줌으로써 자신도 역시 긍정적

인 기분을 느끼게 되기 때문에 원래는 원치 않았던 행동을 하게
된다(Blau, 1964; Lerner, Miller, & Holmes, 1976). 한 여자는 파트
너로 하여금 행복감과 사랑받고 있음을 느끼게 해줄 수 있다는
사실에 기쁨을 느낄 수 있고, 이 때문에 자신의 주말 계획을 포기
하고 파트너와 함께 다른 모임에 참석할 수 있다. 셋째로 가능한
이득은 상대방으로 하여금 희생에 보답할 가능성을 높여준다는
데 있다(Wieselquist et al., 1999). 넷째, 희생을 선택함으로써 파
트너와 갈등을 줄이거나 협력관계를 돈독히 해나가는 등의 장기
적 목표를 촉진할 수 있게 된다. 달리 말하면, 그 순간에 희생함
으로써 실제로는 미래의 자기이익을 충족하게 된다는 설명이다.

결혼을 준비하고 있는 한 젊은 커플이 있다고 가정해보자. 샐
리(Sally)는 하와이에서 결혼식을 하고 싶어 하지만, 톰(Tom)은 고
향에서 결혼하고 싶어 한다. 고향에서 결혼식을 하는 것이 톰에
게 얼마나 중요한 문제인지 잘 알고 있는 샐리는 자신이 꿈꾸던
하와이에서의 결혼식을 포기한다. 왜냐하면 이국적인 섬에서 결
혼하는 것(현재의 자기 이익)보다 톰과 오랫동안 행복한 결혼생활
을 영위하는 것(장기적 관점에서의 이익)에 더 마음이 가기 때문이
다. 이는 자신의 즉각적인 이익을 포기하는 것이 장기적인 목표
를 촉진할 수 있다는 사실을 보여주는 하나의 예라고 할 수 있다.

수혜자의 이득

파트너의 희생으로 수혜자 역시 이득이 있다. 자신의 욕구가
충족되었다는 명시적인 이득은 차치하더라도, 파트너가 희생을

택했음을 확인한 것이 상대방이 자신을 돌봐주고 반응한다는 느
낌을 더 촉진시키게 된다. 사람들은 파트너가 자기 이익을 저버
리는 것에 관심을 많이 가지며(Kelly, 1979), 이때 그들은 파트너
의 행동 이면에 숨겨진 의미에 대해 중요한 판단을 내리게 된다
고 한다(Rusbult & Van Lange, 1996). 앞에서 살펴보았듯이, 파트너
가 관계를 위해 자기 이익을 저버리는 행동을 확인함으로써 상대
는 파트너가 따뜻하고, 신뢰할 수 있으며, 사려 깊은 사람이라는
믿음을 키워나가게 된다(Wieselquist, 1999).

　가까운 관계에서 상대방의 최선이 무엇인지를 늘 염두에 두라
는 불문율이 있듯이, 연구결과들을 통해 희생을 선택하는 것이
관계 만족도와 안정성을 높여준다는 사실을 확인할 수 있었다.
하지만, 때론 희생이 관계 유지를 위한 긍정적인 도구가 아니라
오히려 해악을 미치는 때가 있는데, 그 부분을 지금부터 살펴보
고자 한다.

희생이 가지는 위험요소에 대한 경고

본래의 모습에 정직하라.
— 윌리엄 셰익스피어(햄릿 1.3.543)

　미국과 같은 서구사회에서는, 개인주의, 자율성, 주저 없는 개
인적 진실의 추구 등을 특별히 강조하며 가치를 둔다. 위에서 소
개된 것과 비슷한 금언들은, 부모, 친구, 연인 또는 지역사회가

우리로 하여금 '그러해야만 한다.'고 역설하는 기대에 부응하기
보다, 우리 자신의 바람과 욕구에 '충실'할 것을 강조하고 있다.
이 절에서는, 희생이 상호적인 방식으로 이루어지지 못할 경우
오히려 해가 될 수도 있음을 제안하려고 한다. 덧붙여, '자기 마
음을 제대로 표현하기'에 실패할 경우 우울감이 증폭되고 안녕감
이 감소될 수 있다는 페미니스트 연구를 소개하려고 한다.

일방적인 희생

관계 속에서 어느 한쪽만 희생의 멍에를 홀로 지속적으로 짊어
지게 된다면 그 희생은 부정적인 결과를 가져올 수 있다(Drigotas,
Rusbult, & Verette, 1999). 희생에 대한 개인차를 보이며, 어떤 이
들은 상대방을 위해 항상 자신의 이익을 포기하지만 다른 이들은
좀 더 자기 이익을 중심으로 행동한다(Neff & Harter, 2002). 이러
한 불균형의 한 예로, 관계 안에서 힘이 부족한 사람이 일상적으
로 희생을 선택하게 되는 경우가 많다. 의존 상호성이란, 파트너
간에 동등한 수준으로 서로의 관계를 필요로 하는 정도를 가리킨
다(Kelly & Thibaut, 1978). 상대방에게 더 의존적인 사람이 관계
속에서 힘이 부족할 수 있고, 상대를 행복하게 하고 관계를 유지
하기 위해 반복적으로 희생을 선택해야 한다는 압박을 느낄 수
있다. 예를 들어, 연애 중인 여대생에 대한 연구에서, 자신의 파
트너가 관계 유지에 있어 덜 적극적이라고 느끼게 되면 '성적 희
생'을 받아들일 가능성이 더 높아지게 된다고 한다(Impett &
Peplau, 2002).

자기자신에게 집중하는 것을 희생하면서까지 타인에게 초점을 맞추어 살아가는 사람들의 경우, 행복감과 안녕감이 저하되는 것을 경험할 수 있다(Fritz & Helgeson, 1998). 과도한 공유(unmitigated communion)라는 개념은, 남에게 지나치게 관여하고, 자신의 욕구보다 타인의 욕구를 우선시하는 것을 가리킨다. 과도한 공유 수준이 높은 사람은, "나는 내 자신의 욕구보다 타인의 욕구를 우선시한다."와 "누군가 도움을 요청할 때 나는 거절할 수 없다."와 같은 문항에 동의하는 사람이다. 과도한 공유의 정도가 높은 사람은 그렇지 않은 사람에 비해 남녀 모두에서, 높은 불안, 더 많은 우울 증상, 낮은 자존감, 불량한 신체 건강을 경험한다는 연구결과가 있다(Helgeson & Fritz, 1998, 리뷰 내용 참조). 그렇다고 해서 자신보다는 타인에 초점 맞추고 사는 사람들 모두가 우울하다는 결론은 아니다. 어떤 이들은 자신의 욕구보다 타인의 욕구를 우선시하는 가운데에서 진정한 행복감을 느끼기도 한다. 그럼에도 이 연구결과에 비추어 보면, 희생이 항상 이득이 되는 전략은 아니며, 특히 그들의 희생이 상호적이지 못한 경우에는 남을 위해 자신의 이익을 포기하는 데 있어 유의할 필요가 있음을 알 수 있다.

'자기 마음을 제대로 표현하기'의 실패

뿐만 아니라, 페미니스트 심리학자들은, 희생하거나 관계 속에서 자신의 생각, 의견, 욕구에 '침묵'함으로써 발생할 수 있는 위험에 대해 또 다른 경고의 메시지를 전하고 있다(Jack & Dill,

1992). 타인과 연대감을 갖는 것은 여성의(그리고 남성의) 자기가
치감에 있어 중요한 요소이며(Jordan, 1991; Miller, 1986), 이러한
연대감에 대한 욕구는 비용이 발생할 수 있다. 때로는 그 연대감
을 느끼고픈 욕구 때문에 다른 사람을 화나게 하지 않으려고 자
신의 생각과 의견을 주장하는 데 주저하고 겁먹게 되기도 한다
(Brown & Gilligan, 1992). 청소년 대상 연구(Harter, Marold,
Whitesell, & Cobbs, 1996)와 젊은 성인 대상 연구(Harter, Waters,
Pettitt, Whitesell, Kofkin, & Jordan, 1997)는, '진솔한 의견'을 말하
지 못하는 것이 깊은 우울감, 무망감, 낮은 자존감과 연관되어 있
음을 보여주고 있다. 다른 연구들에서 보면, "내면에 불행감을 느
낄 때조차, 다른 이들을 기쁘게 하려고 겉으로 행복한 척하곤 한
다." 또는 "그렇게 하는 게 멋지게 비춰질 때에만 내 의견을 표현
한다."와 같은 문항에 동의하는 정도가 높은 여자 청소년들의 경
우 자존감이 낮고, 우울 증상을 많이 보고하였다(Tolman, Impett,
Tracy, & Michael, 2006).

　요약하자면, 커플 간의 힘이 서로 균등하지 않은 경우처럼 때
로는 희생이 큰 대가를 치르게 하는 때가 있다. 더 나아가, 자신
이 어떻게 느끼는지에 대해 파트너에게 진실을 말하지 못하고 의
사소통하지 못하는 경우에도 해악이 될 수 있다. 희생하는 것이
사람이나 관계에 있어 언제 득이 되고 언제 실이 되는지 결정하
는 중요한 요소로서의 희생의 동기 및 이유에 대해 다음에서 살
펴보기로 하자.

희생할 것인가, 말 것인가: 동기의 중요성

다른 이를 행복하게 만들어주기 위해서, 파트너와 더 가까워지기 위해서, 또는 자기자신이 좋은 사람이라는 느낌을 갖기 위해서 희생했던 경험들을 떠올려볼 수 있는가? 이러한 것들을 접근동기에 의한 희생이라고 부른다(Impett et al., 2005). 이와 달리 회피 동기에 의한 희생은, 죄책감을 피하기 위해, 다툼을 막기 위해, 또는 파트너로 하여금 관계에서 흥미를 잃지 않도록 하기 위해 보이는 희생을 말한다. 이 절에서는, '접근-회피 이론'을 소개하고, 이를 희생 연구에 적용해보기로 한다.

접근-회피 동기

동기를 분류하는 많은 이론 가운데 하나는, 사람이 긍정적인 결과물을 얻고자 행동하느냐(접근 동기)와 부정적인 결과물을 피하고자 행동하느냐(회피 동기)의 구분이다(Carver & White, 1994; Gray, 1987). 예를 들어, 밤늦도록 자지 않고 시험 공부를 하는 이유가 학업적인 성취나 친구들로부터의 인정 때문(접근 동기)일 수도 있고, 또는 급우들보다 뒤처지는 것을 피하거나 선생님을 실망시키지 않으려는 목적(회피 동기)일 수도 있다. 이를 희생 연구에 적용해보면, 파트너를 행복하게 만들거나 관계에서의 친밀감을 증진하려는 접근 동기에서 희생할 수도 있고, 갈등이나 죄책감을 면하려는 회피 동기에서 희생을 선택할 수도 있다(Impett et al., 2005). 본인은 특별히 원치 않았으면서도 왜 성적 관계에 동의했느냐는 질문에 대한 여성들의 답변을 살펴보자(Impett & Peplau, 2000).

1. 우리는 깊이 사랑하고 서로 보살펴주는 관계에 있고, 우리는 결국 결혼할 것이며, 그 친밀감의 욕구를 만족시켜주고 싶었어요. 성교는 단지 육체적 욕구를 위한 것이라고 보기보다는 사랑을 표현하는 한 방법으로 생각해요. 그래서 비록 내 몸은 피곤했지만, 그에게 지속적인 나의 사랑을 보여주고 싶었어요. 그이도 물론 나와 같은 생각이었을 거예요(p. 7).

2. 남자친구가 말하길, 그가 예전 여자친구를 싫어했던 한 가지 이유는 그녀가 성적으로 왕성하지 못했기 때문이라고 말했어요. 내가 성적으로 왕성하지 못하면 그는 나와 더 이상 함께하지 않을 것이고 그것이 두려웠어요(p. 7).

둘 다 '성적 희생'의 이유가 중요한 관계를 유지하려는 욕구에서 비롯되었지만, 그 둘은 초점이 서로 다르다. 첫 번째 여성은 파트너와 친밀감, 욕구, 사랑 등 긍정적 경험을 공유하려는 목적을 강조했다. 그와 달리, 두 번째 여성은 성적으로 둔감하게 비춰져서 자칫 관계를 망쳐버릴지도 모른다는 위험으로부터 회피하려는 목적에 초점을 맞추고 있다. 당신 자신의 희생 동기를 측정할 수 있는 '개인적인 작은 실험들'의 세 번째 부분을 활용해보기로 하자.

희생의 동기, 관계 만족도 그리고 안녕감

최근 연구를 통해 접근-회피 구분이 희생의 득과 실을 이해하는 데 활용되었다. 한 연구에서, 교제 중인 대학생들을 대상으로 14일 간 매일 자신의 희생에 대해 잠들기 전 보고하도록 하였다(Impett et al., 2005). 그리고 각각의 희생에 대해 참가자들의 접근-회피 동기를 측정했다. 연구결과에 따르면, 접근 동기 때문에 이루어진 희생을 보고한 날에 참가자들은 긍정 정서 경험, 삶의 만족도, 관계 만족도에서 높은 점수를 보였다. 반대로 회피 동기에서 이루어진 희생을 보고한 날에는 부정 정서 경험과 관계 갈등에서 높은 점수를, 관계 만족도에서는 낮은 점수를 보고했다. 이 연구결과에서 가장 주목할 만한 부분은, 연구 한 달 뒤 그들 관계에 무슨 일이 일어났는지에 대한 부분이다. 1개월 추후 연구에 따르면, 연구 기간 동안의 회피 동기에 의한 희생은 관계 해체의 가능성을 2.5배 높였으며, 접근 동기에 의한 희생은 참가자들이 관계를 유지할 가능성을 2배 정도 높게 만들었다. 이 연구결과에 따르면, 자신의 이익이나 욕구를 포기하는 희생이 접근 동기에 의한 경우에만 관계에 득이 된다는 사실이 나타난다.

이 연구결과를 실제 생활사건에 적용해보자. 존과 메리는 휴가를 어디로 떠날지 결정하려 하고 있다. 존은 스키를 타러 가고 싶어 하지만, 메리는 열대지방으로 여행하기를 희망한다. 한 시간의 조율 끝에, 존이 자신의 뜻을 접고 메리에게 열대지방으로 여행을 떠나자고 이야기한다. 왜 존은 자신이 원하는 휴가 장소를 희생했을까? 그는 메리에게 휴가가 얼마나 중요한지 잘 알고 있고, 그녀를 행복하게 해줄 것을 원했기 때문에, 즉 접근 동기에서 희생했을 수 있다. 아니면 메리와 휴가문제로 설전을 벌이는 게 지긋지긋하고 더 큰 갈등을 피하고 싶었기 때문에, 즉 회피 동기에서 희생했을 수도 있다. 언뜻 보기에는 그의 희생 이면에 숨겨진 동기가 그리 중요하지 않아 보인다. 그의 동기가 무엇이든 간에 그는 그녀와 함께 열대지방으로 여행을 갔을 것이기 때문이다. 그러나 앞에서 제시한 연구결과는 동기가 매우 중요하다는 것을 보여준다. 메리를 행복하게 해주고 싶어서 희생한 것이라면, 그의 희생은 아마도 그의 개인적 안녕감과 관계 자체의 안녕을 높여줄 수 있을 것이다. 하지만 그저 싸움을 회피하고자 희생한 것이라면, 그 희생은 자신의 관계 만족도를 경감시키고, 잠재적으로는 여자친구의 만족도까지 떨어뜨릴 것이다.

위 연구결과는 연구 참가자 파트너의 자료까지 포함하고 있었기에, 희생이 그 수혜자들에게는 어떤 영향을 미치는가도 살펴볼수 있었다. 자신의 파트너가 친밀감 및 애정을 촉진하려는 등의 접근 동기로 희생했다고 생각하는 경우, 그들 역시 높은 긍정 정서, 삶의 만족도, 관계 만족도를 경험했던 것으로 드러났다. 반대로, 자신의 파트너가 관계 갈등 및 긴장을 겪지 않으려는 회피 동기에서 희생했다고 생각하게 되면, 그들 역시 높은 부정 정서를 경험하고, 낮은 삶의 만족도와 관계 만족도를 보고했다. 이 연구결과는 휴가를 결정함에 있어서 존이 보여준 희생의 동기가 중요함을 더욱 강조하고 있다. 그의 희생 동기는 자신의 행복감뿐만 아니라, 파트너의 행복과 안녕감에도 영향을 미칠 수 있다. 존이 자신을 행복하게 해주고 싶어서 그런 결정을 내리게 되었다고 메리가 생각하게 된다면, 그녀는 아마도 더 큰 행복감을 경험할 수 있을 것이다. 그러나 존이 결정하는 데 있어서 갈등을 피하고 싶은 맘에 포기한 거라고 받아들인다면, 그녀의 개인적인 만족도와 관계 만족도 모두 떨어질 것이다.

이 연구결과를 통해서 우리는, 접근 동기의 중요성뿐만 아니라 파트너를 위해 자신의 이익을 포기하는 것이 어떠한 경우에 이득이 되는지 이해하는 데에도 도움을 받았다. 사람들은 왜 접근 동기 또는 회피 동기로 인해 희생을 선택하게 되는 걸까? 다음 부분에서는 희생 동기 선택에 영향을 미치는 상황적 · 개인적 요소를 살펴보기로 하자.

희생의 동기에 영향을 미치는 성향적인 요인

대인관계에서 접근 및 회피 동기를 선택하는 경향성에 있어서의 주요한 개인차가 있음을 보여주는 연구(Carver & White, 1994; Gable, Reis, & Elliot, 2000)가 있다. 대인관계를 형성함에 있어서 어떤 이들은 타인과 친밀감을 느끼거나 좋은 시간을 보내려는 등 긍정적인 사회적 결과물을 얻으려는 의도를 가진 성향을 보인다. 이러한 사람들은 '어울림에 대한 기대감'이 높은 사람들이다 (Mehrabian, 1976). 반대로 대인관계 형성에 있어서 타인으로부터의 거절이나 갈등 같은 부정적 결과를 회피하려는 의도를 가진 성향을 보이는 사람들도 있다. 이러한 사람들은 '거절에 대한 두려움'이 높은 사람들이다. 한 연구는 어울림에 대한 기대감과 거절에 대한 두려움에서의 개인차가 개인의 희생 동기를 예측한다고 한다(Impett et al., 2005). 좀 더 구체적으로 살펴보면, 거절에 대한 두려움이 높은 이들은 회피 동기로부터 희생을 선택하는 데 반해, 어울림에 대한 기대감이 높은 사람들은 접근 동기로부터 희생을 선택할 가능성이 높은 셈이다.

영화관에서 무슨 영화를 관람할지 고르는 커플을 상상해보자. 어울림에 대한 기대수준이 높은 남자는 여자를 행복하게 하고 즐거운 저녁 시간을 함께 보낼 것을 기대하며 그녀로 하여금 영화를 선택하도록 정중히 양보하고 있다. 그의 희생은 두 사람 모두의 기분을 고양시켜주며, 저녁 시간에 대한 행복과 흥분을 느끼며 영화관에 들어가게 한다. 건너편 극장 안에서는 또 다른 커플이 영화를 고르고 있는데, 이 경우도 남자가 여자친구로 하여금 영화를 결정하도록 양보하고 있다. 그러나 이 남자는 거절에 대한 두려움이 높다. 만일 여자친구가 원하는 대로 고르지 못하게 하면 그녀의 기분이 상할까 두렵기 때문에 영화를 고르는 것을 양보하고 있다. 그의 희생은 자신의 기분을 꿀꿀하게 만들었고, 여자친구 역시 그의 부정적인 태도를 알아챘으며, 그래서 그들은 끔찍한 저녁 시간을 감지하며 영화관을 들어서게 된다. 비록 두 커플은 비슷한 상황이었지만, 두 남자의 서로 다른 성향이 같은 날 밤 판이한 경험을 가져오게 한다.

희생 동기에 영향을 미치는 상황적 요소

때로는 상황에 따라 서로 다른 이유로 희생을 선택하기도 한다. 현재 관계의 독특한 측면 때문에 접근 동기 행동이나 회피 동기 행동(또는 함께)이 나타나기도 한다. 예를 들어, 관계에 대한 높은 만족감은 커플에게 있어서 관계를 지속할 때 얻을 수 있는 긍정적인 보상(예를 들어, 애정이나 행복감)에 주의를 기울이게 한다(Frank, Brandstatter, 2002; Strachman & Gable, 2006). 반대로, 관계에 들인 투자나 현재 관계 이외의 대안이 없다는 사실에 집중하는 것은 커플에게 있어 대개 헤어짐과 연관된 부정적인 보상(예를 들어, 공들인 투자를 날려버리는 것이나 외로운 감정)에 주의를 기울이게 한다. 요컨대, 관계의 특정 측면이 희생을 선택하는 동기에 영향을 미칠 수 있다는 것이다. 그렇다면 개인이 가진 또 다른 어떤 측면이나 특징들이 희생의 선택에 영향을 미치게 될까? 다음에서, 우리는 개인의 성차나 문화적 배경이 희생에 어떤 영향을 미칠 수 있는지 살펴보게 된다.

희생에 있어서 성과 문화의 역할

희생과 연인관계를 이야기하면서 성과 문화의 역할을 논외로 한다면 불완전한 논의가 될 수밖에 없을 것이다. 먼저 성에 대해 이야기해보자. 우리 사회에서 성공적인 연인관계를 유지해나가기 위해서 여성의 역할이 중요하다는 사실을 기본으로 할 때, 남성보다는 여성이 상대방의 필요나 욕구를 고려하는 데 관심이 상대적으로 더 많다는 가정은 타당할 것이다(Miller, 1986; Wood, 1993). 따라서 여성이 남성에 비해 더 기꺼이 희생을 감수하거나, 또는 더 빈번히 희생을 선택한다고 볼 수 있다. 그러나 연구결과를 놓고 보면 꼭 그렇지만은 않다. 예를 들어 한 연구에서 보면, 여성은 남성에 비해 결혼과 친밀한 가족관계를 좀 더 중요한 것으로 평정했지만, 관계를 위해서 인생의 최고 목표까지도 기꺼이 포기할 수 있다고 보고하는 것에 있어서는 남녀 차이가 존재하지 않았다(Hammersla & Frease-McMahan, 1990). 다른 연구에서는, 관계에서 남녀가 전형적으로 어떤 방식으로 갈등을 해소하려 하는지를 살펴보았다. 연인 또는 부부를 대상으로 한 연구에서, Neff와 Harter(2002)는 대부분의 남성(62%)과 여성(61%)이 문제 해결을 위해 서로 타협을 한다고 보고했음을 보여주었다. 또한 상대적으로 적은 수의 남녀가 타협이 아닌 다른 방법을 택했으며, 그 수준은 남녀가 거의 같았다(남성 14%와 여성 19%는 자신의 욕구를 상대방의 욕구보다 우선시한다고 보고했으며, 남성의 24%와 여성의 20%는 자신의 욕구를 상대방의 욕구보다 경시한다고 보고함). Bishop(2004) 또한 교제 중인 대학생에게 있어서 하루에 희생하는 빈도에서 성차가 없음을 확인하였다. 그러나 상당히 지속적으로 발견되는 성차는 '과도한 공유', 즉 앞에서 소개하길, 남에게 지나치게 관여하고, 자신의 욕구보다 타인의 욕구를 우선시하는 경향성에서 나타난다(Fritz & Helgeson, 1998; Helgeson & Fritz, 1999). 연구결과에서 과도한 공유의 측정치에 있어서 남성에 비해 여성이 높은 점수를 나타내었다(Helgeson & Fritz, 1999). 이전 연구결과들과 함께 생각해보면, 대부분의 관계에 있어서 남성과 여성은 비교적 비슷한 빈도로 희생을 한다고 볼 수 있다. 그러나 여성의 경우 남성보다 그 희생의 정도가 지나쳐서 타인에게 온통 관심을 쏟고 정작 자신은 돌보지 않게 되기 쉽다.

여성과 남성은 전체적인 희생의 빈도에 있어서는 차이를 보이지 않지만, 연구결과에 의하면 여성은 남성에 비해 직업, 성적인 관계, 건강 등의 특정 영역에서 좀 더 희생하기 쉬운 것으로 보인다. 예를 들어, 오랜 결혼 생활에서 여성은 남성에 비해 배우자의 필요에 자신의 직업과 관련된 계획을 맞추어주는 것과 같이 '끌려다니는 배우자' 역할을 떠맡는 경우가 더 빈번하다(Bielby & Bielby, 1992). 성관계 부분에 있어서도, 연인이나 부부 사이에서 여성이 남성에 비해 대략 두 배 정도 '성적 희생(즉, 성적 욕구가 별로 없거나 아예 없는 경우에도 상대방의 성관계 요구에 응낙하는 것)'을 경험하는 것으로 보인다(Impett & Peplau, 2003). 또 다른 연구 결과에서 보자면, 약 처방전을 받아오거나 병원을 예약하는 것처럼 상대방의 건강과 생활을 돕는 부분에 있어서도 여성이 남성보다 더 희생하기 쉬운 것으로 나타났고(Bishop, 2004), 이는 이전 연구결과들과 일치한다(Umberson, Chen, House, Hopkins, & Slaten, 1996). 이처럼 일반적인 희생의 정도가 서로 비슷한 것과 다르게, 직업, 성관계, 건강의 영역에서는 여성이 더 희생하기 쉬운 것으로 나타났다. 그렇다면 파트너를 위해 남성이 좀 더 두드러지게 희생하는 영역들에 대해서는 추후 연구들에서 다루어져야 할 것이다.

연구결과들에 따르면, 희생을 기꺼이 선택하는 것은 그 사람이 남성이냐 여성이냐와 관련이 있다기보다, 자신을 전통적인 성역할과 동일시하고 그에 따르느냐 그렇지 않느냐와 관련이 있는 것으로 나타난다. 자신의 성과 관계없이, 독립성이나 자기주장성과 같은 전형적인 남성적 성격 특성을 갖고 있는 사람은 가장 희생을 하지 않았으나, 반면에 이해심이나 민감성 등 전형적인 여성적 성격 특성을 갖고 있는 사람은 가장 희생을 잘 받아들이는 것으로 나타났다(Hammersla & Frease-McMahon, 1990; Stafford, Dainton, & Hass, 2000). 기존 연구들에서 희생의 빈도에 있어 지속적인 성차를 발견하지 못하는 이유 중에 하나가, 여성의 경우 자신의 행동을 희생이라고 명명하지 않는 경향이 있기 때문일 수도 있다. 많은 수의 기혼 여성들이 집 밖에서 일을 함에도 그들은 여전히 가사의 대부분을 맡고 있으며, 아이가 있는 경우에는 양육의 대부분을 역시 담당하고 있다(Coltrane, 2002; Shelton & John, 1996). 아마도 여성들은 배우자를 위해 '친절한' 행동과 '돕는' 행동(특히 가사와 양육의 영역에서)을 더 많이 하지만, 이 사회에서 그러한 일을 맡아 하는 것은 바로 여성의 역할이라는 기대 때문에 자신이 하는 일들을 '희생'이라고 덜 규정할 수도 있다(Whitton, Stanley, & Markman, 2007). 이 흥미로운 가능성에 대해서는 추후 연구에서 다루어져야 할 것이다.

희생은 서구 문화가 아닌 다른 문화권에서 자란 사람들에게는 또 다른 의미로 받아들여질 수 있는데, 특히 관계를 조화롭게 유지하는 것을 중시하는 문화권에서 자란 사람들에게 있어 더욱 그러할 수 있다. '집단주의' 문화에서는 전체 집단의 목표를 위해 개인적인 목표는 부수적인 것으로 간주하도록 강조한다(Triandis, Bontempo, Villareal, Asai, & Lucca, 1988). 그와 반대로, '개인주의' 문화권에서는 전체 집단에 불편을 끼치더라도 개인의 목표를 중시하도록 강조한다. 집단주의 문화에서 자란 사람과 개인주의 문화에서 자란 사람은 갈등 상황을 대하는 방법에 있어서 차이를 보일 것이다. 집단주의 문화의 사람은 개인주의 문화의 사람에 비해 집단의 이익을 위해(예를 들어, 조화를 유지하거나, 남을 돕거나, 존경을 표시하기 위해) 자신의 목표를 희생할 가능성이 높을 것이다(Briley & Wyer, 2001; Markus & Kitayama, 1991). 연인관계에 있어서의 희생에 대한 연구들은 서구 문화(즉, 개인주의)에서의 희생의 역할에 초점을 맞추고 있다. 집단주의 문화에서의 희생의 역할을 연구해볼 필요가 있음은 물론이다.

결론, 추후 연구 방향 그리고 함의

희생이라는 것은 지속적으로 관계를 유지하기 위한 중요하고도 긍정적인 방법이다. 모든 관계에 있어서, 자신의 바람이나 욕구가 파트너의 이익과 맞지 않는 경우가 비일비재하다. 관계에 대한 헌신도가 높고, 파트너를 신뢰하며, 파트너 역시도 희생을 보여주리라는 믿음이 있을 때, 사람들은 좀 더 기꺼이 희생을 선택하게 된다. 대부분의 경우에 있어서, 희생은 서로를 향한 사랑을 표현하고, 행복을 증진하며, 관계의 성공을 보장함에 있어서 매우 유용한 책략이 된다. 그러나 그 희생이 상호적이지 못하거나, 자신에게 핵심적인 무언가를 희생하는 경우일 때, 희생은 실질적으로 해악을 끼치기도 한다. 전통적인 성역할에 대한 수용의 정도나 문화적인 배경은 희생을 기꺼이 받아들이는 데에, 또는 희생의 의미에 있어 영향을 미칠 수 있다. 희생하는 이유나 동기를 이해하는 것도 매우 중요한 부분이 된다. 희생은 지극히 호의적인 행동이며, 희생이 접근 동기(그 반대는 회피 동기)로 이루어질 때 관계의 안정성과 질 모두를 고양시키는 힘을 지닌다.

희생에 대한 향후 연구에 있어서 흥미로운 방향들이 다양하게 존재한다. 먼저, 기존의 희생 연구들 대부분은 성인 연인관계, 즉 현재 이성교제 중이거나 이성 부부관계인 경우에 초점을 맞추고 있다. 추후 연구들은 다른 유형의 관계에 있어서의 희생의 특징을 탐구해야 할 필요가 있다. 예를 들어, 부모가 자녀를 양육하거나 성인이 노부모를 모시는 경우에서처럼, 돌봄의 역동이 균등하지 못한 관계에서의 희생을 살펴보는 것도 흥미로운 주제가 될 수 있다. 둘째, 대부분의 기존 연구는 파트너 한쪽의 관점에서만 본 희생에 초점을 맞추어 왔다. 희생의 동기는, 자신만의 동기를 갖고 있는 타인과의 조정이 자연스럽게 이루어지는 성취나 다른 생활과업을 위한 동기 등과는 근본적으로 다르다는 것을 주지해야 한다. 이러한 복잡성 때문에 커플 양쪽으로부터 자료를 모으는 것이 필요하며, 또한 장기간에 걸쳐서뿐만 아니라 일상사의 특정 시점에서 자료를 표집하는 것도 필요하다. 셋째, 연인관계에 대한 기존의 희생 연구들은 서구 문화권하에서만 진행되었다. 희생에 대한 교차 문화적 연구는 향후 연구 방향에 중요하고 흥미로운 시사점을 제공해줄 수 있을 것이다.

마지막으로, 이 장에서 다루어진 연구결과들은 고통을 겪는 커플들을 돕는 임상가와 상담자에게 있어 중요한 함의를 담고 있다. 불행하거나 고통스러운 관계에 있는 사람들은, 그들의 파트너를 변화시키고 싶어 하며 어떻게 하면 상대방을 바꿀 수 있는지에 초점을 맞추고 있는 경우가 자주 있다. 희생에 관한 연구결과들은, 자신이 통제할 수 없는 것(상대방의 행동)에 대한 집착에서 벗어나 실제로 자신이 통제할 수 있는 것(자신의 행동)으로 초점을 옮기도록 커플 치료자들이 도울 수 있음을 제안한다. 이기적이지 않고 건강한 방법으로 상대방에게 베푸는 법을 배우는 것이 중요함을 가르칠 수 있다. 사실, 헌신이란 '시종 변함없이' 또는 '좋을 때나 나쁠 때나' 꿋꿋이 견뎌낸다는 의미 그 이상의 것이다. 진정한 헌신이란, 관계에서의 더 큰 유익을 위해 순수한 마음으로 상대방에게 베푸는 것을 포함한다. 이러한 사랑과 헌신은 "크리스마스 선물(The Gift of Magi)"이라는 짧은 이야기에서 잘 드러나는데, 이 이야기는 부부인 짐(Jim)과 델라(Della)가 상대방의 크리스마스 선물을 마련하기 위해 자신의 가장 소중한 것을 팔았다는 내용이다(O. Henry, 연대미상). 델라는 남편이 할아버지로부터 받은 시계의 줄을 사기 위해 자신의 머리카락을 팔고, 짐은 델라가 그동안 애지중지했던 그녀의 머리카락을 위해 고급스러운 빗을 사려고 자신의 시계를 팔게 된다. 이 이야기는 비극적이면서 동시에 가슴 찡한 이야기다. 짐과 델라는 자신의 가장 소중한 소유물을 희생해서 상대방의 선물을 마련하지만, 결과적으로 무용지물이 되고 만 셈이다. 그러나 다른 한편으로, 그들이 희생한 것은 서로를 향한 사랑과 헌신을 보여주기 위해 치른 너무나 작은 대가였을 뿐이었다. 비록 겉으로는 어리석어 보일 수 있지만, 짐과 델라는 그들의 선물이 지닌 변치 않을 진정한 가치를 알고 있었다.

| 개인적인 작은 실험들 |

얼마나 기꺼이 희생할 수 있는지에 대한 측정

당신은 무엇을 포기하겠는가? 아래 세 줄에 당신이 (파트너와의 관계를 제외하고) 가장 중요하게 생각하는 삶의 세 영역—당신 삶의 세 가지 활동—을 열거하시오.

- 가장 중시하는 활동: _____
- 두 번째로 중시하는 활동: _____
- 세 번째로 중시하는 활동: _____

이 활동을 계속하는 것과 파트너와의 관계 유지를 동시에 할 수 없는 상황을 가정해보자(불가능한 이유는 파트너의 욕구와 소망과는 관련이 없다. 다시 말해서, 그것은 당신 파트너의 잘못이 아니다.).

첫 번째 활동을 포기하는 것을 어느 정도로 고려해볼 수 있는가? 해당되는 답변에 표기하시오.

포기를 절대 고려 못함 1 2 3 4 5 6 7 포기를 적극 고려함

두 번째 활동을 포기하는 것을 어느 정도로 고려해볼 수 있는가? 해당되는 답변에 표기하시오.

포기를 절대 고려 못함 1 2 3 4 5 6 7 포기를 적극 고려함

세 번째 활동을 포기하는 것을 어느 정도로 고려해 볼 수 있는가? 해당되는 답변에 표기하시오.

포기를 절대 고려 못함 1 2 3 4 5 6 7 포기를 적극 고려함

| 개인적인 작은 실험들 |

당신의 헌신 정도에 대한 측정

당신은 얼마나 헌신하고 있는가? 당신이 가장 친밀하다고 생각하는 관계(연인관계가 아니라면, 친구나 가족 성원 등에서)를 떠올려보고, 아래에서 적절한 답변에 표기하시오.

1. 나는 우리 관계에 대해 만족감을 느낀다.

   전혀 아니다 1 2 3 4 5 6 7 8 매우 그렇다

2. 친밀함, 우정 등에 대한 나의 욕구는 다른 관계에 의해서 쉽게 대체되지 않는다.

   전혀 아니다 1 2 3 4 5 6 7 8 매우 그렇다

3. 만일 우리 관계가 해체되면 잃을 수도 있는 상당한 가치를 관계에 투자했다.

전혀 아니다   1   2   3   4   5   6   7   8   매우 그렇다

4. 파트너와의 관계를 유지하고자 나는 헌신하고 있다.

전혀 아니다   1   2   3   4   5   6   7   8   매우 그렇다

5. 나는 우리 관계의 미래에 대해 장기적인 관점을 갖고 있다(예를 들어, 나는 앞으로 수년 동안 파트너와 함께할 것을 생각하고 있다.).

전혀 아니다   1   2   3   4   5   6   7   8   매우 그렇다

| 개인적인 작은 실험들 |

당신의 희생 동기에 대한 측정

당신은 왜 희생했는가? 최근 파트너, 친구, 가족 성원을 위해 희생했던 경험을 떠올리시오. 희생에 대한 당신의 접근 및 회피 동기 문항에 대해 해당되는 것을 모두 표기하시오.

접근 동기들

___ 파트너에 대한 사랑을 표현하고자

___ 우리 관계에서 친밀감을 증진하고자

___ 파트너를 행복하게 해주고자

___ 스스로에 대해 좋은 기분을 느끼고자

___ 파트너가 고마워하기를 바라서

회피 동기들

___ 우리 관계에서 갈등을 피하고자

___ 파트너가 속상해하는 것을 막으려고

___ 죄책감을 느끼는 것을 피하고자

___ 파트너가 화내는 것을 막으려고

___ 파트너가 흥미를 잃어버리는 것을 막으려고

> **참고문헌**

Aron, A., & Aron, E. N. (1986). *Love and the expansion of self: Understanding attraction and satisfaction.* Washington, DC: Hemisphere.

Axelrod, R. (1984). *The evolution of cooperation.* New York: Basic Books.

Bielby, W. T., & Bielby, D. D. (1992). I will follow him: Family ties, gender-role beliefs, and reluctance to relocate for a better job. *American Journal of Sociology, 97,* 1241-1267.

Bishop, K. (2004). *Sacrifice in intimate relationships: Types, frequency and gender differences in the daily sacrifices of college students.* Unpublished honors thesis. University of California, Los Angeles.

Blau, P. M. (1964). *Exchange and power in social life.* New York: John Wiley & Sons.

Briley, D. A., & Wyer, R. S. (2001). Transitory determinants of values and decisions: The utility (or nonutility) of individualism and collectivism in understanding cultural differences. *Social Cognition, 19*, 197-227.

Brown, L., & Gilligan, C. (1992). *Meeting at the crossroads: Women's psychology and girl's development.* Cambridge, MA: Harvard University Press.

Carver, C. S., & White, T. L. (1994). Behavioral inhibition, behavioral activation, and affective responses to impending reward and punishment: The BIS/BAS scales. *Journal of Personality and Social Psychology, 67*, 319-333.

Clark, M. S., & Mills, J. (1979). Interpersonal attraction in exchange and communal relationships. *Journal of Personality and Social Psychology, 37*, 12-24.

Coltrane, S. (2002). Research on household labor. *Journal of Marriage and the Family, 62*, 1208-1233.

Drigotas, S. M., Rusbult, C. E., & Verette, J. (1999). Level of commitment, mutuality of commitment, and couple well-being. *Personal Relationships, 6*, 389-409.

Eisenberg, N. (1990). Prosocial development in early and mid-adolescence. In R. Montmayor, G. R. Adams, & T. P. Gullotta (Eds.), *From childhood to adolescence: A transitional period* (pp. 240-268). Beverly Hills, CA: Sage Publications.

Foa, U. G., & Foa, E. B. (1974). *Societal structures of the mind.* Springfield, IL: Charles C Thomas.

Frank, E., & Brandstatter, V. (2002). Approach versus avoidance: Different types of commitment in intimate relationships. *Journal of Personality and Social Psychology, 82*, 208-221.

Fritz, H. L., & Helgeson, V. S. (1998). Distinctions of unmitigated communion from communion: Self-neglect and overinvolvement with others. *Journal of Personality and Social Psychology, 75,* 121-140.

Gable, S. L., Reis, H. T., & Elliot, A. J. (2000). Behavioral activation and inhibition in everyday life. *Journal of Personality and Social Psychology, 78,* 1135-1149.

Gray, J. (1987). *The Psychology of fear and stress* (2nd ed.). New York: Cambridge.

Hammersla, J., & Frease-McMahan, L. (1990). University students' priorities: Life goals vs. relationships. *Sex Roles, 23*(1/2), 1-13.

Harter, S., Marold, D. B., Whitesell, N. R., & Cobbs, G. (1996). A model of the effects of parent and peer support on adolescent false self behavior. *Child Development, 67,* 160-174.

Harter, S., Waters, P. L., Pettitt, L. M., Whitesell, N., Kofkin, J., & Jordan, J. (1997). Autonomy and connectedness as dimensions of relationship styles in men and women. *Journal of Social and Personal Relationships, 14,* 147-164.

Helgeson, V. S., & Fritz, H. L. (1998). A theory of unmitigated communion. *Personality and Social Psychology Review, 2,* 173-183.

Helgeson, V. S., & Fritz, H. L. (1999). Unmitigated agency and unmitigated communion: Distinctions from agency and communion. *Journal of Research on Personality, 33,* 131-158.

Holmes, J. G. (1989). Trust and the appraisal process in close relationships. In W. H. Jones & D. Perlman (Eds.), *Advances in personal relationships; Vol 2* (pp. 5701-5704). London: Jessica Kingsley.

Holmes, J. G., & Murray, S. L. (1996). Conflict in close relationships. In E. Higgins & A. Kruglanski (Eds.), *Social psychology: Handbook of basic principles* (pp. 622-654). New York: Guilford Press.

Impett, E. A., Gable, S. L., & Peplau, L. A. (2005). Giving up and giving in: The costs and benefits of daily sacrifice in intimate relationships. *Journal of Personality and Social Psychology, 89,* 327-344.

Impett, E. A., & Peplau, L. A. (2000, August). Saying "yes" but thinking "no:" Consensual participation in unwanted sex. In A. S. Kahn (Chair), *Sex, unwanted sex, and sexual assault on college campuses.* Symposium conducted at the Annual Meeting of the American Psychological Association, Washington, DC.

Impett, E. A., & Peplau, L. A. (2002). Why some women consent to unwanted sex with a dating partner: Insights from attachment theory. *Psychology of Women Quarterly, 26,* 359-369.

Impett, E. A., & Peplau, L. A. (2003). Sexual compliance: Gender, motivational, and relationship perspectives. *Journal of Sex Research, 40,* 87-100.

Jack, D. C., & Dill, D. (1992). The silencing the self scale: Schemas of intimacy associated with depression in women. *Psychology of Women Quarterly, 16,* 97-106.

Jordan, J. V. (1991). The relational self: A new perspective for understanding women's development. In J. Strauss & G. Goethals (Eds.), *The self: Interdisciplinary approaches* (pp. 136-149). New York: Springer-Verlag.

Kelley, H. H. (1979). *Personal relationships: Their structures and processes.* Hillsdale, NJ: Erlbaum.

Kelley, H. H., & Thibaut, J. W. (1978). *Interpersonal relations: A theory of interdependence.* New York: John Wiley & Sons.

Killen, M., & Turiel, E. (1998). Adolescents' and young adults' evaluations of helping and sacrificing for others. *Journal of Research on Adolescence, 8*(3), 355-375.

Lerner, M. J., Miller, D. T., & Holmes, J. G. (1976). Deserving vs. justice: A contemporary dilemma. In L. Berkowitz & E. Walster (Eds.), *Advances in experimental social psychology; Vol. 9* (pp. 169-193). New York: Academic Press.

Markus, H., & Kitayama, S. (1991). Culture and the self: Implications for cognition, emotion and motivation. *Psychological Review, 98*, 224-253.

Mehrabian, A. (1976). Questionnaire measures of affiliative tendency and sensitivity to rejection. *Psychological Reports, 38*, 199-209.

Miller, J. B. (1986). *Toward a new psychology of women.* Boston: Beacon Press.

Neff, K., & Harter, S. (2002). The authenticity of conflict resolutions among adult couples: Does women's other-oriented behavior reflect their true selves. *Sex Roles, 47*(9/10), 403-417.

Noller, P. (1996). What is this thing called love? Defining the love that supports marriage and family. *Personal Relationships, 3*, 97-115.

O. Henry (date unknown). *The gift of the magi.* Retrieved May 4, 2007 from http://en.wikipedia.org/wiki/The_Gift_of_the_Magi.

Rempel, J. K., Holmes, J. G., & Zanna, M. P. (1985). Trust in close relationships. *Journal of Personality and Social Psychology, 49*, 95-112.

Rusbult, C. E. (1980). Commitment and satisfaction in romantic associations: A test of the investment model. *Journal of Experimental Social Psychology, 16*, 172-186.

Rusbult, C. E. (1983). A longitudinal test of the investment model: The development (and deterioration) of satisfaction and commitment in heterosexual involvements. *Journal of Personality and Social Psychology, 45*, 101-117.

Rusbult, C. E., Martz, J. M., & Agnew, C. R. (1998). The investment model scale: Measuring commitment level, satisfaction level, quality of alternatives, and investment size. *Personal Relationships, 5*, 357-391.

Rusbult, C. E., Van Lange, P. A. M. (1996). Interdependence processes. In E. T. Higgins & A. W. Kruglanski (Eds.), *Social psychology: Handbook of basic principles* (pp. 564-596). New York: Guilford.

Shelton, B. A., & John, D. (1996). The division of household labor. *Annual Review of Sociology, 22*, 299-322.

Sorrentino, R. M., Holmes, J. G., Hanna, S. E., & Sharp, A. (1995). Uncertainty orientation and trust in close relationships: Individual differences in cognitive styles. *Journal of Personality and Social Psychology, 68,* 314-327.

Stafford, L., Dainton, M., & Hass, S. (2000). Measuring routine and strategic relational maintenance: Scale revision, sex versus gender roles, and the prediction of relational characteristics. *Communication Monographs, 67,* 306-323.

Stanley, S. M., & Markman, H. J. (1992). Assessing commitment in personal relationships. *Journal of Marriage and the Family, 54,* 595-608.

Stanley, S. M., Whitton, S. W., Sadberry S. L., Clements, M. L., & Markman, H. J. (2006). Sacrifice as a predictor of marital outcomes. *Family Process, 45,* 289-303.

Strachman, A., & Gable, S. L. (2006). Approach and avoidance relationship commitment. *Motivation and Emotion, 30,* 85-95.

Tolman, D. L., Impett, E. A., Tracy, A. J., & Michael, A. (2006). Looking good, sounding good: Femininity ideology and adolescent girls' mental health. *Psychology of Women Quarterly, 30,* 85-95.

Triandis, H. C., Bontempo, R., Villareal, M. J., Asai, M., & Lucca, N. (1988). Individualism and collectivism: Cross-cultural perspectives on self and in-group relationships. *Journal of Personality and Social Psychology, 54,* 323-338.

Umberson, D., Chen, M. D., House, J. S., Hopkins, K., & Slaten, E. (1996). The effect of social relationships on psychological well-being: Are men and women really so different? *American Sociological Review, 61,* 837-857.

Unknown. (1912). The peace prayer of Saint Francis. *La Clochette.* France: The Holy Mass League.

Van Lange, P. A. M., Agnew, C. R., Harinck, R., Steemers, G. E. (1997). From game theory to real life: How social value orientation affects willingness to sacrifice in ongoing close relationships. *Journal of*

Personality and Social Psychology, 73, 1330-1344.

Van Lange, P. A. M., Rusbult, C. E., Drigotas, S. M., Arriaga, X. M., Witcher, B. S., & Cox, C. L. (1997). Willingness to sacrifice in close relationships. *Journal of Personality and Social Psychology, 72*, 1373-1395.

Whitton, S., Stanley, S. M., & Markman, H. J. (2007). If I help my partner, will it hurt me? Perceptions of sacrifice in romantic relationships. *Journal of Social and Clinical Psychology, 26*, 64-92.

Wieselquist, J., Rusbult, C. E., Foster, C. A., & Agnew, C. R. (1999). Commitment, pro-relationship behavior, and trust in close relationships. *Journal of Personality and Social Psychology, 77*, 942-966.

Wood, J. T. (1993). Engendered relations: Interaction, caring, power, and responsibility in intimacy. In S. Duck (Ed.), *Social context and relationships* (pp. 26-54). Newbury Park, CA: Sage Publications.

6

타인을 돕는 행동과 긍정 정서의 관계

건강과 안녕감에 대한 함의

• Amanda J. Dillard,
  Ashley Schiavone와 Stephanie L. Brown

타인을 돕는 행동과 긍정 정서의 관계
건강과 안녕감에 대한 함의

Amanda J. Dillard, Ashley Schiavone와 Stephanie L. Brown

사회적인 접촉은 건강과 안녕감에 유익하다. 친밀한 관계를 맺는 사람들은 사회적으로 고립되어 지내는 사람들보다 더 건강하고, 더 행복하며, 더 오래 산다(House, Landis, & Umberson, 1988). 그러나 사회적인 접촉에 있어서 과연 무엇이 건강에 유익을 주며, 사회적 관계가 어떻게 건강과 안녕감에 영향을 미치는 것일까? 이러한 질문에 대한 전통적인 접근은 타인으로부터 사회적 지지를 받는 것에서의 이점을 강조해왔다. 그러나 지지를 받는 것이 건강에 이롭다는 생각에 대한 연구들은 서로 모순되는 결과들을 보여주고 있다(Smith, Fernengel, Holcroft, & Gerald, 1994). 일부 연구들은 지지받는 것이 실제로는 해로울 수 있음을 보여주기도 한다(S. L. Brown & Vinokur, 2003; Seemen, Bruce, & McAvay, 1996). 지금부터 우리는 사회적 접촉이 주는 이로움 중에 적어도 일부는, 지지받는 것뿐 아니라 (혹은 이와 반대로) 다른 사람에게 기여하는 데에 있다고 제안하는 새로운 연구를 살펴볼 것이다. 먼저 우리는 자원봉사와 돕는 행동에 대한 연구를 개관할 것이다. 다음으로는 돕는 행동으로부터 얻게 되는 이점의 잠재적 원천인 긍정 정서와 사회적 유대의 역할에 대해 논의할 것이다. 끝으로, 돕는 행동이 어떻게 건강과 안녕감에 도움이 되는지를 이해하는 데에 적용될 수 있는 이론적 구조에 대해 논의할 것이다.

자원봉사가 주는 건강상 이점과 자원봉사의 동기

자원봉사자는 자원봉사를 하지 않는 사람보다 자신이 건강하다고 지각하는 경향을 보인다(Young & Glasgow, 1998). 사실상 자원봉사의 건강상의 이점은 사망 위험을 줄이고(Harris & Thoresen, 2005; Musick, Herzog, & House, 1999; Oman, Thoresen, & McMahon, 1999), 우울증(Lum & Lightfoot, 2005; Musick & Wilson, 2003; Wilson & Musick, 1999)과 심각한 질병(Moen, DempsterMcClain, & Williams, 1992)에 대한 취약성을 낮추는 것이다. 예를 들어, Sabin(1993)은 자원봉사를 하는 사람들이 그렇지 않은 사람들에 비해 4년이 지난 후 더 적게 사망한 것을 보여주었다. 이러한 효과는 신체적인 건강에 대한 기저선 지표들을 통제한 후에도 지속되었다. Musick 등(1999)은 자원봉사와 사망의 관계가 곡선적임을 발견했다. 자원봉사를 너무 많이 (즉, 한 단체 이상에서) 하는 사람들이나 아예 전혀 하지 않는 사람들이 가장 높은 사망률을 보였다. 그러나 이러한 곡선적 관계는 Oman 등(1999)의 결과와

는 대립된다. 이들은 노년층의 사망과 자원봉사의 관계를 연구
했고, 자원봉사를 많이 하는 사람들(즉, 2개 이상의 조직에서 자원
봉사를 하는 사람들)의 사망률이 자원봉사를 하지 않는 사람들보
다 44% 정도 낮다는 사실을 발견했다. 이 결과에서는 신체 및 심
리적 건강, 지지를 받는 것, 사회 인구통계학적인 변인을 비롯한
여러 잠재적인 혼입변인들을 통제했다.

　자원봉사의 효과가 이롭기는 하지만 연령에 따라 다소 다르게
나타날 수 있다. Wilson과 Musick(1999)은 문헌을 개관하면서,
자원봉사를 하는 젊은이들은 반사회적 행동을 덜 나타낼 수 있다
고 주장했다. 이들의 주장은 청소년에 대한 국가적 개입 연구의
결과에서 지지되었다. 또 다른 연구에서, Allen 등(1997)은 자원
봉사를 하는 여자아이들이 그렇지 않은 여자아이들에 비해 임
신이나 학교 중퇴를 덜 하는 것으로 나타났다(Allen, Philliber,
Herrling, & Kuperminc, 1997). 또한 국가적 연구는 자원봉사가 다
른 여러 문제 행동들을 줄이는 데 성공적임을 보여주었다. 연령
변인에 더하여, 일부 연구에서는 자원봉사의 가능성이 결혼 상
태, 교육수준, 수입에 따라서 달라질 수 있음이 발견되었다.
Wilson과 Musick(1997)은 결혼을 하고, 교육 수준이 높으며, 수입
이 많은 사람이 자원봉사를 더 많이 한다고 보고했다.

　무엇이 자원봉사자가 되도록 동기를 부여하는가? Thoits와
Hewitt(2001)은 개관연구에서 왜 사람들이 자원봉사에 동기부여
가 되는지에 대한 몇 가지 가능한 모형들을 제시했다. 한 가지 모
형은 성격이나 기질적 특성과 관련된다. 연구자들은 이타적인
특질을 지니거나 다른 사람의 상황을 잘 고려하는 능력이 있는

사람들이 특히 자발적으로 다른 사람을 돕는 경향이 있다고 주장
했다. 사람들이 자원봉사를 하는 다른 이유는 새로운 기술을 배
우고, 자기 개념을 발달시키며, 자신의 개인적 가치와 시민적 참
여를 표현할 수 있는 등의 특정한 목표를 충족시킬 수 있기 때문
이다. 이런 특성 이외에도 조금 덜 뚜렷한 다른 이유들도 있을 것
이다. 예를 들면, 자원봉사가 자신에게 유익하다는 것을 본능적
으로 느낄 수도 있다. 이들은 자신의 문제로부터 주의를 전환하
거나 긍정적인 자존감을 증진시키기 위해 자원봉사를 하기도 한
다. 자원봉사의 동기에 대한 이러한 생각들은 다른 사람을 돕는
것이 신체 및 심리적으로 긍정적인 결과를 가져온다고 제안하는
방대한 문헌들과 일치한다.

남을 돕는 것의 건강상 이점과 도와주게 되는 동기

Brown, Nesse, Vinokur와 Smith(2003)는 다른 사람으로부터
도움을 받는 것과 달리, 다른 사람을 돕는 것이 수명의 증가와 관
련이 있음을 보여주는 초기 연구 중 하나를 수행했다. 그들은
'노부부의 삶의 변화' 연구에 참여한 846명의 참가자 표본을 대
상으로, 지지를 제공하는 것과 지지를 받는 것이 사망 위험에 미
치는 독립적인 영향을 조사했다. 그들은 지지를 이웃, 친지에게
받거나 제공하는 도구적인 지지(예: 육아, 교통수단)와 배우자에게
받거나 제공하는 정서적 지지로 정의했다. 5년의 기간이 지난 결
과, 지지를 받는 것이 아니라 지지를 제공하는 것이 낮은 사망 위

험과 일관되게 관련이 있는 것으로 나타났다. 중요한 것은, 이 분석에서 연령, 성별, 사회적 접촉, 신체 및 정신적 건강 상태와 같은 변인을 통제했기 때문에, 지지를 제공하는 것의 효과가 이러한 변인들 때문은 아니라는 점이다.

최근, W. M. Brown, Consedine과 Magai(2005)는 다양한 인종의 대규모 노인 표본을 대상으로 Brown 등(2003)의 결과를 반복 검증했다. 이 연구자들은 연령, 성별, 인종, 사회경제적 지위(SES), 교육, 결혼 상태와 같은 인구통계학적 변인을 통제한 후에, 사회적 지지를 받는 것이 아닌 오히려 제공하는 것이 낮은 사망률과 관련된다는 사실을 발견했다. 인구통계학적 변인뿐 아니라, 사회적 네트워크의 크기(즉, 지지를 제공하는 기회)와 신체적인 기능(즉, 지지를 제공하는 능력)도 그들의 분석에서 통제했다. 이러한 두 변인은 선행 연구에서 통제하지 못했던 중요한 혼합 변인이다. 그러므로 Brown 등(2003)의 결과와 유사하게, 이 연구의 결과는 사회적 지지를 제공하는 것이 신체적 건강이나 사회적 네트워크의 크기와 관계없이 긍정적인 건강 상태와 관련됨을 보여주었다.

또한 다른 사람을 돕는 것은 현재 신체적 건강이 좋지 않은 사람에게도 도움이 되는 것으로 나타났다. McClellan, Stanwyck과 Anson(1993)은 초기 투석 환자에게 그들의 사회적 지지 네트워크의 특성을 보고하도록 요청했다. 환자는 가족과 친구들에게 제공하거나 받는 사회적 지지의 양을 보고했다. 연구자는 이후 12개월 동안 환자의 건강을 관찰했다. 그들은 지지를 제공하는 것이 사망과 부적으로 상관이 있다는 사실을 발견했다. 즉,

가족과 친구에게 높은 수준의 지지를 제공했다고 보고한 사람이
12개월이 경과된 후에 사망할 가능성이 더 낮았음을 발견했다. 하
지만 여러 수준의 지지를 받는 것과 사망 간에는 아무런 관련이
없었다.

극단적인 스트레스 사건을 경험할 때에도 다른 사람을 돕는 것
은 이로울 수 있다. 배우자의 사망은 상당한 비탄과 절망을 야기
하고 우울증에 빠질 수 있는 위험을 가져온다(Zisook & Schuchter,
2001). 연구에서는 이들의 약 12%가 주요우울장애로 발전되고
(Futterman, Gallagher, Thompson, Lovett, & Gilewski, 1990), 배우자
가 사망한 지 3년 후까지 주요우울장애가 지속될 수 있음을 보여
주었다(Chou & Chi, 2000). Brown과 동료들은 '노부부의 삶의 변
화' 연구 자료를 사용하여 배우자 사망 후에 개인이 겪는 우울감
에 돕는 행동이 미치는 영향을 조사했다(S. L. Brown et al., 2008a).
그들은 참가자를 세 시점, 즉 기저선인 시점 1(상실 이전), 시점
2(상실 이후 6개월), 시점 3(상실 이후 18개월)에 걸쳐 조사했다. 높
은 수준의 슬픔을 경험하는 사별한 사람 중에서, 배우자를 상실
한 이후 6개월 동안 다른 사람에게 어떤 종류의 도움을 제공했다
고 보고한 사람들은 그렇지 않은 사람들과 비교할 때 우울 증상
이 더 많이 감소한 것으로 나타났다. 우울 증상의 감소는 배우자
상실 이후 6개월에서부터 18개월까지 관찰되었다. 중요한 것은
그들이 받은 사회적 지지의 양, 건강 상태, 성격을 분석에서 통제
했기 때문에, 이 사람들이 사회적 네트워크가 더 폭넓다거나, 신
체 또는 정신 건강 상태가 더 좋지는 않았다는 점이다.

지지를 제공하는 것과 지지를 받는 것의 효과를 구분하려고 시

도한 몇 안 되는 실험연구에서, Schwartz와 Sendor(1999)는 다발성 경화증을 앓고 있는 사람에게 '전화상담'을 하기 위한 참가자를 선발했다. 그런데 도와주는 사람과 도움을 받는 사람 모두 다발성 경화증을 앓고 있었다. 상담을 하는 동안 그리고 1년 후, 연구자는 상담을 제공한 참가자와 상담을 받은 참가자 모두의 건강을 조사했다. 그 결과 상담을 제공한 참가자가 상담을 받은 참가자에 비해 주관적인 안녕감이 증가했다고 보고한 비율이 8배나 더 높은 것으로 나타났다. 예를 들면, 상담을 제공했던 사람은 삶의 만족도가 더 높고, 자율성의 수준이 더 높으며, 우울감의 수준은 더 낮다고 보고했다. 게다가 질적인 분석에서도 상담을 제공했던 참가자는 그 경험으로 인해 삶의 극적인 변화를 경험한 것으로 나타났다.

많은 연구가 돕는 행동에 관여할 때 발생하는 긍정적인 효과를 강조했지만, 이는 돌보는 사람이 될 때 발생하는 부정적인 효과를 보여주는 상당수의 연구와는 대립되는 결과다(Bookwala, Yee, & Schulz, 2000; Cacioppo, Poehlmann, Burleson, Berston, & Glaser, 1998; Esterling, Kiecolt-Glaser, Bodnar, & Glaser, 1994; Schulz & Beach, 1999). 사실상 Brown 등(2008c)은 돌봄에 대한 많은 연구가 종종 작은 표본 크기와 심각한 장애나 손상이 있는 배우자를 돌봐야 하는 사람들과 같은 극단적인 사례로 인해 왜곡되어 왔다고 주장했다. 전향적 연구에서, Brown과 동료들은 (돌봄을 받은 사람이 보고한) 돌보는 데 소요한 시간이 돌보는 사람의 사망을 예측하는지를 검증하기 위해서 '건강과 은퇴에 관한 연구'의 대규모 대표 표집(N=4,298)을 사용했다. 돌봄과 건강에 대한 과거 연구와 달리, 그들의 연구에서는 심각한 장애 또는 인지적 손상이 있는 사람의 배우자는 통제했다. 그 결과, 배우자를 돌보는 데 일주일에 적어도 14시간을 소요하는 사람들은 배우자를 돌보지 않는 사람들과 비교할 때 7년간의 연구 기간 동안 더 적게 사망한 것으로 나타났다. 이 결과는 참가자의 성별, 연령, 인종, 교육, 직업, 스스로 보고한 건강 상태, 우울점수에 의해서도 달라지지 않았다.

이러한 결과는 타인을 돕는 행동이 긍정적인 신체 및 심리적 건강과 관련된다는 것을 증명해주는 수많은 연구와 일치한다 (Avlund, Damsgaard, & Holstein, 1998; S. L. Brown, Brown, House, & Smith, 2008a; Hays, Saunders, Flint, Kaplan, & Blazer, 1997). 이러한 결과에도, 우리는 무엇이 돕는 행동을 처음에 동기화하는지에 대해서는 거의 아는 바가 없다. 연구자들은 사람들이 이기적인 (즉, 자기에게 이익이 되는) 이유 때문에 돕는지 혹은 다른(즉, 이타적인) 이유 때문에 돕는지와 같은 오래된 질문에 대해 여전히 논쟁하고 있다(Cialdini, Brown, Lewis, Luce, & Neuberg, 1997). Cialdini와 다른 연구자들(1973)은 다른 사람을 돕는 이유에 대한 가장 일반적인 한 가지 설명을 이론화했다. 그들은 다른 사람을 돕는 행위가 부정적인 기분을 경감시킨다고 제안했다. 부정적인 상태를 경감시킨다는 가설을 검증하기 위해 한 실험이 설계되었는데, 참가자들은 다른 사람이 해를 당하는 것을 목격하거나, 혹은 다른 사람에게 해를 가하도록 하는 조건에 참여하게 되었다. 그 이후 실험 공모자를 도와줄 기회를 주었을 때, 두 조건의 참가자 모두 돕겠다고 하였다. 만일 참가자에게 (돕는 기회를 주기 전에) 기분이 좋아질 다른 기회가 있었다면, 그들이 실험 공모자를 도울 확률은 더 낮았을 것이다.

이러한 부정적인 상태를 경감시키는 모형(Cialdini et al., 1997)은 돕는 행동이 긍정적인 기분을 증가시킨다는 연구결과를 통해 더 많은 지지를 받았다. Yinon과 Landau(1987)는 첫 번째 연구에서, 참가자에게 도울 수 있는 기회를 주는 것이 긍정적인 기분을 증가시킨다는 것을 보여주었다. 두 번째 연구에서는, 긍정적인 기분이 나빠질 거라고 예상한 참가자들에 비해 긍정적인 기분이 계속 유지될 거라고 예상한 참가자들이 돕는 행동을 덜 보이는 것으로 나타났다. 부정적인 기분을 예상한 참가자들은 좋은 기분을 예상한 참가자들보다 더 많이 돕는 경향이 있었기 때문에, 연구자는 긍정적인 기분을 증가시키기 위해 돕는 행동을 한다고 제안했다.

만약 Cialdini 등(1973)의 부정적인 상태를 경감시키는 모형이 정확하고, 사람들이 기분을 관리하기 위해(즉, 부정적인 기분을 경감시키고 긍정적인 기분을 증가시키기 위해) 남을 돕는 것이라면, 돕는 행동과 건강상의 이점과의 관계에 긍정적인 기분이 기여한다는 것이 한 가지 가능성이 될 수 있다. 이러한 설명은 긍정 정서가 일련의 건강상의 이점과 관련된다는 사실을 보여주는 여러 문헌들과 정확하게 일치한다.

긍정 정서가 자원봉사/돕기와 건강상 이점과의 연관성을 설명할 수 있는가

자원봉사와 돕기가 건강상의 이점과 관련되는 이유에 대한 한 가지 설명은 이러한 행동이 긍정 정서를 만들어내기 때문이라는 것이다. 그리고 연구에서도 긍정 정서가 건강상의 이로운 결과 와 관련이 있다는 것을 보여주고 있다. 예를 들어, 긍정 정서는 종종 장·단기적인 스트레스 요인을 완충해주는 역할을 한다. Fredrickson과 Levenson(1998)의 연구에서는 대학생에게 심혈 관계의 각성을 유도하기 위해 공포 영화를 보여주었다. 그 영화 를 본 뒤에 참가자들은 또 다른 영화, 즉 긍정적인(만족스럽거나 즐거운 내용), 부정적인(슬픈 내용), 또는 중성적인 영화를 보았다. 부정적이거나 중성적인 영화를 본 참가자들에 비해, 긍정적인 영 화를 본 참가자들은 심혈관계의 각성 수준이 기저선 수준으로 더 빨리 되돌아왔다.

단기간의 스트레스 요인에 미치는 긍정 정서의 영향을 조사 하는 또 다른 연구에서, Fredrickson, Mancuso, Branigan과 Tugade(2000)는 심혈관계의 각성을 유도하기 위해 비록 실제로 말하기를 시키지는 않지만, 참가자들에게 말하기를 준비하도록 요청했다. 말하기를 준비한 후에, 참가자들은 긍정적인(만족스럽 거나 즐거운 내용), 부정적인(슬픈 내용) 또는 중성적인 영화를 보 았다. Fredrickson과 Levenson(1998)의 연구와 마찬가지로, 긍정 적인 영화를 본 사람이 심혈관계의 각성에서 가장 빨리 회복되는 것으로 나타났다.

긍정 정서의 이점은 보다 심각하고 장기적인 스트레스 요인에 관한 연구에서도 관찰되었다. 예를 들어 Epel, McEwen과 Ickovics(1998)의 연구에서는, 과거에 외상 사건을 경험한 여성을 선발했다. 그리고 그들을 실험실에서 일련의 스트레스 상황에 노출시켰다. 그 결과, 과거 외상 사건에서 긍정적인 의미를 찾아낸 여성들이 그렇지 못한 여성들과 비교할 때, 스트레스에 더 건강하게 반응하는 것으로 나타났다(실험실 스트레스 요인에 대한 코르티솔 적응). 이 연구는 외상 사건에 대한 반응을 실시간으로 조사했던 Fredrickson, Tugade, Waugh와 Larkin(2003)의 연구와 유사하다. 이 연구자들은 2001년 9월 11일에 있었던 테러 공격 이전과 이후의 긍정 정서를 평가했다. 그 결과 탄력적인 사람들의 경우 9 · 11 이후의 우울감을 완화하는 데 긍정 정서가 직접적으로 기여했음을 보여주었다. 두 연구는 스트레스 사건을 겪는 동안 긍정 정서를 경험하는 것이 미래의 스트레스 요인에 대한 탄력성을 증진시키고 대처 자원을 구축한다는 사실을 지지해준다.

또한 긍정 정서는 스트레스 사건뿐 아니라, 만성적인 스트레스로 유발된 우울감도 완화시키는 것으로 나타났다. AIDS 환자를 돌보는 사람에 대한 연구에서, Moskowitz, Acree와 Folkman(1998)은 배우자를 잃은 후에 임상적 수준의 우울증을 경험하거나 그렇지 않은 남자들을 대상으로 긍정 정서와 부정 정서의 수준을 조사했다. 임상적 우울증을 경험하지 않은 남자들에 비해 우울증을 경험한 남자들은 낮은 수준의 긍정 정서와 높은 수준의 부정 정서를 보고했다.

긍정 정서가 스트레스를 완충하고 우울증을 완화시키는 역할을 한다는 사실 이외에도, 긍정 정서가 실제적인 신체적 건강뿐 아니라 신체적 건강에 대한 지각에도 영향을 줄 수 있다는 연구가 있다. Petit, Kline, T. Gencoz, F. Gencoz와 Joiner(2001)의 연구에서는, 5주 동안 긍정 및 부정 정서와 신체적 증상의 지각과의 관계를 조사했다. 그 결과는 기저선에서 낮은 수준의 긍정 정서를 보고했던 참가자들에 비해, 높은 수준을 보고했던 참가자들이 5주 이후에 신체증상을 더 적게 보고했음을 보여준다.

긍정 정서와 실제 신체 건강(여기서는 사망)과의 관계를 조사한 Danner, Snowdon과 Friesen(2001)의 또 다른 연구에서는, 60년 이전에 쓰인 젊은 가톨릭 수녀들의 에세이를 조사했다. 에세이에는 수녀들의 어린 시절, 이전의 종교적 경험, 그리고 수녀가 되도록 이끈 사건과 같은 것에 대해 쓰도록 했다. 연구자는 긍정 정서의 내용에 대해 에세이를 점수화한 후에 그녀들의 사망률을 조사했다. 연구결과, 높은 긍정 정서 내용을 담은 에세이를 쓴 수녀들이 낮은 긍정 정서 내용의 에세이를 쓴 수녀들에 비해 10년까지도 더 오래 산다는 것을 발견했다.

Fredrickson과 다른 연구자들은 긍정 정서가 개인에게 어떻게 영향을 미치는지를 살펴보았다. 그녀는 긍정 정서가 시간이 흐름에 따라 개인적인 자원을 실제로 만들어낼 수 있다는 것을 보여주었다(Fredrickson, 1998). 예를 들어, Fredrickson과 Joiner(2002)는 전향적 연구에서 긍정 정서와 대처능력 간의 상보적인 관계의 증거를 발견했다. 그 결과는 기저선에서의 긍정 정서와 대처능력이 5주 이후의 긍정 정서와 대처능력 둘 다와 관련이 있다는 사실을 보여준다.

종합해보면, 긍정 정서와 돕기/자원봉사 연구에는 명확한 유사점들이 존재한다. 첫째, 긍정 정서와 돕기/자원봉사는 스트레스 완충과 관련이 있다(W. M. Brown et al., 2005; Henry & Wang, 1998). 둘째, 긍정 정서와 돕기/자원봉사 연구는 주관적 안녕감(Melia, 2000; Petit et al., 2001)과 수명 증가(S. L. Brown et al., 2003; Danner et al., 2001)와의 관련성을 보여준다.

긍정 정서에 관한 연구와 돕기 및 자원봉사 연구에 있어 한 가지 더 유사한 점은, 두 연구 모두가 유사한 인지적 과정을 가정하고 있다는 점이다. 예를 들어, Fredrickson은 긍정 정서가 인지를 '확장한다'는 증거를 제시했다(Fredrickson, 1998; Fredrickson & Branigan, 2005). 즉, 긍정 정서는 주의의 폭을 확장시킬 뿐 아니라 보다 새롭고 유연한 사고 패턴을 유도하여, 소위 '큰 그림'을 그리는 사고를 촉진시킨다. 이 큰 그림의 사고는 사람들이 자원봉사를 할 때 생겨나는 Wilson과 Musick(1999)의 인지활동의 개념화와 관련이 있다. 그들은 자원봉사 활동이 사람을 타인과 '더 많이 연결되도록' 느끼게 하고, '자기 몰두를 덜 하도록' 만든다고 제안했다.

요약하면, 우리는 돕는 행동이 긍정 정서와 관련되고, 긍정 정서는 다양한 건강상의 이로움과 관련된다는 것을 보여주는 증거를 기술했다. 돕는 행동과 긍정 정서는 모두 유사한 건강상의 결과와 관련되기 때문에, 긍정 정서가 돕기와 건강의 관계를 매개한다는 주장은 합리적이다. 만일 이러한 주장이 사실이라면, 긍정 정서는 도와주는 사람이 경험하는 건강상의 이익에 직접적으로 기여하고, 돕기는 긍정 정서를 유발하는 정도만큼 이롭다고 볼 수 있다. 최근에 실시된 한 실험연구에서도 돕기의 효과가 긍정 정서에 의해 매개되는지를 연구했다.

Brown과 동료들은 돕는 행동의 생리적인 결과에 관한 긍정 정서의 가능한 매개 역할을 최초로 살펴보고자 했다(S. L. Brown, Johnson, Fredrickson, Cohn, Figa, & Gupta, 2008b). 연구자들은 참가자를 스트레스 상황, 즉 말하기 준비 과제를 수행하도록 했고, 세 가지 조건, 즉 통제(돕는 행동 없음), 돕기-보상, 돕기-처벌 중 한 가지 조건에 무선적으로 할당했다. 돕기 조건에 무선적으로 할당된 참가자는 반응시간 과제를 했는데, 자신의 수행이 파트너(공모자)가 혐오적인 결과(즉, 특정하지 않은 고통, 언어적, 정신적 혹은 신체적 스트레스)를 피하도록 도울 수 있다고 들었다. 통제 조건의 참가자는 같은 과제를 했지만, 그들의 수행이 자신들의 혐오적인 결과를 피할 수 있도록 한다고 들었다. 돕기 조건의 참가자는 다시, 돕기에 대해 보상적인 결과(즉, 과제 성공)를 받거나 혹은 처벌적인 결과(과제 실패)를 받도록 무선적으로 할당되었다. 참가자가 반응시간 과제를 수행한 후, 1분 동안 스트레스가 유도된 상황에 노출되었다. 심혈관계의 반응 정도가 높아졌을 때, 결국 참가자에게 말하기를 실제로 할 필요가 없다는 것을 알려주었다. 또한 이 시간 동안 참가자들은 자신의 돕기가 성공했거나(돕기-보상), 혹은 성공하지 못했다(돕기-처벌)는 사실도 알게 되었다. 통제 조건과 비교할 때, 두 돕기 조건 모두에서 돕기의 성패 여부와 관계없이 심혈관 반응이 더 빠르게 회복되었다. 따라서 이 연구에서는 회복에 대한 돕는 행동의 효과가 긍정 정서나 보상에 의해 매개되지 않았다.

설명 구조: 선택적 투자 이론

만일 돕는 행동의 영향이 긍정 정서와 독립적이라면, 돕기와 건강 간의 연계성을 설명하는 것은 무엇인가? 선택적 투자 이론 (Selective Investment Theory: SIT; S. L. Brown, Brown, Schiavone, & Smith, 2007)은 돕기의 동기적인 기초를 설명하기 위해 고안되었다. 선택적 투자 이론은 사람들 간의 사회적 유대가 다른 사람의 안녕을 증진시키고 우선시하기 위해 필요한 경우, 이러한 사회적 유대가 자신의 이익을 억제하도록 돕는다고 제안했다. 이는 긍정 정서가 예상되는 것과 같이 자신에게 직접적인 이익이 없다고 느껴질 때조차도 돕는 행동이 일어날 수 있음을 의미한다.

선택적 투자 이론에 따르면, 사회적 유대, 즉 '가까운 관계에서의 결속력'은 타인의 안녕을 증진시키기 위해 이기적인 경향을 억제하는 것이 동기화되도록 진화해왔다고 한다(S. L. Brown et al., 2007). 자신을 희생하면서 타인을 돕는 행위(이타주의)는 자칫 착취적인 결과를 가져올 수 있기 때문에, 선택적 투자 이론은 이타적 행동이 진화적으로 적응적일 때, 즉 '적절한 상호의존성(fitness interdependence)'이라는 조건이 성립될 때에만 사회적 유대가 형성된다고 제안했다. 이러한 조건에는 두 사람 이상의 생존과 재생산이 정적으로 관련될 때는 어떤 경우이든 포함된다. 진화적인 인연은 유전자의 공유, 공통의 후손이나 생존의 결과를 가질 가능성, 그리고 심지어 자원이나 짝짓기가 허용될 수 있는 상호의존의 상태를 제공하는 상호적 교환에 의해 연결될 수 있다.

Brown 등(2008a)에 의하면, 타인을 돕는 행동의 건강상의 잠재적인 이득은 적절한 상호의존 조건하에서 돕는 행동이 갖는 호르몬과의 관련성 때문일 수 있다. 가령 옥시토신 호르몬은 사회적 유대의 신경내분비적 기초와 관련이 있고(Carter, 1998; Insel, 1993), 실험적으로도 인간(Kosfeld, Heinrichs, Zak, Urs, & Ernst, 2005)과 동물(S. L. Brown & Brown, 2006; Carter, 1998)의 상호의존적인 조건하에서의 이타주의와도 관련된다. 게다가 옥시토신은 신체적 건강을 회복시키는 것으로 알려져 왔다(Heaphy & Dutton, in press). 즉, 옥시토신은 스트레스 호르몬인 코르티솔을 낮추도록 조절할 뿐 아니라(Carter, 1998), 세포 재생, 세포 영양소의 저장, 세포 성장과 관련된다.

다른 기제들

이 장에서 우리는 타인을 돕는 행동과 건강상의 이로운 결과의 연관성을 설명하는 두 가지 가능성에 중점을 두었다. 우리는 첫째, 긍정 정서가 돕기와 이러한 긍정적 결과 간의 관계를 매개할 수 있고, 둘째, 적절한 상호의존과 사회적 유대 조건이 돕는 행동을 유도하여, 돕는 행동이 직접적으로 건강상의 이로운 결과와 관련될 수 있다고 제안했다.

실험연구가 거의 없기 때문에, 앞에서 기술한 어떤 설명에도 확신을 가질 수는 없다. 게다가 긍정 정서 혹은 사회적 유대 이외에도 타인을 돕는 행동과 건강상의 이로운 결과의 관계를 설명할 수 있는 다른 기제들이 존재할 수 있다. 돕기와 건강의 관계를 매개하는 변인으로서 다음의 가능성을 조사한 연구들이 존재한다. 가령 중요하다는 느낌은 타인을 돕는 행동과 건강상의 이로움의 관계를 설명할 수 있다. 중요하다는 느낌은 네 가지 느낌을 특성으로 한다. 즉, 사람들이 나를 알아주고 인정한다는 느낌, 나의 행동이 타인에게 중요하다는 느낌, 사람들이 그들의 안녕을 위해 나에게 의존한다는 느낌, 그리고 내가 타인에게 정서적으로 투자하고 타인이 나와의 인연에 의해 영향을 받는다는 느낌을 말한다 (Rosenberg & McCullough, 1981). 중요하다는 느낌은 우울감의 감소와 같은 건강상의 이로운 결과와 관련된다. Pearlin(1999)은 중요하다는 느낌을 경험하는 것과 우울감 감소의 관계를 처음으로 밝혔고, Taylor와 Turner(2001)는 시간의 경과에 따른 그 관계를 연구했다. 그들은 중요하다는 느낌이 숙달감, 정서적 탄력성, 사회적 접촉과 같은 많은 관련된 구성개념을 통제한 이후에도 우울감을 예측하는지를 조사했다. 그 결과는 중요하다는 느낌이 우울감 감소와 고유하게 관련된다는 사실을 보여주었다. 그러므로 돕는 행동을 하는 한 가지 가능성은 자신이 중요하다는 느낌이 증가하고, 이로 인해 건강상의 결과에 영향을 미치기 때문이다.

또한 소속감도 돕는 행동의 건강상의 이로움을 설명할 수 있다. 이 개념에 대한 연구를 개관하면서, Baumeister와 Leary (1995)는 소속감이 진화적인 기반이 있는 인간의 기본적인 동기라고 주장했다. 연구자들은 소속되고 싶어 하는 개인의 바람이 안녕감과 사회적 유대와 관련된 광범위한 경험적 연구결과를 설명할 수 있다고 제안했다. 자신들의 주장을 지지하기 위해, 관계를 형성하는 것은 쉽지만 관계를 해체하는 것은 어렵다는 점을 강조한 연구를 기술했다. 또한 연구자들은 가까운 타인에 대한 정보가 면식이 있거나 혹은 낯선 사람에 대한 정보보다 훨씬 더 주의 깊게 처리된다는 것을 보여주는 인지에 관한 연구도 기술했다. 마지막으로 그들은 긍정(예: 행복, 만족) 및 부정(예: 불안, 우울) 정서가 소속되거나(받아들여지거나 포함되는) 혹은 소속되지 않은(거절당하거나 배제되는) 관계의 상태와 명백히 관련성을 보인다는 정서 관련 연구를 인용했다. 그러므로 소속감은 건강 및 안녕감과 관련되고, 이 개념은 돕기와 긍정적인 건강과의 관계를 매개할 수 있다. 예를 들어, 타인을 돕는 것은 사람들의 소속감을 증가시킬 수 있고, 이 느낌은 다양한 긍정적인 건강상의 결과들을 경험하도록 한다고 할 수 있다.

내가 중요한 존재이고 소속감을 느끼는 것의 중요성이 〈앤디 그리피스 쇼(The Andy Griffith Show)〉에 나오는 일화에 잘 나타난다. 이 일화에서 비(Bee) 아줌마(돌보는 사람)는 아픈 친구를 돌보기 위해 앤디(Andy)와 오피(Opie)를 떠나야 했지만, 자신이 없으면 아이들이 살아갈 수 없을까봐 걱정했다. 이틀이 지난 후 그녀가 다음 날 돌아갈 거라고 전화를 했을 때, 아이들은 서둘러 집안을 청소했다. 청소를 끝내고 난 후, 오피는 비 아줌마가 자신이 없어도 그들이 잘 지낼 수 있다는 것을 보고 얼마나 좋아하실지에 대해 앤디에게 말했다. 그러자 앤디는 자신들이 저지른 중대한 실수를 깨닫고, 비 아줌마가 아이들에게 자신이 필요하다고 느끼도록 하기 위해 집안을 다시 어지럽혀야 한다고 오피에게 말했다(〈앤디 그리피스 쇼〉, 1960). 통찰력이 있는 앤디는 관계에서 자신이 중요하다는 느낌의 중대성을 깨달은 것이다. 이 사례는 "타인을 지지하는 가장 좋은 방법은 그들이 쓸모 있다고 느낄 만한 기회를 제공하는 것이다(S. L. Brown, Brown et al., 2007)."라는 Brown 등(2007)의 제안과 일치한다.

마지막으로, 자기효능감은 돕는 행동과 긍정적인 건강과의 관계를 잠재적으로 매개하는 세 번째 개념이다. 연구는 자기효능감이 다양한 긍정적인 심리적 건강과 관련된다는 사실을 보여주었다(Baumeister, 1991; Taylor & Turner, 2001). 또한 일부 연구자들은 자원봉사가 자원봉사를 하는 사람들의 자기효능감을 증가시키기 때문에 도움이 된다고 주장했다(Wilson & Musick, 1999).

중요하다는 느낌, 소속감, 자기효능감과 같은 각 구성개념들은 타인을 돕는 행동이 신체 및 심리적 건강에 도움이 되도록 하는 기제일 수 있다. 각각은 행복, 우울감 감소, 주관적인 안녕감과 경험적으로 연관성을 보여왔다(Baumeister, 1991; Taylor & Turner, 2001). 또한 이 개념들은 타인을 돕는 행동이 자신의 문제로부터 주의를 돌리게 하고, 사회적 접촉과 다른 사람과의 통합을 증진시키며, 자신을 더 의미 있게 느끼도록 하고, 또한 자기효능감을 증진시킨다고 주장했던 Midlarsky(1991)가 제안한 매개변인과 일치한다.

이 장에서 우리는 타인을 돕는 행동과 건강상의 이점의 관계를 설명할 수 있는 여러 기제들을 제안했다. 하지만 실험연구가 거

의 이루어지지 않았기 때문에 이러한 개념들이 진정한 매개변인
인지, 혹은 돕는 행동과 건강상의 결과와 단순히 관련되는 것인
지를 결론지을 수는 없다. 이러한 문제는 최근 돕기와 관련된 문
헌에서 중대한 논제가 되었다. 돕기에 관한 연구에서는 돕기를
대체로 독립변인이 아니라 결과(즉, 종속)변인으로 연구해왔다(S.
L. Brown et al., 2003). 만일 우리가 돕기를 독립변인으로 연구하
려 한다면, 돕기를 실험적으로 조작할 수 있는 연구들이 필요하
다. 더 많은 실험연구를 수행함으로써, 우리는 돕는 행동의 효과
와, 돕는 행동과 건강의 관계를 잠재적으로 매개하는 변인을 연
구할 수 있다.

결 론

우리는 타인을 돕는 행동이 도와주는 사람에게 이로울 수 있는
여러 가능한 기제를 개관했고, 돕는 행동이 왜 건강상 긍정적인
결과와 관련되는지에 대한 설명을 제공했다. 비록 돕기와 건강
상의 이로움의 관계를 긍정 정서가 매개하는 것으로 제안되었지
만, 예비실험연구(S. L. Brown, Brown et al., 2007)에서는 그것이
핵심은 아니라고 제안했다. 대신 유망한 이론적 구조인 선택적
투자 이론은 강한 사회적 유대가 돕는 행동을 일으키고, 돕기와
긍정적인 건강 결과가 직접적으로 관련된다고 제안했다. 지금까
지는 이 이론이 인간과 동물 연구 모두에서 수많은 경험적 관찰
을 성공적으로 설명할 수 있었다(S. L. Brown, Brown et al., 2006;

Carter, 1998; Kosfeld et al., 2005). 마지막으로, 실험연구를 통해 중요하다는 느낌, 소속감, 자기효능감과 같은 대안적인 설명을 배제하지 못했기 때문에, 돕기가 긍정적인 건강과 관련되도록 하는 정확한 기제를 확인할 수는 없다. 이러한 의문들은 타인을 돕는 것의 생리학적인 결과를 조사하는 연구들과 함께 앞으로의 연구에서 해결되어야 한다.

| 개인적인 작은 실험들 |

당신은 도움을 줄 때 어떻게 느끼는가?

이 장에서 우리는 다른 사람을 돕는 것이 긍정적인 건강에 이롭다는 증거를 제시했다. 우리는 돕는 행동이 질병률과 사망률의 감소와 같은 신체 건강상의 긍정적 결과와 관련된다는 연구도 제시했다. 또한 다른 사람을 돕는 것이 도와주는 사람에게 긍정 정서 상태를 만들어내고, 신체의 긍정적인 생리적 변화를 만들어낸다는 것을 보여주는 실험들을 기술했다.

그러나 사람들은 돕는 행동의 이러한 효과를 알고 있는가? 우리 생각에 대답은 아마 부정적일 것이다. 이는 대부분의 경우 사람들은 다른 사람을 도울 때 어떤 기분이 드는지를 대체로 곰곰이 생각하거나 반성해보지 않기 때문이다. 이제 우리는 당신이 다음에 제시된 개인적인 작은 실험을 해보길 바란다.

당신의 생각과 기분에 대한 일지를 기록하기 위해 이틀을 선택하라. 그중 하루는 당신이 어떤 종류의 돕는 행동, 이상적으로는 계획된 봉사활동에 참여한 날이어야 한다(돕는 행동은 친구를 돕는 것으로부터 공식적인 자원봉사에 이르기까지 다 가능하다.). 다른 날은 어떠한 돕는 행동도 하지 않은 날이어야 한다. 사람에 따라 이 작업은 어려울 수 있지만 최선을 다하길 바란다. 두 날은 적어도 2주 이상 확실히 떨어져 있도록 하라. 각 날에는 하루 종일 당신이 경험했던 기분과 생각을 기록해야 한다. 생각과 감정을 모호하게 표현해도 된다. 그날의 활동에 초점을 두지 않도록 하고, 어떤 것이든 자유롭게 기록하라. 당신은 각 날에 5~7번 정도 감정과 생각을 기록해야 하며, 날짜를 쓰는 것을 잊어서는 안 된다. 첫 번째 기록은 당신이 잠에서 깨어난 아침이어야 하고, 잠자리에 들 때까지 3~4시간 간격으로 기록해야 한다.

두 달 후에, 당신은 두 개의 일지를 꺼내서 당신의 전반적인 기분과 생각의 차이가 나타나는지 살펴봐야 한다. 그 차이는 미묘하지만, 당신이 돕는 행동을 하거나 하지 않은 날에 대해서 각각 무엇을 기록하였는가? 도움을 주었던 날과 그렇지 않은 날에 어떤 종류의 기분이 기록되어 있는가?

이 연습을 완성함으로써 당신은 돕는 행동이 당신의 기분과 생각에 미치는 영향에 대해 더 깊은 통찰을 얻게 될 것이다. 대부분의 다른 사람과 마찬가지로 당신도 자신의 돕는 행동이 감정과 생각에 어떤 영향을 미치는지 살피지 못했을 수 있다. 이러한 반성적인 연습을 함으로써 다른 사람을 돕는다는 것이 당신에게 얼마나 이로운 것인지를 깨달을 수도 있다. 그러면 돕기 위한 다른 기회를 찾으면서, 돕는 행동을 당신에게 유리하게 사용할 수 있을 것이고 결국 그 이점을 경험할 수 있을 것이다.

> **참고문헌**

Allen, J. P., Philliber, S., Herrling, S., & Kuperminc, G. P. (1997). Preventing teen pregnancy and academic failure: Experimental evaluation of a developmentally based approach. *Child Development, 64*, 729-742.

The Andy Griffith Show. (1960). Retrieved from http://www.imdb.com/title/tt0053479/episodes.

Avlund, K., Damsgaard, M. T., & Holstein, B. E. (1998). Social relations and mortality: An eleven year follow-up study of 70-yr-old men and women in Denmark. *Social Science & Medicine, 47*, 635-643.

Baumeister, R. F. (1991). *Meanings of life*. New York: Guilford Press.

Baumeister, R. F., & Leary, M. R. (1995). The need to belong: Desire for interpersonal attachments as a fundamental human motivation. *Psychology Bulletin, 117*, 497-529.

Bookwala, J., Yee, J. L., & Schulz, R. (2000). Caregiving and detrimental mental and physical health outcomes. In G. M. Williamson, D. R. Shaffer, & R. David (Eds.), *Physical Illness and Depression in Older Adults* (pp. 93-131). Dordrecht, Netherlands: Kluwer Academic Publishers.

Brown, S. L., Brown, M. R., House, J. S., & Smith, D. M. (2008a). *Coping with spousal loss: The buffering effects of helping behavior*. Manuscript submitted for publication.

Brown, S. L., Brown, M. R., Schiavone, A. N., & Smith, D. M. (2007). Close relationships and health through the lens of selective investment theory. In S. G. Post (Ed.), *Altruism & Health*. New York: Oxford University Press.

Brown, S. L., & Brown, R. M. (2006). Selective Investment Theory: Recasting the Functional Significance of Close Relationships. *Psychological Inquiry, 17*(1), 1-29.

Brown, S. L., Johnson, K., Fredrickson, B. L., Cohn, M., Figa, B., & Gupta, M. (2008b). *Helping behavior accelerates recovery from cardiovascular stress*. Manuscript submitted for publication.

Brown, S. L., Nesse, R. M., Vionkur, A. D., & Smith, D. M. (2003). Providing social support may be more beneficial than receiving it: results from a prospective study of mortality. *Psychological Science, 14*(4), 320-327.

Brown, S. L., Smith, D. M., Schulz, R., Kabeto, M., Ubel, P. A., Yee, J., et al. (2008c). *Caregiving and decreased mortality in a national sample of older adults*. Manuscript submitted for publication.

Brown, S. L., & Vinokur, A. D. (2003). The interplay among risk factors for suicidal ideation and suicide: The role of depression, poor health, and loved ones' messages of support and criticism. *American Journal of Community Psychology, 32*, 131-141.

Brown, W. M., Consedine, N. S., & Magai, C. (2005). Altruism relates to health in an ethnically diverse sample of older adults. *Journals of Gerontology: Series B: Psychological Sciences & Social Sciences, 60B*, 143-152.

Cacioppo, J. T., Poehlmann, K. M., Burleson, M. H., Berston, G. G., & Glaser, R. (1998). Cellular immune responses to acute stress in female caregivers of dementia patients and matched controls. *Health Psychology, 17*, 182-189.

Carter, C. S. (1998). Neuroendocrine perspectives on social attachment and love. *Psychoneuroendocrinology, 23*, 779-818.

Chou, K. L., & Chi, I. (2000). Stressful events and depressive symptoms among old women and men: A longitudinal study. *International Journal of Aging & Human Development, 51*, 275-293.

Cialdini, R. B., Brown, S. L., Lewis, B, P., Luce, C., & Neuberg, S. L. (1997). Revisiting the altruism debate: When one into one equals oneness. *Journal of Personality and Social Psychology, 73*, 481-491.

Cialdini, R. B., Darby, B. L., & Vincent, J. E. (1973). Transgression and altruism: A case for hedonism. *Journal of Experimental Social Psychology, 9*, 502-516.

Danner, D. D., Snowdon, D. A., & Friesen, W. V. (2001). Positive emotions in early life and longevity: findings from the Nun Study. *Journal of Personality & Social Psychology, 80*(5), 804-813.

Epel, E. S., McEwen, B. S., & Ickovics, J. R. (1998). Embodying psychological thriving: Physical thriving in response to stress. *Journal of Social Issues, 54*(2), 301-322.

Esterling, B. A., Kiecolt-Glaser, J. K., Bodnar, J. C., & Glaser, R. (1994). Chronic stress, social support, and persistent alterations in the Natural Killer Cell response to cytokines in older adults. *Health Psychology, 13*, 291-298.

Fredrickson, B. L. (1998). What good are positive emotions? Review of General Psychology. *Special issue: New directions in research on emotion, 2*, 300-319.

Fredrickson, B. L., & Branigan, C. (2005). Positive emotions broaden the scope of attention and thought-action repertoires. *Cognition & Emotion, 19*, 313-332.

Fredrickson, B. L., & Joiner, T. (2002). Positive emotions trigger upward spirals toward emotional well-being. *Psychological Science, 13*, 172-175.

Fredrickson, B. L., & Levenson, R. W. (1998). Positive emotions speed recovery from the cardiovascular sequelae of negative emotions. *Cognition & Emotion,* 12, 191-220.

Fredrickson, B. L., Mancuso, R. A., Branigan, C., & Tugade, M. M. (2000). The undoing effect of positive emotions. *Motivation and Emotion, 24*, 237-258.

Fredrickson, B. L., Tugade, M. M., Waugh, C. E., & Larkin, G. R. (2003). What good are positive emotions in crisis? A prospective study of resilience and emotions following the terrorist attacks on the United States on September 11th, 2001. *Journal of Personality and Social Psychology, 84*, 365-376.

Futterman, A., Gallagher, D., Thompson, L. W., Lovett, S., & Gilewski, M. (1990). Retrospective assessment of marital adjustment and depression during the first 2 years of spousal bereavement. *Psychology and Aging, 5*(2), 277-283.

Harris, A. H. S., & Thoresen, C. E. (2005). Volunteering is associated with delayed mortality in older people: Analysis of the longitudinal study of aging. *Journal of Health Psychology, 10,* 739-752.

Hays, J. C., Saunders, W. B., Flint, E. P., Kaplan, B. H., & Blazer, D. G. (1997). Social support and depression as risk factors for loss of physical function in late life. *Aging & Mental Health, 1,* 209-220.

Heaphy, E. D., & Dutton, J. E. (in press). Positive social interactions and the human body at work: Linking organizations and physiology. *Academy of Management review.*

Henry, J. P., & Wang, S. (1998). Effects of early stress on adult affiliative behavior. *Psychoneuroendocrinology, 23,* 863-875.

House, J. S., Landis, K. R., & Umberson, D. (1988). Social relationships and health. *Sciences (New York), 241*(4865), 540-545.

Insel, T. R. (1993). *Oxytocin and the neuroendocrine basis of affiliation.* San Diego: Academic Press.

Kosfeld, M., Heinrichs, M., Zak, P. J., Urs, F., & Ernst, F. (2005). Oxytocin increases trust in humans. *Nature, 435,* 673-676.

Lum, T. Y., & Lightfoot, E. (2005). The effects of volunteering on the physical and mental health of older people. *Research on Aging, 27,* 31-55.

McClellan, W. M., Stanwyck, D. J., & Anson, C. A. (1993). Social support and subsequent mortality among patients with end-stage renal disease. *Journal of the American Society of Nephrology, 4,* 1028-1034.

Melia, S. P. (2000). Generativity in the lives of elder Catholic religious women. *Advances in Life Course Research, 5,* 119-141.

Midlarsky, E. (1991). *Helping as coping.* Thousand Oaks, CA: Sage Publications.

Moen, P., Dempster-McClain, D., & Williams, R. M. (1992). Successful aging: A life-course perspective on women's multiple roles and health. *American Journal of Sociology, 97*(6), 1612-1638.

Moskowitz, J., Acree, M., & Folkman, S. (1998). The association of positive emotion, negative emotion and clinical depression in a longitudinal study of caregiving partners of men with AIDS.

Musick, M. A., Herzog, A. R., & House, J. S. (1999). Volunteering and mortality among older adults: Findings from a national sample. *Journals of Gerontology, Series B: Psychological Sciences and Social Sciences, 54B*(3), S173-S180.

Musick, M. A., & Wilson, J. (2003). Volunteering and depression: The role of psychological and social resources in different age groups. Social *Science & Medicine, 56*, 259-269.

Oman, D., Thoresen, C. E., & McMahon, K. (1999). Volunteerism and mortality among the community-dwelling elderly. *Health Psychology, 4*, 301-316.

Pearlin, L. I. (1999). Stress and mental health: A conceptual overview. In A. V. Horwitz & T. L. Scheid (Eds.), *A handbook for the study of mental health: Social contexts, theories, and systems* (pp. 161-175). New York: Cambridge University Press.

Petit, J. W., Kline, J. P., Gencoz, T., Gencoz, F., & Joiner, T. E. (2001). Are happy people healthier? The specific role of positive affect in predicting self-reported health symptoms. *Journal of Research in Personality, 35*, 521-536.

Rosenberg, M., & McCullough, B. C. (1981). Mattering: Inferred significance and mental health among adolescents. *Research in Community and Mental Health, 2*, 163-182.

Sabin, E. P. (1993). Social relationships and mortality among the elderly. *The Journal of Applied Gerontology, 12*, 44-60.

Schulz, R., & Beach, S. (1999). Caregiving as a risk factor for mortality: The caregiver health effects study. *JAMA, 23*, 2215-2219.

Schwartz, C. E., & Sendor, M. (1999). Helping others helps oneself:

Response shift effects in peer support. *Soc Sci Med, 48,* 1563-1575.

Seeman, T. E., Bruce, M. L., & McAvay, G. J. (1996). Social network characteristics and onset of ADL disability: MacArthur studies of successful aging. *Journals of Gerontology, Series B: Psychological Sciences and Social Sciences, 51B*(4), S191-S200.

Smith, C. E., Fernengel, K., Holcroft, C., & Gerald, K. (1994). Meta-analysis of the associations between social support and health outcomes. *Annals of Behavioral Medicine, 16,* 352-362.

Taylor, J., & Turner, J. (2001). A longitudinal study of the role and significance of mattering to others for depressive symptoms. *Journal of Health and Social Behavior, 42,* 310-325.

Thoits, P. A., & Hewitt, L. N. (2001). Volunteer work and well-being. *Journal of Health and Social Behavior, 42,* 115-131.

Wilson, J., & Musick, M. (1999). The Effects of Volunteering on the Volunteer. *Law and Contemporary Problems, 62,* 141-168.

Wilson, J., & Musick, M. (1997). Who cares? Toward an integrated theory of volunteer work. *American Sociological Review, 62,* 694-713.

Yinon, Y., & Landau, M. O. (1987). On the reinforcing value of helping behavior in a positive mood. *Motivation and Emotion, 11*(1), 83-93.

Young, F. W., & Glasgow, N. (1998). Voluntary social participation and health. *Research on Aging, 20*(3), 339-362.

Zisook, S., & Schuchter, S. R. (2001). Treatment of the depressions of bereavement. *American Behavioral Scientist, 44*(5) Special Issue: New directions in bereavement research and theory, 782-792.

정서지능

정서를 활용한 지적인 삶

• Susan A. David와 Nassim Ebrahimi

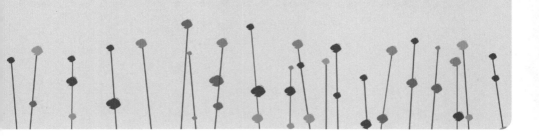

정서지능
정서를 활용한 지적인 삶

Susan A. David와 Nassim Ebrahimi

사라(Sarah)는 중역 회의에 참석하기 위해 종종 먼 곳으로 이동하곤 하는 성공적인 커리어우먼이다. 사라가 근무하고 있는 국제 기업은 매년 뉴욕에서 연례 회의를 개최하는데, 이때가 되면 모든 중역진이 참석하여 연간 업무 보고를 한다. 사라 역시 이 날의 보고를 준비하기 위해 몇 달 동안 공을 들였다. 그런데 공항에서 대기하던 중, 기체 결함으로 원래 타기로 했던 아침 비행기의 출발이 지연됨을 알게 된다. 만일 빨리 출발하지 못한다면 오후 회의에 참석하지 못하게 될 것이다. 유일한 대안은 항공편을 다른 것으로 바꾸고 이미 수속을 마친 수하물들이 잘 옮겨지길 바라는 것이지만, 다른 항공편의 좌석은 이미 매진된 상태다.

잭(Jack)과 팀(Tim)은 대학시절부터 쭉 친구로 지내온 사이로 캠핑에 대한 남다른 열정을 가지고 있어서, 대학교 1학년

때부터 매년 애팔래치아 산으로 캠핑과 도보 여행을 다녀오곤
했다. 올해는 함께 캠핑을 다닌 지 10년째가 되는 해이기 때문
에, 잭은 기념으로 캠핑장비를 전부 새로 구입하기로 결정하였
다. 그리고는 새 장비들의 세부적인 특성들을 꼼꼼히 살펴보
고, 여행을 떠나게 될 애팔래치아 산의 등산로들을 미리 살펴
보면서 몇 달의 시간을 보냈다. 이후 두 사람은 떠날 날짜를 정
하고 휴가 신청도 했다. 하지만 이게 웬일인가? 여행을 떠나기
일주일 전에, 잭은 팀으로부터 자신은 여자 친구와 크루즈 여
행을 떠나기로 결정했다는 내용의 전화를 받게 된다.

메리(Mary)는 전자통신 관련 기업에서 1년 동안 근무해왔으
며, 이번에 사내에 공석이 생겨 그 자리에 지원을 해둔 상태였
다. 그 자리는 상위 관리직으로 봉급도 더 높은 자리였기 때문
에, 메리뿐만 아니라 친한 친구인 리처드(Richard)를 비롯한
다른 동료들도 지원을 한 상태였다. 그러던 어느 월요일 아침
에 부사장이 메리를 사무실로 불렀고, 메리가 그 자리로 승진
하게 되었음을 알려주었다. 하지만 부사장은 다른 지원자들에
게 이 사실이 알려질 때까지 아무에게도 말하지 말라는 당부를
했다. 메리는 다음 회의에 참석하기 위해 부사장실을 빠져나
오고 있다. 그런데 이 회의는 함께 지원했던 다른 동료들도 참
석하는 프로젝트 계획회의다.

초등학교 2학년 교사인 존(John)은 지난 2년 동안 아이들을
가르쳐왔으며, 이제 연례 고과를 받아야 할 상황이었다. 그러
던 그는 조례 회의에 참석한 뒤 내년에 재계약이 이루어지지
않을 것이라는 사실을 알게 된다. 하지만 현재 계약을 준수해

야 하기 때문에 남은 기간 동안의 수업은 마쳐야만 한다. 존은 크게 낙심하지만 10분이 지나자 어김없이 첫 수업을 알리는 종소리가 울린다. 존은 교실로 돌아가 수업을 시작한다.

앞에서 제시된 이야기들은 일상생활 속에서 정서를 경험하게 되는 상황이 대개 흔함을 보여주고 있다. 우리가 겪는 많은 상황은 정서를 담고 있어서 이를 다룰 수 있을 만한 인지적·정서적 기술들을 필요로 한다. 하지만 이러한 상황 속에서 문제를 해결해나가는 데 필요한 능력을 갖춘 정도는 사람마다 각기 다르다. 정서지능이란 바로 자기자신 혹은 다른 사람들의 정서를 효과적으로 인식하고, 사용하고, 이해하고, 관리하는 능력을 말한다. 즉, 정서지능은 정서적인 도전들을 해결하기 위해 사람들이 사용하는 문제해결 능력들의 집합이라고 볼 수 있다.

정서지능에 대한 역사적 관점

역사적으로 삶에서 정서가 갖는 역할을 설명하기 위한 두 가지 서구적인 접근방식이 서로 대립해왔음을 알 수 있다(Forgas, 2001; Forgas, 2002a; Keltner, Anderson, & Gonzaga, 2002; Salovey & Mayer, 1990). 첫 번째는 전통적 관점으로, 이 관점에서는 정서를 혼란스럽고 비합리적인 요소로 보며, 사고보다 열등한 것으로 간주하고 있다(Forgas, 2001). 이렇게 결함에 기반을 둔 관점에 따르면, 정서는 본질상 인간의 효율성을 저하시키며 유용한 행동 과정이 무엇인지에 대해 적절히 판단하지 못하게 하는 경향이 있다. "머리로 결정하신 겁니까, 아니면 가슴으로 결정하신 겁니까?"와 같은 질문은, 정서를 배제하고 의사결정을 내리는 것이 가능하며 정서적이지 않은 결정이 최선이라는 생각을 잘 보여준다.

두 번째는 기능주의적 관점으로, 여기에서는 정서가 근원적으로 적응적인 것이라고 간주한다(Plutchik, 2001). Charles Darwin (1872~1965)에서부터 시작된 이 견해는 정서가 진화적 측면에서 중요한 역할을 수행하고 있다고 주장한다. 즉, 의사소통을 돕고, 대인관계와 어떻게 하면 목표를 잘 달성할 수 있을지에 대한 정보를 제공하는 자원의 역할을 한다는 것이다(Detweiler-Bedell & Salovey, 2002; Ekman, 2003). 실제로 유쾌하지 않은 상태에서 약간의 불안을 느끼는 것은, 중요한 시험을 준비하라는 시기적절한 신호로 기능할 수 있다. 또한 좋은 친구들과 어울릴 때 기쁨을 경험하는 것은, 우리가 이 친구들과의 관계를 소중하게 여기고 있으며 우리가 이들을 등한시하지 말아야 한다는 사실을 잘 드러내어 준다.

심리학에서의 논쟁들은 정서에 대한 전통적인 결함기반의 접근과 기능적인 자원기반의 접근 사이의 긴장감을 잘 반영하고 있다. 실제로 정서의 목적과 가치, 그리고 정서와 사고와의 관계 등의 문제는 오랫동안 과학적 · 이론적 관심분야로 여겨져 왔다(Cacioppo & Gardner, 1999; Forgas, 2002a; Plutchik, 2001). 특히 정서의 병리적인 특성에 대한 Freud의 강조(Mayer, 2001), 이성적 사고를 저해할 수 있는 정서의 기능(Forgas, 2001), 그리고 정서가 전통적인 과학적 연구의 범주에 포함될 수 없다는 고전적 행동주의자들의 관점은 정서의 역할에 대해 심리학계가 갖고 있는 의혹을 잘 드러내주고 있다.

하지만 적어도 1980년대 초반부터, 정서와 인지 및 행동 과정이 서로 상호의존적이라는 사실이 여러 연구들을 통해 밝혀지기 시작했다(Clark, 2002). 특히 행복한 사람들이 좀 더 긍정적인 판단을 내리며 슬픈 사람들이 좀 더 부정적인 판단을 내린다는 발견(Forgas, 2002a)은, 정서가 자기자신, 혹은 다른 사람의 행동을 해석하는 데 영향을 미칠 수 있음을 시사했다. 또한 기분이 인출되는 기억의 종류에 영향을 미치며, 문제를 해결하는 방식에도 영향을 미치는 것으로 밝혀졌다(Fiedler & Bless, 2000; Forgas, 2002b; Forgas & Moylan, 1987; Mayer, 1995). 예를 들어, 슬픈 사람들은 삶 속에서 슬펐던 사건들을 더 잘 기억하고 제시된 단어목록에서 부정적인 단어들을 더 잘 기억하는 경향이 나타난 반면, 행복한 사람들은 긍정적인 기억과 단어들을 더 잘 기억하는 경향을 보였다(Knight, Maines, & Robinson, 2002). 또한 긍정적 기분을 경험하고 있는 사람들은 창조적인 문제해결 방략을 사용할 가능성도 더 높았다(Isen, Daubman, & Nowicki, 1987). 신경과학 연구들은 적절한 사회 추론 및 의사결정이 정서의 영향을 받는다는 사실을 입증하기도 하였다(Damasio, 1994).

정서와 사고가 상호의존적이라는 사실을 지지하는 이러한 증거들은, 정서의 중요성과 적응적인 가능성에 대한 논의가 다시 이루어지도록 하였다(Bless, 2002; Campos, Mumme, Kermoian, & Campos, 1994; David, 2004; Forgas, 2001; Stanton & Franz, 1999). 또한 기분이 사고와 사회적 행동에 미치는 영향을 설명하는 새로운 모델이나, 정서와 사고를 통합(즉, 정서지능)하는 데 있어서 나타나는 개인차에 기분이 미치는 영향을 설명하는 새로운 모델이 구성될 수 있는 비옥한 환경을 조성하여, 심리학자들로 하여금 인간의 적응적인 결과들을 보다 잘 이해할 수 있도록 도왔다 (Detweiler-Bedell & Salovey, 2002; Mayer, Salovey, & Caruso, 2004a; Salovey & Mayer, 1990).

이와 동시에 이론가들은 지능의 구성요소에 대한 견해를 더욱 확장하기 시작하였다. 예를 들어, Howard Gardner는 자신의 다중지능 이론에서, 공간지능이나 논리수학지능, 음악지능, 언어지능, 신체운동지능에 더해 개인적 지능(personal intelligence)의 중요성에 대해 기술하기 시작하였다(Gardner, 1999). 그의 이론에 따르면, 개인적 지능은 인간친화지능(interpersonal intelligence), 즉 다른 사람의 의도나 동기, 욕구를 이해하는 능력과 자기성찰지능(intrapersonal intelligence), 즉 자신의 감정과 두려움, 동기를 이해하는 능력으로 구성된다.

1980년대 후반에는 John Mayer와 Peter Salovey가 정서지능 이론을 개발하기 시작하였다. 이들은 정서지능이 그동안 간과되어온 지능이라고 언급하였다. 그리고 전통적인 인지적 지능검사에서 사람들이 공간적·언어적 정보에 대해 지적인 것으로 나타나는 것처럼, 정서적 정보에 대해서도 지적일 수 있다고 제안하였다(Mayer, Caruso, & Salovey, 2000a; Mayer & Salovey, 1997; Mayer, Salovey, & Caruso, 2000a). 이후 개별적으로 이루어진 다양한 연구결과들을 종합하여, 정서지능을 자신과 타인의 정서에 대한 평가와 표현, 정서의 조절, 적응적인 방식의 정서 사용과 같은 기술들의 복합체로 묘사하기도 하였다(Salovey & Mayer, 1990). 특히 이들은 인간이 맞닥뜨리는 삶의 과제들에 정서적 정보들이 얽혀 있기 때문에, 이러한 정보를 처리하는 능력에서의 차이가 개인의 성공과 안녕(well-being)에 영향을 미칠 수 있을 것이라고 제안하였다.

Mayer와 Salovey의 이론은 정서에 대한 기능적 관점, 그리고 긍정심리학과 맥을 같이한다. 이러한 견해들은, 정서라는 인간의 핵심적인 경험적 현상을 결함에 기반한 관점에서 보지 않으며, 정서를 해로운 것이라기보다는 유익한 것으로 본다(Mayer, 2001; Mayer & Salovey, 1997; Salovey, Bedell, Detweiler, & Mayer, 1999).

정서지능 이론과 1995년 출간된 Daniel Goleman의 『정서지능(*Emotional Intelligence*)』의 대중화로 인해 정서기술의 역할에 대한 대중적인 논의(Cooper & Sawaf, 1997; Gibbs, 1995)와 과학적인 논의(Matthews, Roberts, & Zeidner, 2003; Zeidner, Matthews, & Roberts, 2004; Zeidner, Roberts, & Matthews, 2002)가 활발하게 이루어졌다. 정서지능의 개념은 직장과 치료 장면 등의 응용된 상황에 대해서뿐만 아니라, 사회적 관계, 성, 심리적 건강과 관련해서도 경험적으로 탐색되었다(Brackett, Mayer, & Warner, 2004; Côté & Miners, 2006; David & Jackson, 2007; Eack, Hogarty, Greenwald, Hogarty, & Kehavan, 2007; Kerr, Garvin, Heaton, & Boyle, 2006; Mayer, Salovey, & Caruso, 1999; Salovey, Mayer, Caruso, & Lopes, 2003).

정서지능의 최근 개념

정서지능이 대중화된 이래로 여러 가지 대안적인 정의와, 관련된 측정도구들이 제안되어 왔다. 제안된 정의와 개념들은 크게 정서지능의 혼합 모델과 능력 모델의 두 부류로 구분될 수 있다 (Mayer, Salovey et al., 2000a).

여기서 혼합 모델이란 정서지능을 폭넓게 해석될 수 있는 개인적 특성들의 집합으로 보는 관점으로, 여기서의 개인적 특성들은 개인이 지닌 다른 특질들 중에서 정서와 지능의 측면을 통합하는 것을 말한다(Brackett et al., 2004; Mayer, Salovey et al., 2000a). 반면 능력 모델이란 정서지능을 정서 및 지능과 근본적으로 연관이 있으며 보다 좁게 정의되는, 특정한 능력들의 집합으로 보는 관점을 말한다.

정서지능의 혼합 모델

Reuven Bar-On(2006)의 정서지능 모델은 정서적 및 사회적 능력에 초점을 둔다. 그는 정서지능을 "개인의 상식(common sense)", 그리고 세상에 대처하는 능력으로 기술하였다. 그는 매우 포괄적인 정의를 사용하여, 정서지능을 환경적 요구와 압력에 성공적으로 대처하는 데 영향을 미치는 일련의 비인지적 능력, 역량, 기술들로 간주하였다(Bar-On, 1997, p. 16).

Bar-On이 제작한 척도인 정서지수 검사(Emotional Quotient

Inventory: BarOn EQ-i; 1997)는 본래 심리적 안녕의 결정인을 평가하려는 목적으로 개발된 것이나 이후 정서지능을 측정하는 도구로 개정되었다. 이 척도는 자기성찰 척도(intrapersonal scale), 인간친화 척도(interpersonal scale), 적응성 척도(adaptability scale), 스트레스 관리 척도(stress management scale), 전반적 기분 척도(general mood scale)의 5개 혼합척도(composite scales)로 구성되어 있는데, 총 15개의 요인들이 이 5개 척도에 포함된다. 또한 15개 요인들에는 정서적 자각(emotional self-awareness), 자기주장(assertiveness), 공감(empathy), 사회적 책임감(social responsibility), 현실 검증(reality testing), 문제해결(problem solving), 스트레스 내인력(stress tolerance) 등이 포함된다(Bar-On, 1997; Palmer, Ramesh, Gignac, & Stough, 2003 참조). EQ-i는 특정한 방식으로 생각하고 느끼고 행동할 가능성이 얼마나 되는지를 응답자에게 질문하는 형식의 자기보고형 척도로 사용할 수 있으며, 응답자 자신뿐만 아니라 다른 사람들로부터도 평가를 요청하는 다면 평가도구나 360도 피드백 도구로도 사용될 수 있다.

1998년에 Goleman은 자신이 1995년에 책을 통해 제안했던 정서지능의 혼합 모델을 직장 상황에 초점을 두어 다시 개정하였다. 그는 동료들과 함께 기존의 모델을 더욱 확장하여, 정서적 능력(emotional competencies)을 포괄적으로 기술하고 있다고 생각되는 항목들을 선정하였다(Boyatzis et al., 2000; Sala, 2002). 정서적 능력은 크게 4개의 범주로 분류되었다. 첫 번째는 자기자각(self-awareness)으로 자신의 내적 상태와 선호, 자원, 직관을 알아차리는 것을 말한다. 두 번째는 자기관리(self-management)로

자신의 내적 상태와 충동, 자원을 관리하는 것을 말한다. 세 번째
는 사회적 자각(social awareness)으로 다른 사람의 감정과 욕구,
관심을 자각하는 것, 그리고 각 개인이 관계를 다루는 방식에 대
한 내용이 여기에 담겨 있다. 네 번째는 사회적 기술(social skills)
로 다른 사람에게서 원하는 반응을 이끌어내는 기술이나 능숙함
을 의미한다(Sala, 2002).

제시된 능력들은 응답자의 삶 속에서 각기 다른 역할을 하는
다양한 사람들로부터 피드백을 수집하는 360도 피드백 형식의
정서 능력 검사(Emotional Competence Inventory: ECI; Boyatzia et
al., 2000; Sala, 2002)를 통해 측정될 수 있다. 대표적인 정서 능
력의 예를 들자면 자신감(self confidence, 자기자각), 성실성
(conscientiousness, 자기관리), 서비스 지향(service orientation, 사회적
자각), 팀워크와 협동(collaboration, 사회적 기술)을 들 수 있겠다.

정서지능의 혼합 모델에 대한 비판

정서지능의 혼합 모델이 널리 알려져 있기는 하지만, 해당 모
델 및 관련 척도들에 대해 서로 관련된 5가지 지적이 제기된 바
있다. 이제 이 5가지 지적들을 개략적으로 살펴보려고 하는데,
이는 이 장의 남은 지면을 Mayer-Salovey 모델과, 관련 척도인
Mayer-Salovey-Caruso Emotional Intelligence Test(MSCEIT)만
을 살펴보는 데 할애하는 이유를 분명히 하기 위함이다.

우선 첫째로, 혼합 모델은 성향적 · 동기적 · 상황적 특성이나
능력들의 목록을 미분화되고, 과도하게 포괄적이며, 비이론적인

방식으로 모아놓았다는 비판을 받아왔다(Caruso, Mayer, & Salovey, 2002; MacCann, Matthews, Zeidner, & Roberts, 2003; Matthews, Roberts, & Zeidner, 2004; McCrae, 2000). 예를 들어, ECI를 통해 측정할 수 있는 특성들, 즉 고객에게 서비스 지향적 태도를 보이고, 성실하며, 자신감을 가지는 것이 일반적으로 바람직한 것들이라고 볼 수는 있지만, 이렇게 서로 다른 개념들을 굳이 정서지능이라는 하나의 구성개념에 통합시킬 필요는 없는 것이다(Brackett & Mayer, 2003; Mayer, Salovey et al., 2000a; McCrae, 2000). 사실 여기에 포함된 개념들은 서로 너무 달라서 갈등을 일으킬 수도 있는 것들이다. 예를 들어, 자신감이 높아지면 타인을 돕는 행동은 덜 하게 되고, 오히려 다른 사람들을 이용하는 행동을 하게 될 수도 있다(Baumeister, 1997).

둘째로, 정서지능의 예에서와 같이 어떤 심리학적 구성개념이 새로운 개념으로 상정될 때 중요한 점은, 상정된 개념이 새롭고 구별된 무언가를 측정해야 한다는 점이며, 이러한 변별 타당도가 이론적으로나 통계적으로 검증이 되어야 한다는 점이다. 이는 같은 구성개념을 이름만 달리하여 기술하였을 때 나타날 수 있는 결과, 즉 연구자들이 중복된 연구를 실시하게 되는 것을 방지한다. 그러나 정서지능의 혼합 모델은 외향성이나 성실성, 정서적 안정성, 정동, 자존감, 낙관주의 등의 성격요소들과 같이 이미 잘 기술되어 있고, 충분히 연구된 개념들과 매우 유사한 변인들을 포함하고 있다(MacCann et al., 2003; Matthews et al., 2004; Mayer, Salovey et al., 2000a; McCrae, 2000). 이러한 이유로, 정서지능의 혼합 모델에 기반을 둔 측정도구들은, 성격과 같은 이미 잘 정립된 개념들을 측정하는 기존의 심리적 측정도구들과 비교했을 때 새롭거나 구별된 무언가를 전혀 측정해내지 못할 수도 있다 (MacCann et al., 2003; Matthews et al., 2004).

셋째로, 혼합 모델을 통해 평가한 정서지능이 다양한 결과들을 예측할 수 있을지 모르지만, 이러한 발견들은 예언변인과 결과측 정치 간의 내용상의 중복으로 인해 나타난 인위적인 결과일 수도 있다. 예를 들어, Goleman과 동료들은 ECI의 사회적 기술 문항 군집에 리더십 역량에 대한 질문을 포함시켰기 때문에, ECI를 예 언변인으로 하고 리더십을 결과변인으로 하였을 때 상관관계가 나타나는 것(Stagg & Gunter, 2000: Sala, 2002 재인용)은 놀랄 만한 일이 아닌 것이다. 이러한 결과는 사실 ECI로 측정된 정서지능이 리더십을 예언하였기 때문이 아니라, 서로 유사한 질문을 두 번, 즉 예언변인을 측정할 때 한 번 그리고 결과치를 측정할 때 또 한 번 실시하였기 때문에 나타난 피상적인 결과일 수 있다.

넷째로, 이 모델에서는 정서지능이라는 이름을 사용하기는 했 지만, 상당수의 변인들은 정서나 현대적 의미의 지능을 초점으로 삼고 있지 않다(Brackett & Mayer, 2003; Caruso et al., 2002; MacCann et al., 2003; Mayer, Salovey et al., 2000a). 예를 들어, EQ-i에 포함되 어 있는 문제해결 척도나 현실 검증 척도, 그리고 ECI에 포함되어 있는 서비스 지향 척도나 조직적 자각(organizational awareness) 척 도들은 정서와는 관련이 없다(MacCann et al., 2003). 그리고 EQ-i 의 자기주장 척도와 자기실현 척도, 독립성 척도, ECI의 자신감 척 도와 리더십 척도, 변화촉진(change catalyst) 척도는 지능의 지표들 이 아니다. 이렇게 정서지능이라는 용어를 사용하면서 정서나 지능을 다루고 있지 않는 변인들을 기술하는 것은, 관련된 검사들의 구성 타당도에 대한 비판을 불러일으킨다(Brackett & Mayer, 2003; MacCann et al., 2003; Matthews et al., 2004; Mayer, Salovey et al., 2004a).

마지막으로, 정서지능을 자기보고형 척도나 360도 피드백 형식으로 측정하는 것은 적절한 방법이 아닐 가능성이 있다. 그 이유는 인지지능을 예로 들어보면 쉽게 이해할 수 있을 것이다. 심리학자들은 인지지능을 평가하고자 할 때 "귀하는 자신이 얼마나 똑똑하다고 생각합니까?"나, "귀하는 제인(Jane)이 얼마나 똑똑하다고 생각합니까?"라고 질문하지 않는다. 대신에 피검자로 하여금 관심영역(예: 수학 능력, 언어 능력)과 관련된 문제해결을 하도록 하는 과제를 실시하여 인지지능을 평가한다. 관련된 연구들은 이렇게 직접적으로 과제를 수행하도록 하는 방법이 적절함을 입증하였는데, 그 결과에 따르면 사람들은 자신과 타인의 지능수준을 판단함에 있어 그리 정확하지 않아서 실제 인지지능 검사점수와 주관적 판단점수와의 상관관계가 적정한 수준에 미치지 못하였다(Paulhus, Lysy, & Yik, 1998). 인지지능 검사에서 자기보고와 360도 피드백 기법이 사용되지 않는 이유는 바로 이 때문이다.

만일 정서지능을 그 명칭에서 드러난 바와 같이 지능의 한 형태로 본다면, 측정과 관련하여 동일한 문제가 적용된다고 볼 수 있다. 실제로 연구결과에 따르면, 정서지능에 대한 자기보고 및 타인보고형 척도 점수와 수행검사인 MSCEIT의 점수 간에는 아주 약한 상관관계만이 확인되었다(Brackett & Mayer, 2003; David,

2005). 자기보고와 타인보고는 개인의 실제 정서지능을 측정한다
기보다, 자기개념이나 자기효능감, 선호하는 행동방식, 자존감과
같은, 정서지능에 대한 신념이나 욕구를 측정하는 지표일 가능성
이 높다(Ciarrochi, Chan, Caputi, & Roberts, 2001; Mayer, Caruso, &
Salovey, 2000b; Roberts, Zeidner, & Matthews, 2001; Salovey,
Woolery, & Mayer, 2001). 이러한 변인들은 모두 흥미로운 것들이
긴 하지만, 관심의 초점이 되는 구성개념은 아니다. 즉, 자기자신
이나 다른 사람들에 대한 의견이나, 지각, 믿음, 확신을 측정하는
데 목적이 있는 것이 아니라, 실제 정서지능을 측정하 는 데 목적
이 있는 것이다. 인지지능을 검사하는 데 있어서 수행 혹은 능력
검사가 바람직한 검사방식인 것과 마찬가지로, 정서지능을 평가
함에 있어서도 이러한 방식이 가장 적절할 가능성이 높다(Caruso
et al., 2002; Mayer, Caruso et al., 2000a; Mayer, Caruso et al., 2000b).

정서지능에 대한 Mayer-Salovey 능력 모델

정서는 감정 상태나, 심리적 변화, 행동을 하려는 충동, 목표
지향적 행동 등의 자극에 대한 반응을 포함한다(Manstead &
Fischer, 2000; Plutchik, 2001; Russell, 2003). 지능은 주어진 내용에
대한 문제해결이나 추상적인 추론을 시행할 수 있는 능력을 포함
한다(Mayer, Caruso et al., 2000b; Mayer, Salovey, & Caruso,
2000b). 정의에 따르면, 정서지능은 정서와 지능에 관한 것이다.
Mayer-Salovey의 관점은 이러한 견해와 맥을 같이하여 정서와
지능을 통합하고 있으며(Mayer & Salovey, 1997; Mayer, Salovey

et al., 2000a; Mayer, Salovey et al., 2004a), 정서지각(perceiving emotion), 사고촉진을 위한 정서사용(using emotion to facilitate thinking), 정서이해(understanding emotion), 정서관리(managing emotion)의 네 영역에서의 정서에 관한 추론과 문제해결 능력에 중점을 두고 있다.

정서는 다른 사람들과의 의사소통을 도우며, 목표들을 잘 달성하고 있는지, 혹은 주변 환경에 잘 대처하고 있는지에 대한 정보를 제공해준다(Bowlby, 1969; Ekman, 2003; Izard, Ackerman, Schoff, & Fine, 2000; Mayer, Salovey et al., 2004a). 핵심적인 정서 처리 기술의 보편적인 특성과 생물학적 본질에 대한 연구결과들은 정서의 중요성을 잘 보여주고 있다(Ekman, 2003; Scherer, 2000; Scherer, Banse, & Wallbott, 2001; Slater & Quinn, 2001). 예를 들어, 기본 정서들을 대표하는 얼굴 표정은 여러 문화에 걸쳐 서로 유사하게 나타나며(Ekman, 2003), 음성(vocal) 표현 역시 서로 유사하게 나타나는 것으로 확인되었다(Schrer et al., 2001).

MSCEIT의 정서지각(perceiving emotion) 영역은 이러한 핵심적인 정서처리 기술을 측정한다. 정서적 메시지는 얼굴 표정이나 어조를 통해 전달되며, 자세를 통해서도 전달되고, 풍경이나 색깔, 모양이나 무늬와 같은 무생물 자극을 통해서도 전달될 수 있다(Mayer, DiPaolo, & Salovey, 1990; Mayer & Salovey, 1997). Mayer와 동료들은 정서를 정확하게 인식하고 표현할 수 있는 사람들이 그렇지 못한 사람들보다 유리하다고 제안한 바 있다(Salovey, Bedell, Detweiler, & Mayer, 2000; Salovey et al., 2001). 그런 사람들은 환경에 민감하고 유연하게 반응하는 데 보다 능숙할 가능성이 높으며, 사회적 지지 체계를 만드는 데에도 더 능숙할 가능성이 높다(Anderson & Phelps, 2000; Salovey et al., 1999; Salovey et al., 2000; Salovey, Mayer, & Caruso, 2002). 실제로, 자신의 직원이 화가 났다는 것을 표정을 통해 바로 인식할 수 있는 관리자는, 그렇지 못한 관리자에 비해 좀 더 적극적이고 적응적으로 반응할 수 있다.

두 번째 영역인 사고촉진을 위한 정서사용(using emotion to facilitate thoughts)은, 효과적인 문제해결과 추론, 의사결정, 창조성에 정서가 미치는 영향에 관한 것이다(Brackett & Salovey, 2004; Salovey et al., 1999; Salovey et al., 2000; Salovey et al., 2002).

정서는 상호적인 다양한 방식으로 일상적인 인지 활동을 증진할 수 있다(Mayer & Salovey, 1997; Salovey et al., 2000). 첫 번째로, 정서는 중요한 것에 주의를 집중하도록 하여 사고의 방향을 바꾸거나 우선순위를 정립하도록 돕는다(Mayer, 2001; Salovey et al., 2000; Salovey et al., 2002). 또한 정서는 적절한 상황에서 사용되기만 한다면 의사결정을 이끌 수도 있으며(DeSteno, Petty, Wegener, & Rucker, 2000), 환경에 적응할 수 있도록 돕는다(Bless, 2002). 예를 들어, 중요한 발표 전날에 느끼는 불안은, 잡지를 읽거나 친구들과 놀러 가는 대신에 발표를 준비하는 데 시간을 들이도록 촉구한다.

두 번째로, 긍정 정서와 부정 정서는 서로 구별된 정보 처리와 문제해결 양식을 촉진한다(Clore & Tamir, 2002; Fiedler & Bless, 2000; Isen et al., 1987). 즉, 긍정 정서는 혁신적인 사고 능력과 창조적인 해결 능력을 증진하는 반면, 부정 정서는 좀 더 집중적이고 체계적인 처리를 유도한다(Bless, 2002; Forgas, 2002b; Isen, 2002; Isen et al., 1987). 따라서 긍정 정서가 포부를 가진 어떤 기업가로 하여금 새롭고 흥미로운 사업 아이디어를 구상해낼 수 있도록 돕는다면, 부정 정서는 그 사람으로 하여금 구상한 아이디어가 시장성이 있는지를 따져보도록 도울 것이며 잠재적인 투자자들이 던질 수 있는 비판들에 대해 생각해보고 준비할 수 있도록 도울 것이다.

세 번째로, 정서는 정보처리와 판단형성(judgment formation)에 영향을 미치기 때문에(Forgas, 2001; Forgas, 2002b; Salovey & Birnbaum, 1989; Salovey et al., 2002), 정서를 바꿈으로써 동일한 상황에 대한 다양한 관점을 얻게 될 수 있다(Mayer, 2001; Salovey et al., 2002). 그리고 상황이나 문제를 다양한 관점에서 인식할 수 있는 능력은, 좀 더 신중하고 창조적이면서도 균형이 잘 잡혀 있는 계획을 세울 수 있도록 도와준다(Mayer, Gaschke, Braverman, & Evans, 1992; Mayer & Hanson, 1995; Salovey et al., 2002). 실제로 만일 당신이 어떤 문제를 풀거나 난관을 타개하기 위해 애쓰다가 잠시 쉬는 동안 기대치 않게 해답이 분명해지는 것을 경험한 적이 있다면, 당신은 정서 상태의 변화에 동반된 조망수용(perspective-taking)을 경험했을 것이다.

마지막으로, 과거의 정서적 경험을 회상하는 것이 현재의 의사결정이나 추론을 도울 수도 있다(Caruso & Salovey, 2004; Mayer & Salovey, 1997; Salovey et al., 2000). 예를 들어, 당신이 이전 직장에서 경험했던 정서들을 다시 일으켜낸다면, 현재의 상황을 이해하는 데 도움이 될 것이며 이를 적용해볼 수도 있을 것이다

(Caruso & Salovey, 2004; Mayer & Salovey, 1997). 즉시 정서를 다시 유발시킬 수 있는 능력은, 직장을 구할 것인지 아니면 공감적인 친사회적 행동에 몰두할 것인지를 결정하는 것과 같은 중요한 결정을 내릴 때에 도움이 될 수 있다(Mayer & Salovey, 1997).

이렇게 사고에 대한 정서의 효과를 자각하고 이러한 효과를 활용할 수 있는 능력은, 정서지능이 높은 사람들의 핵심적인 특징이라고 제안되어 왔다(Forgas, 2001; Salovey, Hsee, & Mayer, 1993).

어떤 정서들은 다른 정서들의 조합으로 구성된다(Izard et al., 2000). 예를 들어, 기쁨과 수용은 사랑의 정서에 포함되고(Mayer, 2001), 기쁨과 애도는 아쉬움의 정서에 포함된다(Salovey et al., 2000). 이러한 조합들은 잘 드러나지 않고, 복잡하며, 때로는 모순된 양상을 띠기도 하는데(Mayer & Salovey, 1997; Salovey et al., 2002), 수치심과 분노, 혹은 사랑과 미움의 조합이 그 예가 될 수 있겠다(Izard et al., 2000; Mayer & Salovey, 1997; Tangney, Wagner, Hill-Barlow, Marschall, & Gramzow, 1996). 정서를 기술하는 용어들은 모호한 그룹으로 표상되거나 추상적인 원형(prototype)을 중심으로 조직화될 수 있다(Russell, 1991; Shaver, Schwartz, Kirson, & O' Connor, 1987). 예를 들어, 슬픔은 우울, 절망, 애도, 무력감과 같은 정서군을 가장 잘 대표하는 전형으로 개념화될 수 있다(Shaver et al., 1987).

정서는 또한 발생과정이 체계적이라 할 수 있다(Izard et al., 2000). 그래서 어떤 자극이 특정 정서를 유발할 것인지, 또는 그 정서가 시간이 흐름에 따라 어떻게 진행되고 변화될지에 대해 예측이 가능하고 어느 정도 일관적이다(Izard et al., 2000; Plutchik, 2001). 정서는 개인이 다른 사람 혹은 물리적 환경과 맺는 관계와 관련되는 공통적인 기저 원인을 가지고 있을 수 있다(Ekman, 2003; Lazarus, 1991; Lazarus, 2000). 예를 들어, 분노(anger)는 목표를 달성하기 위해 애쓰고 있을 때 방해를 받게 되면 유발되는 경향이 있으며(Ekman, 2003; Izard et al., 2000; Plutchik, 2001; Shaver et al., 1987), 신체적으로나 심리적으로 해를 입고 있다고 믿어질 때에도 유발되는 경향이 있다(Ekman, 2003; Shaver et al., 1987). 이처럼 분노는 방해요소에 대해 갖게 되는 부당하다는 느낌 혹은 상해에 대한 믿음을 반영한다(Mayer & Salovey, 1997; Shaver et al., 1987). 또한 수그러들지 않는 분노는 격노로 변할 수 있다(Plutchik, 1997, 2003).

Mayer-Salovey 모델의 세 번째 영역인 정서이해(understanding emotion)는 정서적인 정보를 분석하고 이해하는 능력에 중점을 둔다(Mayer & Salovey, 1997; Salovey et al., 2000; Salovey et al., 2002). 여기에는 감정에 이름을 붙이는 능력, 유사한 정서들을 인식하는 능력, 정서의 유발원인을 이해하고 각 정서에 담긴 의미를 이해하는 능력, 그리고 정서가 어떻게 진행되고 변화할 것인지에 대한 통찰력이 포함된다(Brackett & Salovey, 2004; Mayer, 2001; Salovey et al., 2000; Salovey et al., 2002). 정서에 이름을 붙이고, 특징 및 유발원인, 변화과정을 이해하는 능력은 대개 성장하면서 정상적으로 발달한다(Fitness, 2001; Harris, 1993; Izard, 2001; Mayer & Salovey, 1997; Pons, Lawson, Harris, & de Rosnay, 2003). 하지만 개인차가 있으며(Harris, 1993; Pons et al., 2003), 정

서지능이 높은 사람들은 이러한 정보들을 매우 정교한 수준으로 이해하는 것으로 알려져 있다(Fitness, 2001).

정서이해 기술이 잘 개발되면, 최근 좀 더 나은 일자리를 제안받아 현재 직장을 그만두게 된 직장 동료가, 미래에 대한 불안과 더불어 동료들을 떠나야 한다는 슬픔, 그리고 직업적인 가능성에 대한 흥분이 뒤섞인 매우 복잡한 정서를 경험하고 있다는 것을 이해할 수 있다. 고객 서비스를 담당하는 직원의 경우에는, 지나치게 많은 대금을 청구 받은 한 고객이 현재 다소 좌절감을 느끼고 있기는 하지만 문제가 빨리 해결될 수 있을 것이라는 희망 또한 가지고 있을 것이라는 사실을 이해할 수 있을 것이다. 그리고 만일 문제해결이 늦어진다면 고객이 분노를 느끼기 시작할 것이고, 그 분노의 강도가 점점 더 커질 수 있다는 것도 짐작할 수 있을 것이다.

정서를 이해하는 능력은 언어나 명제적 사고(propositional thought)와 같은 인지적 과정을 포함한다(Anderson & Phelps, 2000; Brackett & Salovey, 2004; Izard, 2001; Mayer, Salovey et al., 2004a; Pons et al., 2003). 네 가지 정서지능 기술 중에서 이 영역이 인지적인 요소들을 가장 많이 포함하고 있기 때문에 인지지능과의 관련성도 가장 높다(Mayer, 2001; Mayer, Salovey, Caruso, & Sitarenios, 2001).

정리하면, 자신 혹은 다른 사람들의 실제 감정을 정확히 지적해내는 능력, 그리고 그 감정을 유발시킨 원인을 정확히 분석하고 그 정서가 시간이 흐름에 따라 어떻게 변화할 것인지를 예측하는 능력이 바로 정서이해 기술이라고 볼 수 있다.

이 모델의 네 번째 영역인 정서관리(managing emotion)는 자기 자신 혹은 다른 사람의 정서를 조절하는 능력에 관한 것이다 (Brackett & Salovey, 2004; Salovey et al., 2002). 첫째로, 이 기술은 유쾌한 정서 및 기분과 함께 제시되는 정보와 불쾌한 정서 및 기분과 함께 주어지는 정보 모두에 대해서 개방적인 자세를 취하는 것을 포함한다(Mayer, 2001; Salovey et al., 2000). 정서는 인간이 환경과 맺고 있는 관계에 대한 정보를 전달하기 때문에(Lazarus, 1991; Mayer, Salovey et al., 2004a; Mayer, Salovey, & Caruso, 2004b; Plutchik, 2001; Salovey et al., 2000), 이에 대해 개방적인 자세를 취하게 되면 좀 더 역동적이고 적응적인 방식으로 행동을 조절하는 데 도움을 얻을 수 있다. 예를 들어, 시스템을 바꾸려고 할 때 팀원들이 느끼는 염려에 대해 개방적인 태도를 취하는 관리자는, 이를 무시하는 관리자에 비해 좀 더 효율적으로 문제를 다룰 수 있게 된다.

두 번째로, 정서관리는 자신이나 다른 사람의 감정을 최적의 상태로 만들고 유지하도록 정서관리 방략들을 효과적으로 사용하는 것과 관련이 있다(Brackett & Salovey, 2004; Salovey et al., 2000). 사람들은 자신의 기분과 정서를 조절하기 위해 매우 다양한 방략들을 사용하는데, 여기에는 운동하기나 먹기, 바람 쐬기, 주의분산, 이완 기법 등이 포함된다(Larsen, 2000; Salovey et al., 2002; Thayer, Newman, & McClain, 1994). 정서지능에 관한 이 이론은, 지능이란 상황에 적절하고 유연하게 반응하는 것과 관련이 있는 것이지 어떤 방략을 반드시 사용해야 하는지를 미리 규정해 두는 것이 아니라는 견해와 맥을 같이한다(Mayer, 2001). 하지만 일반적으로 어떤 방략들은 다른 것들에 비해 보다 건설적일 수 있다(Gross, 2001; John & Gross, 2004; Salovey et al., 2002; Thayer, 2000). 예를 들어, 정서를 재평가하는 것은 정서를 단순히 억제하는 것보다는 사회적·심리적·인지적 기능에 있어 더 유익하다 (Gross, 2001; John & Gross, 2004). 만일 어떤 사람이 친구가 한 말 때문에 당황하고는 그 친구가 진심으로 그 말을 한 것인지를 자문해보고 친구가 그렇게 말하도록 만든 다른 스트레스 요인이나 자신이 그렇게 해석하도록 만든 요인들이 있지는 않은지 자문해 보고 있다면, 그는 재평가(reappraisal)를 하고 있는 것이다. 반면, 어떤 사람이 화가 나거나 속상해서 이를 다루고 싶을 때, 단순히 이를 무시하고 외면함으로써 감정을 조절하려고 하는 것은 억제 (suppression)에 해당한다.

MSCEIT를 이용한 Mayer-Salovey 능력 모델의 평가

지능 연구에서는 능력 혹은 수행을 측정하는 도구들을 사용하는 것을 정석으로 여기고 있다(Mayer, Caruso et al., 2000b). 이러한 측정도구들은 피검자로 하여금 인지적 처리 과제나 추상적 추론 과제를 수행하도록 하고 규준에 입각하여 피검자의 수행을 평가한다(Carroll, 1993; Mayer, Caruso et al., 2000b; Mayer, Salovey et al., 2000b). Mayer-Salovey-Caruso 정서지능검사 2판(MSCEIT; Mayer, Salovey, & Caruso, 2002a)은 Mayer와 Salovey의 정서지능에 대한 이론을 조작적으로 정의하여 만들어진 측정도구다 (Mayer, Caruso et al., 2000b). 이 검사도구의 목적은 네 가지 정서지능 영역에서 정서에 대해 추론하는 능력과 정서를 이용하여 추론하는 능력을 평가하는 것이다(Mayer, Caruso et al., 2000b; Mayer, Salovey, & Caruso, 2002b).

네 가지 기술들은 각각 두 개의 과제들로 측정된다. 먼저 정서지각은 사진에서 정서적 신호를 정확히 식별하는 능력을 측정하는 과제들로 구성된다. 얼굴 과제에서는 일련의 얼굴사진들을 제시하고 피검자로 하여금 각 사진에 묘사되어 있는 다양한 정서들을 식별하도록 요청한다. 예를 들어, 검사자는 피검자에게 감정이 얼마나 강하게 표현되어 있는지를 1점(전혀 행복하지 않음)부터 5점(최고로 행복함) 사이에서 평정하도록 요청하는데, 각 자극들을 행복이나 두려움, 놀람, 혐오, 흥분과 같은 다양한 정서의 측면에서 평정하도록 한다. 그림 과제에서는 이와 유사하게 일련의 풍경이나 추상적인 그림을 제시하고 피검자로 하여금 제시된 그림에 각 감정들이 얼마나 강하게 표현되어 있는지를 평정하도록 한다.

사고촉진을 위한 정서사용은 인지적 활동을 함에 있어 정서를 고려하는 능력을 말한다(Mayer, Caruso et al., 2000b; Mayer, Salovey et al., 2002b). 촉진 과제는 다양한 기분들이 어떻게 상호작용하여 사고와 추론을 돕는지에 대한 지식을 평가한다(Mayer, Salovey et al., 2002b). 예를 들어, 군대행진곡을 작곡할 때 분노와 같은 기분이 얼마나 유용한지를 피검자로 하여금 1점(전혀 유용하지 않음)부터 5점(유용함) 사이에서 평정하도록 요청한다(Mayer, Salovey et al., 2002a). 감각 과제에서는 피검자로 하여금 특정 정서를 일으키도록 하고 그 정서를 빛이나 색깔, 온도와 같은 다양한 감각 양상에 빗대어 보게 한다(Mayer, Salovey et al., 2002b). 예를 들어, 피검자에게 죄책감을 떠올리게 하고, 그 정서가 차가움, 파란색, 달콤함과 얼마나 유사한지를 1점(전혀 유사하지 않음)부터 5점(매우 유사함) 사이에서 평정하도록 요청한다(Mayer, Salovey et al., 2002a).

세 번째 영역인 정서이해에서는, 정서가 복잡하게 서로 연관된 상징의 세트(symbol sets)를 형성하고 있으며 특정 정서 그룹은 시간이 흐름에 따라 특정한 진행과정을 거친다는 사실을 내담자가 얼마나 이해하고 있는지를 평가한다(Mayer, Salovey et al., 2002b; Mayer et al., 2004a). 혼합 과제에서는 피검자로 하여금 복잡한 정서들을 부분으로 분해하도록 하고, 역으로 단순한 정서들을 복잡한 감정으로 조합하도록 한다(Mayer, Salovey et al., 2002b). 예를 들어, 피검자들에게 정서 세트들의 목록을 주고 어떤 정서 세트의 조합이 염려와 가장 유사한지를 묻는다(Mayer, Salovey et al., 2002a). 변화 과제는 특정 정서와 상황을 서로 연결짓는 능력(예: 누군가를 상실한 상황이 사람을 슬프게 만드는지)과 특정 정서의 시간에 따른 변화를 이해하는 능력(예: 분노가 격노로 변할 수 있는지)을 평가한다.

정서관리는 정서를 유연하고 적응적으로 관리하는 능력에 초점을 둔다(Mayer, 2001). 정서관리 과제에서는 피검자로 하여금 가상적인 상황에서 특정한 정서를 느끼는 개인에게, 제시된 행동들이 얼마나 효과적일지를 평정하도록 한다. 예를 들어, 다른 사람들은 일반적으로 즐겁게 여기는 것들에 대해서 즐거움을 경험하지 못하는 상태, 혹은 예전에는 즐거움을 주었던 것들에 대해서 즐거움을 전혀 경험하지 못하는 상태를 의미하는 무쾌감증 (anhedonia)을 어떤 사람이 겪고 있는 내용의 글을 제시한다. 그리고는 4가지 행동 목록을 제시하는데, 여기에는 친구 부르기, 혼자 있으면서 뭐가 잘못된 것인지 따져보기 등이 포함된다. 피검자는 제시된 행동들이 무쾌감증을 감소시키고 기분을 나아지게 하는 데 얼마나 도움이 될 것인지를 평정하게 된다. 정서적 관계 과제는 정서관리 과제와 유사하지만, 자기자신의 정서를 조절하는 것이 아니라 타인을 포함하는 상황에서 정서를 조절하는 것과 관련된 것이라는 점에서 차이가 있다.

능력 모델의 실제 적용

Mayer-Salovey 능력 모델에 기술되어 있는 각 정서 기술들이 어떻게 적용될 수 있는지를 보여주기 위해 이 장의 서두에서 제시하였던 사례들 중 하나를 다시 살펴보기로 하겠다. 방금 전 승진 소식을 듣게 된 메리는 지금 자신의 동료들과 함께 회의 장소로 가고 있다. 앞서 언급하였듯이, 메리는 다른 지원자들에게 개별적으로 소식이 전해지기 전까지는 승진 소식에 대해 언급하지 말 것을 지시받은 상태다. 회의 장소에 들어서자 친구인 리처드가 눈에 띈다. 그는 자신이 분명 그 자리를 얻게 될 것이라고 확신해왔었다. 지금 그는 편안하고 유쾌한 기분으로 어제 있었던 일에 대해 이야기하고 있다. 이렇게 리처드의 얼굴 표정과 몸짓에 근거하여 그가 지금 어떤 감정을 느끼고 있는지를 정확하게 식별하는 능력은, 메리가 지닌 정서지각 혹은 정서인식 기술의 지표라고 볼 수 있다.

회의의 의제는 프로젝트의 예산과 기한을 설정하는 것과 같은 몇 가지 핵심적인 의사결정을 내리는 것이었다. 메리는 승진 소식으로 인해 매우 기뻤으며, 이러한 긍정 정서가 자신의 사고와 판단에 영향을 미칠 수도 있다는 것을 알았다. 즉, 자신이 경험하는 긍정 정서가 프로젝트 기한에 대해 지나치게 낙관적인 판단을 내리도록 할 수 있음을 메리는 이해하고 있었다. 이렇게 자신의 정서가 사고에 어떤 영향을 미칠지에 대해 알고 있는 지식은 정서사용 능력의 지표가 된다.

메리는 지금 행복감과 흥분, 긴장감, 자긍심, 그리고 다른 지원자들에 대한 동정심을 느끼고 있다. 그리고 만일 리처드가 메리의 승진 소식을 듣게 된다면 거절감이나 실망감, 좌절감을 느끼게 될 가능성이 높다고 추측하고 있다. 왜냐하면 이번에도 떨어지게 되면 두 번째 떨어지는 셈이 되기 때문이다. 하지만 메리는 그가 자신을 위해 진심으로 기뻐해줄 것이라는 추측도 하고 있다. 또한 메리는 리처드가 앞으로 몇 주 동안 의기소침해져서 말수가 줄어들 것도 예상하고 있다.

이렇게 서로 상반되는 것 같은 복잡한 정서들이 동시에 일어날 수 있다는 것을 이해하는 능력이나, 그러한 정서들의 원인을 식별하는 능력, 그리고 그러한 정서들이 시간에 따라 어떻게 변화하게 될 것인지를 예언하는 능력은 메리가 지닌 정서이해 능력의 지표가 된다.

프로젝트에 대한 논의가 시작되면서, 메리는 동료들에 대해 잘 처신하고 그들의 감정을 배려하기 위해 민감성을 발휘하여 다른 이들이 눈치채지 못하도록 조심스럽게 자신의 행복감을 감추고 있다. 언젠가는 축하를 받아야겠지만 지금은 그때가 아니기 때문이다. 지금 당장은 이 정서를 잘 통제하여 팀의 사기를 꺾지 않고, 프로젝트가 성공적으로 진행되도록 할 필요가 있다. 그래서 메리는 마치 아무 일 없는 것처럼 행동하면서 계획된 대로 회의를 진행한다. 이렇게 일시적으로 기쁨을 조절하고 효과적으로 자신과 다른 사람들의 정서를 통제하여 이용하는 능력은 메리가 지닌 정서관리 능력의 지표가 된다.

정서지능은 왜 중요한가

MSCEIT를 통해 평가되는 정서지능은 다양한 인구학적 변인들과, 중요한 삶의 결과들과도 관련이 있다. 실제로 정서지능 관련 능력들과 심리적 건강, 사회적 관계, 성, 직무 수행과의 관계를 탐색한 연구들이 있다(Brackett & Mayer, 2003; Côté & Miners, 2006; Côté, Miners, & Moon, 2006; David, 2005; Lopes, Brackett, Nezlek, Schütz, Sellin, & Salovey, 2004). 최근의 연구들에서는 이러한 능력들이 개발될 수 있는지에 대한 탐색도 실시되었다(Chang, 2006; Eack et al., 2007). 다음 절에서는 이와 관련된 내용들을 살펴보도록 하겠다.

정서지능 능력과 대처 및 심리적 건강

정서지능은 정서 현상(affective phenomena)에 대해서 효과적으로 추론하거나, 정서 현상을 이용하여 효과적으로 추론하는 것을 포함한다(Mayer & Salovey, 1997). 그리고 적응적인 대처와 심리적 건강은 정서 현상을 효과적으로 조정하고 사용하는 것에 부분적으로 의존하고 있기 때문에(Folkman & Moskowitz, 2004; Salovey et al., 1999; Summerfeldt & Endler, 1996), 대처 및 심리적 건강과 정서지능 사이의 관계는 이론적으로 관련이 높을 가능성이 크다. 이러한 관계성에 대한 기대는 이미 여러 연구문헌들을 통해 제안되어 왔다(Ciarrochi, Chan, & Caputi, 2000; Salovey et al., 1999; Salovey & Mayer, 1990).

정서지능이 높은 사람들은 정서적 정보를 탐색하고, 이를 자신의 행동과 생각, 목표(Salovey et al., 1999), 과거 경험 및 현재 상황에 맞게 일관된 방식으로 통합하는 능력 또한 높으며, 이는 스트레스 요인을 회피하기보다 적극적으로 대응하는 데 도움이 될 수 있다. 이들이 지닌 기술들, 특히 정서관리와 관련된 문제해결에 중점을 둔 기술들은, 정서와 기분에 적절한 양의 주의를 할당하고 기분을 명료하게 하는 데 도움이 될 수 있다(David, 2004; Mayer & Salovey, 1997; Salovey et al., 1999; Salovey et al., 2000). 이런 사람들은 지속적인 반추를 한다거나 정서에 매여 있을 가능성이 낮다(Salovey et al., 1999).

정서지능이 높은 사람들은 정서를 억제하는 경향도 덜하다. 즉, 이들은 각자가 지닌 정서추론 기술을 사용하여 고통스러운 정서에 대해서도 적절히 개방적인 자세를 취하고, 적절한 시기에 효과적으로 정서를 가라앉히며, 고통을 해결하는 데 도움이 되는 효과적인 정서관리 방략들을 사용한다. 이로 인해 정서적 표현을 억제할 필요를 미연에 방지하게 될 수 있는 것이다. 또한 이들은 각자가 지닌 장기적인 목표와 일치하는 방식으로(Salovey et al., 2000) 긍정 정서를 만들어내고 유지하는 방법에 대해서도 효과적으로 추론할 수 있다(Mayer & Salovey, 1997).

전반적으로 이러한 기술들은 보다 적응적인 대처와 높은 수준의 안녕, 감정경험에 대한 통제감의 상승, 심리적 장애의 감소와 같은 유익을 가져다준다(Ciarrochi et al., 2001; Mayer, Caruso et al., 2000a; Salovey et al., 1999; Salovey & Mayer, 1990). 이러한 가설을 지지하는 연구들은 점차로 증가하고 있다.

정서지능과 대처의 관계를 탐색하는 과정에서 발견된 사항은, 정서지능이 높은 학생과 일반인들은 모두 부인("이건 현실이 아니라고 스스로에게 말해요.")이나 정신적 철회("마음을 딴 데로 돌리게 하는 다른 활동을 하거나 일을 해요."), 행동적 철회("그 문제를 다룰 수 없다는 것을 인정하고 포기해버려요.")와 같은 회피적 통제방략을 사용할 가능성이 낮다는 사실이었다(David, 2005). 다른 연구들 역시 정서지능이 높을수록 회피적 통제방략을 사용할 가능성이 낮다는 사실을 확인하였다(Gohm, Corser, & Dalsky, 2005).

적절치 못한 대처반응 양식으로 여겨지고 있는 반추(Summerfeldt & Endler, 1996)는 부정 정서와 그 정서의 의미에 반복적으로 그리고 수동적으로 주의를 기울이는 경향성을 의미한다(Nolen-Hoeksema, 1998; Nolen-Hoeksema & Morrow, 1991). 부정 정서를 경험하는 사람들은 스트레스 요인을 이해하고 부정적 감정을 조절하려는 의도로 반추를 하게 될 수 있다(Lyubomirsky & Nolen-Hoeksema, 1993). 하지만 역설적이게도, 이렇게 고통의 근원에 주의를 집중하려는 시도는 부정적 기분을 지속시키고 적응을 방해한다(Lyubomirsky & Nolen-Hoeksema, 1993; Summerfeldt & Endler, 1996). 정서지능과 반추의 관계에 대한 초기의 연구결과들에 따르면, MSCEIT의 하위척도인 정서관리에서 높은 점수를 받은 사람들은 6개월 후에 반추적인 반응 양식을 가지고 있을 가능성이 더 낮았다(David, 2005).

Brackett과 Mayer(2003)는 자기수용(self-acceptance), 환경숙달(environmental mastery), 목적 있는 삶(purpose in life), 긍정적 대인관계(positive relations with others), 개인적 성장(personal growth), 자율성(autonomy)을 측정하는 Ryff(1989)의 안녕(well-being) 척도를 사용하여 연구한 결과, 정서지능 점수가 높은 사람들이 보다 높은 심리적 안녕을 경험한다는 것을 확인하였다. David와 Jackson(2007)이 일반인들을 대상으로 하여 실시한 연구에서도, 정서지능 점수가 높은 사람들이 심리적 증상을 적게 경험하고 우울의 심각도도 덜하며 우울 관련 손상을 덜 보이고 불안도 적게 경험하는 등 심리적 질환을 적게 경험하는 것으로 밝혀졌다. 이러한 결과들은 개인의 성격과 인지지능을 통제하고 난 후에도 유의미하였다. 다른 연구자들도 이와 유사한 관계를 발견하였는데, 이들에 따르면 정서지능이 높은 사람들은 우울증상을 적게 경험하였고 불안을 경험하는 경향도 낮은 것으로 나타났다(Brackett & Salovey, 2004).

대처 및 심리적 건강과 정서지능의 관계 연구는 아직 초기단계이긴 하지만, 그간의 연구결과들은 정서적 능력이 대처 및 심리적 건강에 중요한 역할을 수행할 가능성이 있음을 제안하고 있다.

정서지능 능력과 사회적 · 행동적 능력

　정서지능과 사회적 · 행동적 결과들과의 관계에 대한 연구들은 우리로 하여금 정서지능이 높은 사람들에 대한 그림을 그릴 수 있게 해주고 있다. 사회적으로 보면, 이들은 친구들과의 부정적인 상호작용이 적고 긍정적인 상호작용은 보다 많으며, 공공기물을 파괴하거나 몸싸움을 벌이는 등의 일탈행동을 적게 보인다(Brackett & Mayer, 2003; Brackett et al., 2004; Lopes, Salovey, & Strauss, 2003). 이들은 호감을 주는 인상을 남기기 위해 애쓰며, 아울러 유능하고 덕망 있어 보이는 인상을 주기 위해 노력하는 경향이 있는 반면, 자신이 무력하고 돌봄이 필요한 사람으로 보이도록 애쓰지는 않는다(Lopes et al., 2004). 이들은 가까운 대인관계 내에서도, 낮은 자기가치감과 수용에 대한 집착이 두드러지는 애착유형을 보이지 않는 경향이 있다.

　상대적으로 정서지능이 높은 사람들은 약물과 알코올을 덜 사용한다(Brackett & Mayer, 2003; Brackett et al., 2004). 또한 이들은 학업수행이 높은 편이며(Ashkanasy & Dasborough, 2003; Barchard, 2003; Brackett & Mayer, 2003; Brackett et al., 2004), 자기존중감(self-regard)과 학업에서의 자존감 수준이 높은 경향이 있다(Lopes et al., 2004).

정서지능 능력과 성

　일반적인 정서기술들(정서지능 구성개념 그 자체는 아님)에 대한 성차에 관한 연구들은, 다양한 정서관련 기술면에서 남성보다 여성이 더 수행이 뛰어나다는 것을 보여주고 있다(Manstead, 1992; Mayer, Salovey et al., 2002b). 실제로 여성들은 표정이나 몸짓을 이용한 표현이 풍부하였으며(Hall, Carter, & Horgan, 2000; Noller & Ruzzene, 1991), 한 실험연구에 따르면 여성들의 얼굴 표정은 관찰자들이 보다 정확하게 식별할 수 있었다고 한다(Hall et al., 2000; Manstead, 1992). 또한 여성들은 의도적인 비언어적 표현을 해석하는 데 능통하며 특히 얼굴 표정을 통해 전달되는 표현을 잘 읽어낸다고 한다(Hall et al., 2000; Manstead, 1992; Thayer & Johnsen, 2000). 그리고 정서적 경험을 남성들에 비해 더 복잡하고 잘 분화된 형태로 표상한다(Barrett, Lane, Sechrest, & Schwartz, 2000). 또한 여성들은 남성들에 비해, 인지적 · 사회적 손실과 더불어 안녕의 감소를 가져올 수 있는 정서적 억제를 덜 하는 경향이 있는 것으로 나타났다(Gross, 2001; Gross & John, 2003; John & Gross, 2004).

일반적인 정서기술들의 측면에서 여성들이 갖는 이점이 정서지능 자체로도 확장될 수 있다는 사실을 지지하는 초기 연구결과들이 있다. MSCEIT 사용자 매뉴얼(Mayer, Salovey et al., 2002b)에 기술되어 있는 규준 샘플에서, 여성의 전반적인 정서지능 점수가 남성보다 유의미하게 더 높았으며, 각 하위척도들에서도 같은 양상이 발견되었다. 적어도 전반적인 정서지능에서만큼은, 이미 발표된 다른 몇몇 연구들에서도 이러한 발견들이 반복적으로 확인되었다(Brackett & Mayer, 2003; Brackett et al., 2004; Schulte, Ree, & Carretta, 2004).

정서지능의 발달

정서지능은 시간이 지남에 따라 자연스럽게 발달하는 것일까? 이 능력은 증진될 수 있는 것일까? 이러한 질문들에 대한 초기의 연구들은 두 가지 이슈에 주목하였다. 첫 번째는 정서지능 점수가 나이에 따라 증가하는지의 여부였고, 두 번째는 정서지능 점수가 구조화된 개입을 통해 증가될 수 있는지의 여부였다.

MSCEIT 사용자 매뉴얼에서는 규준 샘플의 18~24세 집단의 전체 인지지능 점수 및 사고촉진을 위한 정서사용, 정서이해, 정서관리 하위척도 점수가 이들보다 나이 많은 집단에 비해 유의미하게 더 낮았다고 보고하고 있다. 하지만 정서지각 하위척도에서는 그러한 결과가 나타나지 않았다. Mayer와 그의 동료들은, 인지지능이 연령과 경험에 따라 발달하는 것과 마찬가지로 정서지능 역시 연령에 따라 증가한다는 사실을 이러한 결과들이 잘 보여주고 있다고 제안하였다. 정서지능과 인지지능의 이러한 일치는 정서지능이 지능의 한 유형이라는 견해를 지지하는 것으로 여겨지고 있다(Mayer, Caruso et al., 2000a; Mayer et al., 2001).

정서지능의 연령에 따른 변화를 탐색한 다른 연구들도 있다. 이 중 두 연구는 특정 연령대의 대학생 샘플을 이용하였는데, 한 연구에서는 각 학년들(1~4학년) 사이에 유의미한 차이를 발견하지 못했다(Gohm: Gohm & Clore, 2002, 재인용). 다른 연구에서는 연령이 증가할수록 정서지각 점수가 약간 감소하였지만, 다른 세 하위척도 점수에 대해서는 유의미한 변화가 없는 것으로 확인되었다(Day & Carroll, 2004). 그리고 연령과 전체 정서지능과의 상관도 나타나지 않았다. 좀 더 연령 폭을 넓혀(17~80세, 평균 30.89세) 보다 이질적인 구성을 갖게 된 샘플에서도 전체 정서지능 점수와 연령은 유의미한 상관관계를 보이지 않았다. 이러한 연구결과들은 일관적으로 나타나지 않았기 때문에 정서지능이 연령에 따라 증가하는지의 여부에 대해서는 결론을 내리지 못한 상태다.

구조적인 개입을 통해 정서지능이 발달할 수 있을지에 대한 기초적인 연구결과들은 매우 긍정적이다. 우선 Chang(2006)은 한 학기 동안 수업기반의 개입을 계획하였는데, 여기에서는 대학생들로 하여금 정서지능과 자기개선 이론(self-modification theory), 합리적 정서이론을 배우고 이를 각 개인에 맞게 계획된 자기변화 프로젝트에 응용하도록 하였다. 그 결과 정서지능의 전략적 영역 면에서 개입의 효과가 확인되었는데, 이 영역에는 정서이해와 정서관리 하위척도가 포함되어 있다. 정서지각과 정서사용 하위척도가 포함되어 있는 경험적 영역에서는 유의미한 증가가 나타나지 않았다. 사용된 개입방법이 경험적 영역에 직접적으로 목표를 둔 것이 아니었기 때문에, 두 번째 결과는 그리 놀라운 것은 아니라고 볼 수 있다.

Eack와 그의 동료들(2007) 또한 정서지능을 증진하기 위한 개입방법을 사용한 바 있다. 이들은 인지향상치료(cognitive enhancement therapy: CET)를 통해 정신분열증 환자들에게서 공통적으로 보고되는 사회적·인지적 결함을 다루는 데 관심을 두고 있었다. 인지향상치료는 주의, 기억, 문제해결에 초점을 둔 컴퓨터 훈련과, 조망수용 기술과 비언어적 단서의 이해력, 정서관리능력, 사회적 맥락의 평가능력을 향상시키는 데 목적을 둔 집단 훈련으로 구성된다. 인지향상치료를 받은 내담자들은, 치료가 종료된 후에 정서지능 점수가 유의미하게 더 높아진 것으로 확인되었다.

정서지능 능력과 직장생활

정서지능이 높은 사람들이 과연 더 좋은 리더나 동료가 될 수 있는지, 스트레스에 대한 더 큰 인내력을 보이는지, 혹은 직무수행 능력이 더 탁월한지에 대해 많은 관심이 모아져 있다. 이 이슈를 다루기 시작한 연구들이 다음에 제시되어 있다.

이 중 한 연구(Lopes, Grewal, Kadis, Gail, & Salovey, 2006)에서는 정서지능이 높은 사람들이 더 많은 성과급을 받고, 직위도 높았으며, 보다 사회적이고, 부정적인 대인 상호작용도 더 적다는 것을 확인하였다. 이들은 또한 스트레스 인내력, 리더십 잠재력, 긍정적인 직무환경 조성에의 공헌에 대한 동료와 상사의 평정에서도 높은 점수를 받았다. 연구자들은 일련의 분석과정에 걸쳐 연령, 성별, 교육수준, 언어능력, 성격특질, 긍정 정서 혹은 부정 정서, 정서적 대처를 통제하였는데, 앞서 살펴본 상관관계들은 이것들을 통제하였을 때에도 유의미하였다. 이는 이러한 결과들이 실제로 정서지능으로 인해 나타난 것임을 시사한다.

다른 연구들도 이와 유사하게 정서지능이 직장에서의 다양한 긍정적 결과들과 관련이 있다는 점을 보여주었는데, 여기에는 관리직무 수행이나 리더십 효과, 사업목표 달성, 생산적 업무관계

형성, 개인적 추진력이나 성실성에서 모범이 되는 정도의 측면에서 높은 점수를 받는 것 등이 포함된다(Janovics & Christiansen, 2002; Kerr et al., 2006; Rosete & Ciarrochi, 2005).

마지막으로 Côté와 Miners(2006)는 낮은 인지지능을 정서지능이 보상할 수 있다는 가설을 지지하는 결과들을 발견하였다. 이들의 연구에 따르면, 인지지능이 낮은 경우에서, 감독자 평정 과제수행 정도와 정서지능 간의 관계가 더 강하게 나타났으며, 뿐만 아니라 사회의 구성원으로서 필요한 조직화된 행동들과 정서지능과의 관계도 더 강하게 나타났다.

결 론

Mayer-Salovey 정서지능 모델은 정서에 대한 기능적 관점과 일치한다. 따라서 이 모델에서는 정서를 혼란스럽게 하고 방해하는 요소로 간주하기보다, 삶의 효율성을 촉진하는 자원으로 간주한다.

이 장의 서두에서 제시하였던 예화들은, 일상생활 속에 정서와 정서적 도전들이 흔히 나타날 수 있음을 잘 드러내준다. 각 예화의 주인공들은 각자 처한 상황 속에서 자신과 다른 사람들의 정서에 대한 문제해결을 시도할 것이지만, 서로 다른 수준의 정서적 기술들을 사용할 가능성이 높다. 이들은 각각 정서를 식별하는 데 있어 정확도가 다를 것이다(인식하기). 또한 이들은 정서가 어떻게 사고에 영향을 미칠 것인지에 대해서도 달리 이해하게 될 것이다(사용하기). 뿐만 아니라 자신과 다른 사람들이 어떤 감정을 경험하고 있는지 정확히 지적하고, 또한 무엇이 이러한 감정을 유발하였는지, 시간에 따라 어떻게 진행될 것인지를 정확히 지적하는 능력의 측면에서도 차이가 있을 것이다(이해하기). 정서를 관리함에 있어서도 유연성과 적응성의 측면에서 그 수준이 서로 다를 것이다(관리하기). 결국 이러한 기술들은 각자 처한 상황을 얼마나 성공적으로 통과해나갈 수 있을지에 영향을 미치게 될 것이다.

MSCEIT를 이용한 연구들은 정서지능이 높은 사람들에 대한 그림을 그릴 수 있게 해준다. 이들은 회피적 대처방략을 사용할 가능성이 낮고, 심리적 문제로 고통 받을 가능성도 낮은 반면, 삶에 대한 만족도는 높다. 또한 이들은 동료들과의 상호작용이 매우 원만하며, 약물이나 알코올을 적게 사용하고, 학업수행은 높으며, 자존감 또한 높은 것으로 알려져 있다. 직장에서는 높은 성과급을 받고 있으며 직위 또한 높은 것으로 확인되었다. 이들은 매우 사회적이고, 부정적인 대인관계 상호작용이 적으며, 긍정적인 업무 환경을 조성함에 있어 동료들이나 상사들로부터 좋은 평가를 받는다. 이들은 또한 스트레스에 대한 인내력이 높으며 리더로서의 잠재력도 가지고 있다.

현재 진행 중인 연구들은 이러한 발견들을 더욱 확장하고 재확인하는 데 초점을 두고 있으며, 발견된 다양한 관계들의 기저에 깔려 있는 기제를 탐색하고, 또한 정서지능을 증진시킬 수 있는 개입방안을 개발하는 데 초점을 두고 있다.

| 개인적인 작은 실험들 |

정서적 효과에 대한 RUUM 모델 사용하기

이 장에서는 자신이나 다른 사람의 정서를 조종하는 데 능숙해지는 것이 어떻게 원하는 결과를 이끌어내는 데 영향을 미치게 되는지를 강조하였다. 정서를 다룸에 있어 모든 상황에 적용할 수 있는 하나의 올바른 방법이 있는 것은 아니다. 사실 정서지능의 핵심적인 측면은 적절히 유연하게 반응하여 상황의 요구를 만족시키는 능력이다. 하지만 연구들에 따르면, 정서를 다루는 특정한 방식들은 다른 것들에 비해 좀 더 적응적이다.

첫 번째 원리. 정서에 '다가가기'   당신의 정서나 다른 사람들의 정서를 억제하거나 무시하는 것은 일반적으로 효과적이지 못하다. 예를 들어, 당신이 어떤 일로 인해 화가 났을 때, 화가 곧 사라지게 될 것이라는 희망을 가지고 화나지 않은 척하는 것은 그리 효과적이지 못한 경향이 있다. 억제는 일반적으로 낮은 수준의 안녕, 저조한 문제해결 능력, 대인관계에의 부정적인 영향과 관련이 있기 때문이다. 정서를 막아버리거나 정서가 주는 메시지를 막아버리기보다는 정서에 개방적인 자세를 취하고 정서와 친해지는 것이 훨씬 더 효과적이다.

두 번째 원리. 정서를 '통과하기'   자신의 정서나 다른 사람의 정서에 대해 지속적으로 반추하거나, 거기에 매여 있는 것 또한 효과적이지 못하다. 어떤 문제에 수동적 · 반복적으로 주의를 기울이고 과도하게 생각하는 것은 오히려 일을 악화시키는 경향이 있다. 반추가 억제의 반대편에 있는 것 같지만, 놀랍게도 반추는 억제가 가져오는 결과와 유사한 결과를 가져온다. 따라서 정서에 매여 있기 보다는, 어떻게 행동할 것이며 어떻게 마무리 지을 것인지로 관심을 돌리는 것이 훨씬 더 적응적일 수 있다.

종합해보면, 억제와 반추에 대한 연구는 정서를 효과적으로 다루기 위해서는, 정서에 '다가서는 것(정서와 그 안에 담긴 메시지에 개방적인 자세를 갖는 것)' 과 정서를 '통과하는 것(행동과 종결로 나아가는 것)' 이 모두 포함되어야 한다고 볼 수 있다. Mayer-Salovey 정서지능 모델은 이를 실천하는 데 도움을 주는 유용한 틀이다.[8]

당신이 맞닥뜨릴 수 있는 정서적 도전상황을 한 번 떠올려 보라. 갈등상황, 혹은 곧 있게 될 중요한 사건, 걱정거리 등이 예가 될 수 있다. 이를 떠올려 보고 자신에게 표 7.1[9]에 제시되어 있는 질문을 해보라.

---

8 Mayer와 그의 동료들은 그들의 모델의 첫 번째 하위 요소를 정서를 인식하는 능력, 혹은 정서를 지각하는 능력이라고 언급하였다(Mayer & Salovey, 1997; Salovey et al., 2002). Mayers-Briggs Type Indicator(MBTI; Myers & McCaulley, 1985)의 지각 선호와의 혼동을 포함한 실제적인 이유로 정서를 인식하는 능력 혹은 정서 인식하기라고 언급하였다.

9 Caruso와 Wolfe(2001, 2002)의 연구와 David(2005)의 연구를 기초로 함.

| 표 7.1 | 정서적 효과에 대한 RUMM 모델 사용하기

Mayer-Salovey 하위 요소	스스로에게 질문하기	질문이 도움을 주는 부분
인식하기(Recognize)	• 난 어떻게 느끼고 있나? • 다른 사람들은 어떻게 느끼고 있나?	• 정서에 다가가서 친해지는 것 • 조망 수용
사용하기 (Use)	• 내 감정이 어떻게 나의 사고와 행동에 영향을 미치는가? • 다른 사람들의 감정이 어떻게 다른 사람들의 사고와 행동에 영향을 미치는가?	• 정서가 사고와 행동에 미치는 영향을 이해함 －부정 정서는 방어적인 자세와 비판적인 태도와 관련이 있을 가능성이 높음 －긍정 정서는 개방적이고 수용적이며, 거시적인 관점과 관련이 있을 가능성이 높음
이해하기 (Understand)	• 나는 왜 이렇게 느끼는가? • 다른 사람들은 왜 그렇게 느끼는가? • 이 정서들은 시간이 흐르면서 어떻게 진행될까? • 나는 이 정서가 어떤 방향으로 진행되길 원하나?	• 정서를 보다 깊이 이해하기 • 정서의 원인과 결과를 이해하기 • 해결책으로 나아가기
관리하기 (Manage)	• 어떻게 하면 이 상황을 능동적이고 직접적으로 관리해서 최적의 단기적 성과와 장기적 성과를 달성할 수 있을까?	• 전략 개발하기 • 능동적인 대처하기 • 정서를 통과하기

> **참고문헌**

Anderson, A. K., & Phelps, E. A. (2000). Expression without recognition. *Psychological Science, 22*, 106-111.

Ashkanasy, N. M., & Dasborough, M. T. (2003). Emotional awareness and emotional intelligence in leadership teaching. *Journal of Education for Business, 79*, 18-22.

Barchard, K. A. (2003). Does emotional intelligence assist in the prediction of academic success? *Educational and Psychological Measurement, 63*(5), 840-858.

Bar-On, R. (1997). *Bar-On Emotional Quotient Inventory: Technical Manual.* Toronto, ON: Multi-Health Systems.

Bar-On, R. (2006). The Bar-On model of emotional-social intelligence (ESI). *Psicothema, 18*, 13-25.

Barrett, L. F., Lane, R. D., Sechrest, L., & Schwartz, G. E. (2000). Sex differences in emotional awareness. *Personality and Social Psychology Bulletin, 26*(9), 1027-1035.

Baumeister, R. F. (1997). *Evil: Inside human violence and cruelty.* New York: W. H. Freeman.

Bless, H. (2002). Where has the feeling gone? The signal function of affective states. *Psychological Inquiry, 13*, 29-31.

Bowlby, J. (1969). *Attachment* (2nd ed.). New York: Basic Books.

Boyatzis, R. E., Goleman, D., & Rhee, K. S. (2000). Clustering competence in emotional intelligence: Insights from the Emotional Competence Inventory. In R. Bar-On & J. D. A. Parker (Eds.), *The handbook of emotional intelligence: Theory, development, assessment, and application at home, school, and in the workplace* (pp. 343-362). San Francisco: Jossey-Bass.

Brackett, M. A., & Mayer, J. D. (2003). Convergent, discriminant, and incremental validity of competing measures of emotional intelligence. *Personality and Social Psychology Bulletin, 29*, 1147-1158.

Brackett, M. A., Mayer, J. D., & Warner, R. M. (2004). Emotional intelligence and its relation to everyday behaviour. *Personality and Individual Differences, 36*, 1387-1402.

Brackett, M. A., & Salovey, P. (2004). Measuring emotional intelligence with the Mayer-Salovey-Caruso Emotional Intelligence Test. In G.

Geher (Ed.), *Measurement of emotional intelligence* (pp. 181-196). Hauppauge, New York: Nova Science.

Cacioppo, J. T., & Gardner, W. L. (1999). Emotion. *Annual Review of Psychology, 50*, 191-214.

Campos, J. J., Mumme, D. L., Kermoian, R., & Campos, R. G. (1994). A functionalist perspective on the nature of emotion. *Monographs of the Society for Research in Child Development, 59*, 284-303.

Carroll, J. B. (1993). *Human cognitive abilities: A survey of factor-analytic studies.* New York: Cambridge University Press.

Caruso, D. R., Mayer, J. D., & Salovey, P. (2002). Relation of an ability measure of emotional intelligence to personality. *Journal of Personality Assessment, 79*, 306-320.

Caruso, D. R., & Salovey, P. (2004). *The emotionally intelligent manager: How to develop and use the four key emotional skills of leadership.* San Francisco: Jossey-Bass.

Caruso, D. R., & Wolfe, C. J. (2002). *MSCEIT certification workshop: September 25-27.* Toronto, ON: Multi-Health Systems.

Caruso, D. R., & Wolfe, C. J. (2001). Emotional intelligence in the workplace. In J. Ciarrochi, J. P. Forgas, & J. D. Mayer (Eds.), *Emotional intelligence in everyday life: A scientific inquiry* (pp. 150-167). Philadelphia: Psychology Press/Taylor & Francis.

Chang, K. (2006). *Can we teach emotional intelligence?* Unpublished doctoral dissertation, University of Hawaii.

Ciarrochi, J. V., Chan, A. Y. C., & Caputi, P. (2000). A critical evaluation of the emotional intelligence construct. *Personality and Individual Differences, 28*, 539-561.

Ciarrochi, J. V., Chan, A. Y. C., & Caputi, P., & Roberts, R. (2001). Measuring emotional intelligence. In J. Ciarrochi, J. P. Forgas, & J. D. Mayer (Eds.), *Emotional intelligence in everyday life: A scientific enquiry* (pp. 25-45). Philadelphia: Psychology Press/Taylor & Francis.

Clark, M. S. (2002). We should focus on interpersonal as well as intrapersonal processes in our search for how affect influences judgments and behavior. *Psychological Inquiry, 13*, 32-37.

Clore, G. L., & Tamir, M. (2002). Affect as embodied information. *Psychological Inquiry, 13*, 37-45.

Cooper, R. K., & Sawaf, A. (1997). *Extive EQ: Emotional intelligence in business.* London: Orion Business.

Côté, S., & Miners, C. T. H. (2006). Emotional intelligence, cognitive intelligence, and job performance. *Administrative Science Quarterly, 51*, 1-28.

Côté, S., & Miners, C. T. H., & Moon, S. (2006). Emotional intelligence and wise emotion regulation in the workplace. In W. J. Zerbe, N. M. Ashkanasy, & C. Hürtel (Eds.), *Research on Emotion in Organizations* (pp. 1-24). Oxford, UK: JAI Press.

Damasio, A. R. (1994). *Descartes' error: Emotion, reason, and the human brain.* New York: Grosset/Putnam.

Darwin, C. (1965). *The Expression of the Emotions in Man and Animals.* Chicago: University of Chicago Press.

David, S. A. (2004). Integrating an emotional intelligence framework into evidence-based coaching. In A. M. Grant, M. Cavanagh, & T. Kemp (Eds.), *Evidence-based coaching: Contributions from the Behavioral Sciences* (pp. 1-10). Bowen Hills, Australia: Australian Academic Press.

David, S. A. (2005). *Emotional intelligence: Conceptual and methodological issues, and its role in coping and well-being.* Unpublished doctoral dissertation, University of Melbourne, Australia.

David, S. A., & Jackson, H. J. (2007) (in submission). Emotional intelligence and well-being.

Day, A. L., & Carroll, S. A. (2004). Using an ability-based measure of emotional intelligence to predict individual performance, group performance, and group citizenship behaviours. *Personality and Individual Differences, 36*, 1443-1458.

DeSteno, D., Petty, R. E., Wegener, D. T., & Rucker, D. D. (2000). Beyond valence in the perception of likelihood: The role of emotion specificity. *Journal of Personality and Social Psychology, 78*, 397-416.

Detweiler-Bedell, B., & Salovey, P. (2002). A second generation psychology of emotion. *Psychological Inquiry, 13*, 45-48.

Eack, S. M., Hogarty, G. E., Greenwald, D. P., Hogarty, S. S., & Keshavan, M. S. (2007). Cognitive Enhancement Therapy improves Emotional Intelligence in early course schizophrenia: Preliminary effects. *Schizophrenia Research, 89*, 308-311.

Ekman, P. (2003). *Emotions revealed: Recognizing faces and feelings to improve communication and emotional life.* New York: Times Books/Henry Holt and Co.

Fiedler, K., & Bless, H. (2000). The formation of beliefs at the interface of affective and cognitive processes. In N. H. Frijda, A. S. R. Manstead, & S. Bem (Eds.), *Emotions and belief: How feelings influence thoughts.* (pp. 144-170). New York: Cambridge University Press.

Fitness, J. (2001). Emotional intelligence and intimate relationships. In J. Ciarrochi, J. P. Forgas, & J. D. Mayer (Eds.), *Emotional intelligence in everyday life: A scientific enquiry* (pp. 98-112). Philadelphia: Psychology Press/Taylor & Francis.

Folkman, S., & Moskowitz, J. T. (2004). Coping: Pitfalls and promise. *Annual Review of Psychology, 55*, 745-774.

Forgas, J. P. (2001). Affective intelligence: The role of affect in social thinking and behavior. In J. Ciarrochi, J. P. Forgas, & J. D. Mayer (Eds.), *Emotional intelligence in everyday life: A scientific enquiry* (pp. 46-63). Philadelphia: Psychology Press/Taylor & Francis.

Forgas, J. P. (2002a). Feeling and doing: Affective influences on interpersonal behavior. *Psychological Inquiry, 13*, 1-28.

Forgas, J. P. (2002b). Toward understanding the role of affect in social thinking and behavior. *Psychological Inquiry, 13*, 90-102.

Forgas, J. P., & Moylan, S. (1987). After the movies: Transient mood and social judgments. *Personality and Social Psychology Bulletin, 13*, 467-477.

Gardner, H. (1999). *Intelligence reframed: Multiple intelligences for the 21st century.* New York: Basic Books.

Gibbs, N. (1995, October). The EQ factor. *TIME,* 86-92.

Gohm, C. L., & Clore, G. L. (2002). Affect as information: An individual differences approach. In L. Feldman Barrett & P. Salovey (Eds.), *The wisdom in feelings: Psychological processes in emotional intelligence* (pp. 89-113). New York: Guilford Press.

Gohm, C. L., Corser, G. C., & Dalsky, D. J. (2005). Emotional intelligence under stress: Useful, unnecessary, or irrelevant? *Personality and Individual Differences, 39*, 1017-1028.

Goleman, D. (1995). *Emotional intelligence.* New York: Bantam Books.

Gross, J. J. (2001). Emotion regulation in adulthood: Timing is everything. *Current Directions in Psychological Science, 10*, 214-219.

Gross, J. J., & John, O. P. (2003). Individual differences in two emotion regulation processes: Implications for affect, relationships, and well-being. *Journal of Personality and Social Psychology, 85*, 348-362.

Hall, J. A., Carter, J. D., & Horgan, T. G. (2000). Gender differences in nonverbal communication of emotion. In A. H. Fischer (Ed.), *Gender and emotion: Social psychological perspectives* (pp. 97-117). New York: Cambridge University Press.

Harris, P. L. (1993). Understanding emotion. In M. Lewis & J. M. Haviland (Eds.), *Handbook of emotions* (pp. 237-246). New York: Guilford Press.

Isen, A. M. (2002). Missing in action in the AIM: Positive affect's facilitation of cognitive flexibility, innovation, and problem solving. *Psychological Inquiry, 13*, 57-65.

Isen, A. M., Daubman, K. A., & Nowicki, G. P. (1987). Positive affect facilitates creative problem solving. *Journal of Personality and Social Psychology, 52,* 1122-1131.

Izard, C. E. (2001). Emotional intelligence or adaptive emotions? *Emotion, 1,* 249-257.

Izard, C. E., Ackerman, B. P., Schoff, K. M., & Fine, S. E. (2000). Self-organization of discrete emotions, emotion patterns, and emotion-cognition relations. In M. D. Lewis & I. Granic (Eds.), *Emotion, development, and self-organization: Dynamic systems approaches to emotional development. Cambridge studies in social and emotional development* (pp. 15-36). New York: Cambridge University Press.

Janovics, J., & Christiansen, N. D. (2002, April). *Emotional intelligence in the workplace.* Poster presented at the 16th Annual Conference of the Society of Industrial and Organizational Psychology, San Diego, CA.

John, O. P., & Gross, J. J. (2004). Healthy and unhealthy emotion regulation: Personality processes, individual differences, and life span development. *Journal of Personality, Special: Emotions, Personality, and Health, 72,* 1301-1333.

Keltner, D., Anderson, C., & Gonzaga, G. C. (2002). Culture, emotion, and the good life in the study of affect and judgment. *Psychological Inquiry, 13,* 65-67.

Kerr, R., Garvin, J., Heaton, N., & Boyle, E. (2006). Emotional intelligence and leadership effectiveness. *Leadership and Organization Development Journal, 27,* 265-279.

Knight, B. G., Maines, M. L., & Robinson, G. S. (2002). The effects of sad mood on memory in older adults: A test of the mood congruence effect. *Psychology and Aging, 17,* 653-661.

Larsen, R. J. (2000). Toward a science of mood regulation. *Psychological Inquiry, 11,* 129-141.

Lazarus, R. S. (1991). *Emotion and adaptation.* London: Oxford University Press.

Lazarus, R. S. (2000). How emotions influence performance in competitive sports. *Sport Psychologist, 14*, 229-252.

Lopes, P. N., Brackett, M. A., Nezlek, J. B., Schütz, A., Sellin, I., & Salovey, P. (2004). Emotional intelligence and social interaction. *Personality and Social Psychology Bulletin, 30*, 1018-1034.

Lopes, P. N., Grewal, D., Kadis, J., Gall, M., & Salovey, P. (2006). Evidence that emotional intelligence is related to job performance and affect and attitudes at work. *Psicothema, 18*, 132-138.

Lopes, P. N., Salovey, P., & Straus, R. (2003). Emotional intelligence, personality, and the perceived quality of social relationships. *Personality and Individual Differences, 35*, 641-658.

Lyubomirsky, S., & Nolen-Hoeksema, S. (1993). Self-perpetuation properties of dysphoric rumination. *Journal of Personality and Social Psychology, 65*, 339-349.

MacCann, C., Matthews G., Zeidner, M., & Roberts, R. D. (2003). Psychological assessment of emotional intelligence: A review of self-report and performance-based testing. *International Journal of Organizational Analysis, Special: Emotional Intelligence and Organizational Behavior-II. 11*, 247-274.

Manstead, A. S. R. (1992). Gender differences in emotion. In A. Gale & M. W. Eysenck (Eds.), *Handbook of individual differences: Biological perspectives* (pp. 355-387). Chichester, UK: Wiley.

Manstead, A. S. R., & Fischer, A. H. (2000). Emotion regulation in full. *Psychological Inquiry, 11*, 188-191.

Matthews, G., Roberts, R. D., & Zeidner, M. (2003). Development of emotional intelligence: A skeptical—but not dismissive—perspective. *Human Development, 46*, 109-114.

Matthews, G., Roberts, R. D., & Zeidner, M. (2004). Seven myths about emotional intelligence. *Psychological Inquiry, 15*, 179-196.

Mayer, J. D., (1995). A framework for the classification of personality components. *Journal of Personality, 63*, 819-878.

Mayer, J. D. (2001). Emotion, intelligence, and emotional intelligence. In J.

P. Forgas (Ed.), *Handbook of affect and social cognition* (pp. 410-431). Mahwah, NJ: Lawrence Erlbaum.

Mayer, J. D., Caruso, D. R., & Salovey, P. (2000a). Emotional intelligence meets traditional standards for an intelligence. *Intelligence, 27,* 267-298.

Mayer, J. D., Caruso, D. R., & Salovey, P. (2000b). Selecting a measure of emotional intelligence: the case for ability scales. In R. Bar-On & J. D. A. Parker (Eds.), *The handbook of emotional intelligence: theory, development, assessment, and application at home, school, and in the workplace* (pp. 320-342). San Francisco: Jossey-Bass.

Mayer, J. D., DiPaolo, M., & Salovey, P. (1990). Perceiving affective content in ambiguous visual stimuli: A component of emotional intelligence. *Journal of Personality Assessment, 54,* 772-781.

Mayer, J. D., Gaschke, Y. N., Braverman, D. L., & Evans, T. W. (1992). Mood-congruent judgment is a general effect. *Journal of Personality and Social Psychology, 63,* 119-132.

Mayer, J. D., & Hanson, E. (1995). Mood-congruent judgment over time. *Personality and Social Psychology Bulletin, 21,* 237-244.

Mayer, J. D., & Salovey, P. (1997). What is emotional intelligence? In P. Salovey & D. J. Sluyter (Eds.), *Emotional development and emotional intelligence: Educational implications* (pp. 3-31). New York: Basic Books.

Mayer, J. D., Salovey, P., & Caruso, D. (1999). *Test manual for the MSCEIT V. 2: The Mayer, Salovey & Caruso Emotional Intelligence Test.* Toronto, ON: Multi-Health Systems.

Mayer, J. D., Salovey, P., & Caruso, D. (2000a). Models of emotional intelligence. In R. J. Sternberg (Ed.), *Handbook of intelligence* (pp. 396-420). Cambridge, UK: Cambridge University Press.

Mayer, J. D., Salovey, P., & Caruso, D. R. (2000b). Emotional intelligence as zeitgeist, as personality, and as a mental ability. In R. Bar-On & J. D. A. Parker (Eds.), *The handbook of emotional intelligence:*

Theory, development, assessment, and application at home, school, and in the workplace (pp. 92-117). San Francisco: Jossey-Bass.

Mayer, J. D., Salovey, P., & Caruso, D. R. (2002a). *Mayer-Salovey-Caruso Emotional Intelligence Test (MSCEIT) Item Booklet.* Toronto, ON: Multi-Health Systems.

Mayer, J. D., Salovey, P., & Caruso, D. R. (2002b). *Mayer-Salovey-Caruso Emotional Intelligence Test: MSCEIT User's Manual.* Toronto, ON: Multi-Health Systems.

Mayer, J. D., Salovey, P., & Caruso, D. R. (2004a). A further consideration of the issues of emotional intelligence. *Psychological Inquiry, 15,* 249-255.

Mayer, J. D., Salovey, P., & Caruso, D. R. (2004b). Emotional intelligence: Theory, findings, and implications. *Psychological Inquiry, 15,* 197-215.

Mayer, J. D., Salovey, P., Caruso, D. R., & Sitarenios, G. (2001). Emotional intelligence as a standard intelligence. *Emotion, 1,* 232-242.

McCrae, R. R. (2000). Emotional intelligence from the perspective of the five-factor model of personality. In R. Bar-On & J. D. A. Parker (Eds.), *The handbook of emotional intelligence: Theory, development, assessment, and application at home, school, and in the workplace* (pp. 263-276). San Francisco: Jossey-Bass.

Myers, I. B., & McCauley, M. H. (1985). *Manual: A guide to the development and use of the Myers-Briggs Type Indicator.* Palo Alto, CA: Cosulting Psychologist Press.

Nolen-Hoeksema, S. (1998). The other end of the continuum: The costs of Rumination. *Psychological Inquiry, 9,* 216-219.

Nolen-Hoeksema, S., & Morrow, J. (1991). A prospective study of depression and posttraumatic stress symptoms after a natural disaster: The 1989 Loma Prieta earthquake. *Journal of Personality and Social Psychology, 61,* 115-121.

Noller, P., & Ruzzene, M. (1991). Communication in marriage: The influence of affect and cognition. In G. J. O. Fletcher & F. Fincham (Eds.), *Cognition in close relationships* (pp. 203-233). Hillsdale, NJ: Lawrence Erlbaum.

Palmer, B. R., Ramesh, M., Gignac, G., & Stough, C. (2003). Examining the factor structure of the Bar-On Emotional Quotient Inventory with an Australian general population sample. *Personality and Individual Differences, 35,* 1191-1210.

Paulhus, D. L., Lysy, D. C., & Yik, M. S. M. (1998). Self-report measures of intelligence: Are they useful as proxy IQ tests? *Journal of Personality, 66,* 525-554.

Plutchik, R. (1997). The circumplex as a general model of the structure of emotions and personality. In R. Plutchik & H. R. Conte (Eds.), *Circumplex models of personality and emotions* (pp. 17-45). Washington, DC: American Psychological Association.

Plutchik, R. (2001). The nature of emotions. *American Scientist, 89,* 344-350.

Plutchik, R. (2003). *Emotions and life: Perspectives from psychology, biology, and evolution.* Washington, DC: American Psychological Association.

Pons, F., Lawson, J., Harris, P. L., & de Rosnay, M. (2003). Individual differences in children's emotion understanding: Effects of age and language. *Scandinavian Journal of Psychology, 44,* 347-353.

Roberts, R. D., Zeidner, M., & Matthews, G. (2001). Does emotional intelligence meet traditional standards for an intelligence? Some new data and conclusions. *Emotion, 1,* 196-231.

Rosete, D., & Ciarrochi, J. (2005). Emotional intelligence and its relationship to workplace performance outcomes of leadership effectiveness. *Leadership and Organization Development Journal, 26,* 388-399.

Russell, J. A. (1991). In defense of a prototype approach to emotion concepts. *Journal of Personality and Social Psychology, 60,* 37-47.

Russell, J. A. (2003). Core affect and the psychological construction of emotion. *Psychological Review, 110*, 145-172.

Ryff, C. D. (1989). Happiness is everything, or is it? Explorations on the meaning of psychological well-being. *Journal of Personality and Social Psychology, 57*, 1069-1081.

Sala, F. (2002). Emotional Competence Inventory: Technical manual. Retrieved March 22, 2005 from http://www.eiconsortium.org/research/ECI_Tech_Manual.pdf

Salovey, P., Bedell, B. T., Detweiler, J. B., & Mayer, J. D. (1999). Coping intelligently: Emotional intelligence and the coping process. In C. R. Snyder (Ed.), *Coping : The psychology of what works* (pp. 141-164). New York: Oxford University Press.

Salovey, P., Bedell, B. T., Detweiler, J. B., & Mayer, J. D. (2000). Current directions in emotional intelligence research. In M. Lewis & J. M. HavilandJones (Eds.), *Handbook of Emotions* (2nd ed., pp 504-520). New York: Guilford Press.

Salovey, P., & Birnbaum, D. (1989). Influence of mood on health-relevant cognitions. *Journal of Personality and Social Psychology, 57*, 539-551.

Salovey, P., Hsee, C. K., & Mayer, J. D. (1993). Emotional intelligence and the self-regulation of affect. In D. M. Wegner & J. W. Pennebaker (Eds.), *Handbook of mental control* (pp. 258-277). Englewood Cliffs, NJ: Prentice Hall.

Salovey, P., & Mayer, J. D. (1990). Emotional intelligence. *Imagination, Cognition and Personality, 9*, 185-211.

Salovey, P., Mayer, J. D., & Caruso, D. (2002). The positive psychology of emotional intelligence. In C. R. Snyder & S. J. Lopez (Eds.), *Handbook of positive psychology* (pp. 159-171). London: Oxford University Press.

Salovey, P., Mayer, J. D., Caruso, D., & Lopes, P. N. (2003). Measuring emotional intelligence as a set of abilities with the Mayer-Salovey-Caruso Emotional Intelligence Test. In S. J. Lopez & C. R. Snyder

(Eds.), *Positive psychological assessment: A handbook of models and measures* (pp. 251-265). Washington, DC: American Psychological Association.

Salovey, P., Woolery, A., & Mayer, J. D. (2001). Emotional intelligence: Conceptualization and measurement. In G. J. O. Fletcher & M. S. Clark (Eds.), *Blackwell handbook of social psychology: Interpersonal processes* (pp. 279-307). Malden, MA: Blackwell.

Scherer, K. R. (2000). Emotion. In M. Hewstone & W. Stroebe (Eds.), *Introduction to Social Psychology: A European Perspective* (3rd ed., pp. 151-191). Oxford, UK: Blackwell.

Scherer, K. R., Banse, R., & Wallbott, H. G. (2001). Emotion inferences from vocal expression correlate across languages and cultures. *Journal of Cross-Cultural Psychology, 32*, 76-92.

Schulte, M. J., Ree, M. J., & Carretta, T. R. (2004). Emotional intelligence: Not much more than g and personality. *Personality and Individual Differences, 37*, 1059-1068.

Shaver, P., Schwartz, J., Kirson, D., & O' Connor, C. (1987). Emotion knowledge: Further exploration of a prototype approach. *Journal of Personality and Social Psychology, 52*, 1061-1086.

Slater, A., & Quinn, P. C. (2001). Face recognition in the newborn infant. *Infant and Child Development, Special: Face processing in infancy and early childhood, 10*, 21-24.

Southam-Gerow, M. A., & Kendall, P. C. (2002). Emotion regulation and understanding: Implications for child psychopathology and therapy. *Clinical Psychology Review, 22*, 189-222.

Stanton, A. L., & Franz, R. (1999). Focusing on emotion: An adaptive coping strategy? In C. R. Snyder (Ed.), *Coping: The psychology of what works* (pp. 90-118). New York: Oxford University Press.

Summerfeldt, L. J., & Endler, N. S. (1996). Coping with emotion and psychopathology. In M. Zeidner & N. S. Endler (Eds.), *Handbook of coping: Theory, research, applications* (pp. 602-639). New York: John Wiley & Sons.

Tangney, J. P., Wagner, P. E., Hill-Barlow, D., Marschall, D. E., & Gramzow, R. (1996). Relation of shame and guilt to constructive versus destructive responses to anger across the lifespan. *Journal of Personality and Social Psychology, 70*, 797-809.

Thayer, J. F., & Johnsen, B. H. (2000). Sex differences in judgment of facial affect: A multivariate analysis of recognition errors. *Scandinavian Journal of Psychology, 41*, 243-246.

Thayer, R. E. (2000). Mood regulation and general arousal systems. *Psychological Inquiry, 11*, 202-204.

Thayer, R. E., Newman, J. R., & McClain, T. M. (1994). Self-regulation of mood: Strategies for changing a bad mood, raising energy, and reducing tension. *Journal of Personality and Social Psychology, 67*, 910-925.

Zeidner, M., Matthews, G., & Roberts, R. D. (2004). Emotional intelligence in the workplace: A critical review. *Applied Psychology: An International Review, 53*, 371-399.

Zeidner, M., Roberts, R. D., & Matthews, G. (2002). Can emotional intelligence be schooled? A critical review. *Educational Psychologist, 37*, 215-231.

타인애(他人愛)

관용을 넘어서

• Todd L. Pittinsky와 Laura Maruskin

8

타인애(他人愛)
관용을 넘어서

Todd L. Pittinsky와 Laura Maruskin

한 집단의 구성원이 다른 집단, 즉 인종, 종교, 국가, 신분, 성별, 세대 등이 다른 집단에 대해 갖고 있는 감정을 표현하는 단어에는 어떤 것이 있을까? 편견, 차별, 인종주의, 민족주의, 분리주의, 성차별주의, 연령차별, 반유대주의, 동성애공포와 같은 단어들은 상당히 부정적인 단어들이다. 그러나 '～주의(-isms)'라고 부르는 단어들이 전부는 아니다. 분명 사람들이 다른 집단에 대해 긍정적인 감정을 가지고 있기도 하다. 많은 미국인이 중동 사람들과 그 문화를 좋아하기도 하고, 반대의 경우도 있다. 많은 기독교인이 유대인들에 대해 진심으로 동질감을 느끼고 있으며, 노인들에 대해 관심을 갖는 십대들도 많이 있다. 하지만 과연 어떤 상황에서 이런 일이 일어나고, 그것이 어떤 결과를 수반할까?

수년 전 연구자들이 집단 간 태도(intergroup attitude), 즉 한 집단에 대하여 다른 집단에 속한 사람들이 갖는 태도에 대해 연구하기 시작했을 때, 우리는 긍정적 태도에 대한 용어들이 필요하다는 사실을 깨달았다. 사전과 도서관, 인터넷을 찾아보았으나 발견할 수 있는 단어라고는 편견과 반감에 대한 다양한 표현들뿐이었다. 우리가 찾는 긍정적인 단어에 가장 근접한 것은 관용(tolerance)이라는 단어였는데 이 단어는 너무 제한적인 것으로, "타인"을 너그럽게 대한다는 것이 타인을 좋아한다는 뜻까지 내포하지는 못하는 것 같다. 그래서 타인애(allophilia)라는 단어를 사용하기 시작했는데, '다른 이를 좋아하거나 사랑함'을 뜻하는 그리스어에서 유래한 단어다. 우리는 타인애를 연구하기 시작하였고, 이 단어가 집단 간 관계(intergroup relation)에서 중요한 긍정적 차원을 표현한다는 사실을 발견하게 되었다.

우리는 먼저 집단 간 태도의 이차원적 모델을 제안하고자 한다. 여기서 우리는 긍정적 집단 간 태도를 특정 집단에 대한 긍정 행동의 예언변인으로 간주한다. 다음으로, 부정적 집단 간 태도를 줄임으로써 집단 간 관계를 향상시키고자 하는 노력들의 한계에 대해 생각해보고, 타인애의 촉진을 추가적인 관점으로 제시할 것이다. 마지막으로, 타인애를 측정하는 방법에 대해 논의할 것이다.

우리는 여기서 개인에 대해서가 아니라 집단에 대한 개인적인 태도에 대해 말하고 있으며, 단지 부정적인 태도의 결여만이 아니라 긍정적 태도(관용)에 대해서 이야기하고 있다는 사실을 명심해야 한다.

집단 간 태도의 차원

타인애를 이해하는 열쇠는 긍정적인 집단 간 태도와 부정적인 태도 사이의 관련성을 정확히 그리고 있는 것이다. '좋아함'과 '싫어함', 또는 '신뢰'와 '불신' 같이 두 단어가 대조적인 구성개념을 가질 때, 연구자들은 종종 그 개념들을 반대되는 개념, 즉 일차원이나 연속선 상에서 상반된 위치에 있는 것으로 간주한다 (Cacioppo & Bernston, 1994). 다시 말해서, 미움이 감소하면 사랑이 증가하고 불신이 감소하면 신뢰가 증가함을 의미하는 것처럼, 어느 한쪽의 감소가 필연적으로 다른 쪽의 증가를 야기한다는 것을 의미한다.

이는 일리가 있어 보이지만, 항상 맞는 것은 아니다. 때로는 두 개념이 이차원적 관계로 밝혀지기도 한다. 많은 이들은 신뢰와 불신을 그런 쌍으로 간주한다. 오랫동안 이 두 개념을 단일 연속선의 두 극단으로 간주해왔는데(예: Bigley & Pearce, 1998), 몇몇 연구자들이(Kramer, 1996; Lewicki, McAllister, & Bies, 1998; Saunders & Thornhill, 2004) 이들을 이차원적 모델로 가장 잘 설명되는 뚜렷한 두 개의 구성개념이라고 주장하고 있다. 다시 말해서, 개인이나 집단 간의 관계를 살펴볼 때 신뢰와 불신을 모두 관찰하고 측정해야 한다는 것이다.

이차원 모델에서 중요한 점은 두 차원이 독립적으로 변할 수 있다는 것이다. 채무와 수입을 생각해보라. 이것들은 서로 독립적으로 오르락내리락할 수 있다. 수입이 증가하게 되면 빚을 줄이는 데 도움이 될 수 있지만, 그것만으로 빚을 모두 없애진 못한다. 만약 당신이 도박중독자거나 쇼핑중독자라면, 혹은 의료적으로 문제가 있으면서 보험도 들지 않았다면, 수입이 올라가더라도 동시에 빚이 쌓일 수 있다. 이것은 이후에 계속 핵심적인 개념이 될 것인데, 재정 상태를 향상시키기 위해서는 당신이 수입을 늘리는 것과 함께 채무를 줄일 필요가 있으며, 이는 서로 다른 방법으로 성취해야 하는 별개의 과제다.

타인애로 돌아와서, 우리의 연구는 다른 집단의 구성원에 대한 긍정적 태도와 부정적 태도가 바로 이와 같이 독립적인 차원의 개념이라는 것을 보여준다. 한 가지 태도의 변화가 다른 한 가지 태도의 변화를 필연적으로 야기하지는 않는다. 타인애와 편견이 일반적으로 부적인 관련성이 있다고 예상하지만, 정적인 관련성을 갖는 조건들도 있음을 연구에서 발견하였다(Maruskin, Pittinsky, & Montoya, 2007). 앞으로 우리는 타인애와 편견이 단순히 상반되는 결과만을 보이지 않는다는 것을 알 수 있다. 수입과 채무의 관계와 마찬가지로 우리는 이 두 가지를 동시에 경험할 수 있다. Katz와 Hass(1988)는 인종적 양가감정을 탐구하면서 백인들이 흑인들에 대하여 긍정적 태도와 부정적 태도를 동시에 갖고 있는 경우가 종종 있다는 사실을 발견하였다. 이는 중요한 두 가지 결론을 제시한다.

- 집단 간 태도와 관계를 완전히 이해하기 위해서는 타인애와 편견을 둘 다 연구하고 측정해야만 한다.
- 어떤 집단에 대한 한 집단의 편견을 줄인다고 해서 반드시

그 집단에 대한 긍정적 감정이 늘어나는 것은 아니다.

집단 간 태도의 이차원 모델

집단 간 태도의 이차원 모델(TDMIA; Pittinsky, Rosenthal, & Montoya, 2007b; Pittinsky & Simon, 2007)에서는 다른 집단에 대한 긍정적 태도와 부정적 태도 요인들이 서로 별개이며 독립적이라는 점을 강조한다. 이 모델은 집단 간 태도에 대한 새로운 관점을 제공하고, 우리가 다른 집단을 어떻게 평가할지, 그리고 다른 집단에 대한 우리의 태도가 어떻게 변화될 수 있는지에 대한 중요한 질문들을 제기한다. TDMIA는 타인애 모델의 토대가 되는 기본적이고, 시험 가능하며, 측정 가능한 현실을 설명하고 있다. 여기에는 세 가지 원리가 있다

첫 번째 원리: 이차원성

두 가지 차원의 집단 간 태도, 즉 긍정적 태도(타인애)와 부정적 태도(편견)가 있을 때, 이 둘은 적어도 부분적으로는 독립적이다(이들의 독립성은 서로 다른 맥락들 속에서 더 뚜렷할 수도 있고 덜할 수도 있다.). 이는 앞서 강조했듯이, 부정적인 집단 간 태도의 감소가 긍정적인 집단 간 태도의 증가와 동일한 의미를 지니는 것이 아니라는 점을 함축한다. 이런 원리는 앞서 언급한 신뢰와 불신 같은 단어 쌍에 대한 연구에 대응된다. 긍정적인 집단 간 관계

에는 부정적인 집단 간 태도의 감소가 관련되거나, 긍정적인 집
단 간 태도가 관련되거나, 혹은 둘 다 관련될 수 있다. TDMIA의
두 번째와 세 번째 원리는 첫 번째 원리에서 나온다.

두 번째 원리: 별개의 선행사건

  집단 간 긍정적 태도와 부정적 태도는 독립적인 차원으로서,
별개의 선행사건을 가진다. 이 주장을 지지하는 일반적인 증거
는 행동 수정을 위해 결과를 조작하는 조작적 조건화에 대한 고
전 문헌에서 찾을 수 있다. Lewin(1951)은 어떤 사람이 자신에게
호의를 베푼 경험은 그 사람에게 매력을 느끼게 되는 중요한 근
거가 되며, 반면에 어떤 사람이 자신에게 악행을 저지른 경험은
그 사람에 대해 반감을 느끼게 되는 중요한 근거가 된다고 가정
하였다. 사실은 이러한 기본적인 과정(호의/매력, 악의/반감)이 별
개이고 독립적이라는 풍부한 연구가 발견되었다. 즉, 어떤 사람
이 생각만큼 악의적이지 않다고 느껴서 그에 대한 반감을 덜 느
끼는 것이, 그에 대해 매력을 느끼게 하는 강력한 이유가 되진 않
을 것이다. 그에게 매력을 느끼기 위해서는 그 사람이 생각보다
더 호의적이라는 느낌을 받아야 한다. 이는 어떤 집단으로부터
이득을 지각하는 것이 그 집단에 대해 긍정적인 태도를 형성하는
데 중요한 근거가 될 수 있음을 제안한다. 이득이 반드시 물질적
일 필요는 없다. 지각된 수용(perceived acceptance)과 같은 사회
적 혹은 심리적 이득이 될 수 있다(Pittinsky & Montoqy, 2007)

세 번째 원리: 별개의 결과

긍정적 혹은 부정적 집단 간 태도는 집단 간 관계에 별개의 영향을 끼친다. 이들은 서로 다른 행동과 서로 다른 정도로 연관되어 있다. 이러한 주장을 지지하는 연구에서는 긍정적인 집단 간 태도가 낮은 수준의 부정적인 집단 간 태도보다 긍정적인 집단 간 관계를 더 잘 예언한다고 하였다(예: HO & Jackson, 2001; Pittinsky et al., 2007b). 만약 당신이 B집단에게 도움을 주도록 고안한 정부정책을 A집단이 지지할지 여부를 알고 싶어 한다고 상상해보라. A집단이 B집단에 대한 편견을 덜 갖고 있다는 사실은 생각보다 별로 좋은 지표가 아니다. 오히려 A집단이 B집단에 대해 높은 혹은 낮은 수준의 타인애를 가지고 있다는 사실이 그 정책을 지지할지를 알려주는 더 나은 지표가 된다. Pittinsky와 Ratcliff(2007)는 타인애가 부정적인 집단 간 태도보다는 개인화된 적극적 지지유형(personalized forms of active support)을 더 잘 예언한다고 밝혔다. (이러한 예로는 최근 들어온 이민자들에게 기꺼이 영어 교습을 해주는 것이 있다.) 다시 말해서, 어떤 사람이 다른 집단을 얼마나 '싫어하지 않는지' 보다는 얼마나 다른 집단을 '좋아하는지'에 의해 긍정적인 집단 간 행동이 더 잘 예견된다.

타인애에 대한 연구에 따르면, 보다 일반적인 친사회적, 이타주의적 성향보다는 특정 집단을 지지하는 태도가 그 집단에 대한 긍정적 행동을 예견하는 더욱 강력한 지표가 된다는 점을 밝혀왔다(Pittinsky et al., 2007b). 다시 말해서, 만약 내가 캄보디아 이주자를 돕는 행동을 취하거나 지지할지에 대해 궁금하다면,

전반적인 나의 인류애 성향보다는 그 집단에 대한 나의 긍정적인 감정이 더 나은 지표가 될 것이다. 더불어 타인애는 연민의 감정보다 긍정적인 집단 간 행동들을 더 잘 예견하는 것으로 밝혀졌다(Pittinsky et al., 2007b).

집단 간 관계 향상시키기

타 집단의 구성원들에 대한 태도를 변화시키는 것은 극히 어려운 일이다. Gordon Allport(1954)는 편견을 이해하고 반박하는 것을 원자를 이해하고 쪼개는 것에 비유하였다. "원자의 비밀을 밝히기 위해 수년간의 노력과 수백만 달러의 비용이 소요되었다." "인간의 비합리적인 본성의 비밀을 밝히기 위해선 더 막대한 투자가 필요하다. 누군가 편견을 깨느니 차라리 원자를 산산이 부수는 것이 더 쉽다고 말하였다."(p. 17) 우리 사회에 만연한 편견에 맞서기 위한 수많은 시도가 있었다. 편견을 줄이는 것이 1960년대 민권 운동의 핵심이었고(Goldzwig, 2003), 사회심리학자와 정치가, 시민운동가들은 여전히 노력하고 있다. 그들은 편견-감소 프로그램과 증오에 관한 연구에 많은 노력을 기울여왔으며, 다양한 국제기구들이 인종 차별주의를 비롯한 여러 부정적인 집단 간 태도들에 대처하기 위해 창설되었다(예: 반인종주의 유럽연합, 인종주의 및 외국인 혐오증 감시 센터, UN 반인종주의 협회).

이 모든 노력은, 집단 간 긍정적 태도와 부정적 태도가 동일차원의 양극단에 있기 때문에 편견을 줄이는 것이 대립하는 두 집단을 긍정적 관계로 이끌 것이라는 오랜 가정을 반영하는 것이다. 이러한 가정은 타인애에 관한 연구와 이론에 의해 반박되고 있는데, 여기서는 긍정적 태도는 부정적 태도와 별개이고 독자적일 수 있으며, 긍정적 태도를 창출하거나 증가시키는 것은 부정적 태도를 감소시키거나 제거하는 작업과 별개일 수 있다고 가정한다.

TDMIA의 핵심적인 공헌은 일단 우리가 집단 간 긍정적 태도와 부정적 태도를 별개의 독립적인 차원으로 인정한다면, 각각을 개별적으로 논의하여 관용(편견의 성공적인 제거)을 넘어서서 타인애로 옮겨갈 수 있다는 것이다.

타인애 측정하기

Phillips와 Ziller(1997)는 대부분의 집단 간 연구들이 "집단 간 관계에 대한 연구에서 부정적인 관점을 취하고 있는데…… 이는 최종적인 지식의 본질에 반영된다."는 점을 주목했다(p. 420). 타인애에 대한 연구는 집단 간 태도에 대한 긍정적 차원의 부족한 부분에 초점을 두고 있다. 타인애를 측정하는 도구(the Allophilia Scale)를 개발하고 타당화하는 것이 핵심단계인데, 표 8.1에서 확인할 수 있다.

|표 8.1| 타인애 척도: 타인애 항목과 다섯 요인들

항목	요인
1. 아프리카계 미국인에 대하여 일반적으로 긍적적인 태도를 가지고 있다.	애정
2. 나는 아프리카계 미국인을 존중한다.	애정
3. 나는 아프리카계 미국인을 좋아한다.	애정
4. 나는 아프리카계 미국인에 대해 긍정적인 감정을 가지고 있다.	애정
5. 나는 아프리카계 미국인이 가까이 있을 때 편안하다.	편안함
6. 나는 아프리카계 미국인과 함께 어울릴 때에 편안하다.	편안함
7. 나는 아프리카계 미국인들과 이웃에 살 수 있을 것 같다.	편안함
8. 나는 아프리카계 미국인들과 같은 공동체라고 느낀다.	동질감
9. 나는 아프리카계 미국인과 한 민족같이 느낀다.	동질감
10. 나는 아프리카계 미국인들을 더욱 닮고 싶다.	동질감
11. 나는 진심으로 아프리카계 미국인의 관점을 이해하는 데 관심이 있다.	연대감
12. 나는 아프리카계 미국인을 더 잘 알고자 하는 동기가 있다.	연대감
13. 나는 내 삶을 풍요롭게 하기 위해 아프리카계 미국인 친구들을 더 많이 만들려고 노력하겠다.	연대감
14. 나는 아프리카계 미국인들의 생활사를 듣는 데 관심이 있다.	연대감
15. 나는 아프리카계 미국인들에게서 감동을 받았다.	열광
16. 나는 아프리카계 미국인으로부터 영감을 받았다.	열광
17. 나는 아프리카계 미국인에 관해서라면 열정적이다.	열광

타인애 척도는 일련의 연구들을 통해 개발되었다. 항목들은 '눈덩이(snowball)' 표집법을 통해 산출되고 선별되었다(Pittinsky et al., 2007a, 연구 1). 즉, 참가자들에게 특정 집단의 구성원들에 대해 가지고 있는 긍정적인 생각과 감정들을 열거하게 하고, 그 집단에 대한 긍정적인 행동방식에 대해 열거하도록 요청하였다. 참가자들은 주어진 목록에서 이런 항목들을 고르는 것이 아니라,

그들이 원하는 어떤 것이든 말할 수 있었다. 이러한 조사를 통해 수천 개의 항목들이 산출되었고, 그로부터 자연적으로 도출된 주제들에 따라 범주화되었다. 이 항목들이 다른 많은 척도 개발 연구들에서 사용된 후, 17개의 최종 항목이 결정되었다. 이들은 다섯 개의 개별 요인으로 묶인다. 이 척도는 애정(affection: 다른 집단의 구성원들에 대한 긍정적 감정을 지님), 편안함(comfort: 다른 집단 구성원들에 대해 편안하게 느낌), 동질감(kinship: 다른 집단 구성원들과 친밀한 개인적인 관계를 맺고 있다고 믿음), 연대감(engagement: 다른 집단 구성원들과 상호작용을 추구함), 열광(enthusiasm: 다른 집단의 구성원들에 의해 감동받고 고무됨)의 다섯 요인으로 구성되어 있다.

이 척도를 사용한 연구들에 따르면, 이 척도는 인종집단, 종교집단, 심지어 다른 대학교의 학생들까지 포함하여 다양한 많은 집단 구성원들에 대한 긍정적 태도를 평가하는 데 사용될 수 있다.

결 론

타인애에 관한 연구는 집단 간 태도에 있어서 주목받지 못하고 이론정립이나 연구조사가 덜 이루어진 차원, 즉 긍정 혹은 타인애 차원을 특별히 탐색함으로써 집단 간 관계에 대한 연구의 범위를 확장시켰다. 타인애에 대한 연구가 초기 단계에 있긴 하지만, 이미 이론적으로나 실용적으로 중요한 연구결과들이 발견되었다.

- 타인애와 편견의 관계를 이해하기 위해서는 이차원적 모델
  이 필요하다.
- 타인애는 다른 집단의 구성원들에 대한 긍정적 행동을 예
  견하는 데 특히 중요하다.
- 타인애를 창출하거나 증가시키는 방략들은 편견을 제거하
  거나 줄이는 방략들을 보완한다.

우리 모두는 집단 간 차별과 혐오가 치명적으로 위험할 수 있음을 알고 있다. 하지만 사람들이 타 집단 구성원들에게서 느낄 수 있는 애정과 열정, 동질감으로 인한 희망과 잠재력에 대해서 얼마나 알고 있을까? 타인애 구성개념과 집단 간 태도의 이차원 모델(TDMIA)에 관한 관련 연구들은, 적어도 우리가 편견과 증오를 줄이기 위해 해왔던 것만큼 집단 간 긍정적 태도를 촉진시키기 위해 열심히 노력해야만 한다는 점을 제안한다.

잡초만이 무성한 정원에 꽃을 가득 피우기 위해서는 먼저 잡초를 뽑고 씨앗을 뿌려 키워야 한다. 적어도 50년간은 집단 간 관계의 맥락에서 잡초에 많은 주의가 집중되어 왔으나, 타인애 연구와 이론에 의해 우리 주의가 씨앗으로 옮겨가고 있다.

| 개인적인 작은 실험들 |

타인애에 대해 생각하기

타인애 척도를 사용한 사고실험 타인애(allophilia)라는 용어는 특정 집단에 대한 선호(즉, 애정, 편안함, 동질감, 연대감, 열광)를 의미한다. 개인은 다른 종교집단(예: 유대교, 이슬람교, 기독교, 불교), 다른 인종집단(예: 아시아계 미국인, 라틴계 미국인, 아프리카계 미국인, 백인), 혹은 다른 지정학적 집단(예: 미국의 남부 주민이나 동북부 주민) 등 이름을 붙일 수 있는 모든 타 집단에 대해서 타인애를 가질 수 있다.

타인애 척도의 항목들을 다시 읽어보라(참조: 표 8.1, 아프리카계 미국인들에 대해 적용하였음). 다섯 가지 요인들에 대해 생각해보라. 이제 당신이 만나는 타 집단 사람들, 즉 종교, 인종, 지역, 세대 등이 다른 집단의 사람들에 대해 생각해보라. 당신은 어떤 집단에게 타인애를 경험하는가?

> **참고문헌**

Allport, G. W. (1954). *The nature of prejudice*. Reading, MA: Addison-Wesley.

Bigley, G. A., & Pearce, J. L. (1998). Straining for shared meaning in organization science: Problems of trust and distrust. *Academy of Management Review, 23*, 405-421.

Cacioppo, J. T., & Berntson, G. G. (1994). Relationship between attitudes and evaluative space: A critical review, with emphasis on the separability of positive and negative substrates. *Psychological Bulletin, 115*, 401-424.

Goldzwig, S. R. (2003). LBJ: The rhetoric of transcendence and the Civil Rights Act of 1968. *Rhetoric & Public Affairs, 6*, 25-54.

Ho, C., & Jackson, J. W. (2001). Attitudes toward Asian Americans: Theory and measurement. *Journal of Applied Social Psychology, 31*, 1553-1581.

Katz, I., & Hass, R. G. (1988). Racial ambivalence and American value conflict: Correlational and priming studies of dual cognitive structures. *Journal of Personality and Social Psychology, 55*, 893-905.

Kramer, R. M. (1996). Divergent realities and convergent disappointments in the hierarchic relation: Trust and the intuitive auditor at work. In R. M. Kramer & T. R. Tyler (Eds.), *Trust in organizations: Frontiers of theory and research* (pp. 216-245). Thousand Oaks, CA: Sage Publications.

Lewicki, R. J., McAllister, D. J., & Bies, R. J. (1998). Trust and distrust: New relationships and realities. *Academy of Management Review, 23*, 438-458.

Lewin, K. (1951). Field theory in social science: *Selected theoretical papers*. New York: Harper.

Maruskin, L. A., Pittinsky, T. L., & Montoya, R. M. (2007). [The relationship between allophilia and prejudice: A consideration of ambivalent attitudes]. Unpublished raw data.

Phillips, S. T., & Ziller, R. C. (1997). Toward a theory and measure of the nature of nonprejudice. *Journal of Personality and Social Psychology, 72*, 420-434.

Pittinsky, T. L., & Montoya, R. M. (2007). *Asymmetrical effects of perceived acceptance on intergroup liking and disliking*. Manuscript in preparation.

Pittinsky, T. L., & Ratcliff, J. J. (2007, February). *Baleful and beneficent behavior toward outgroups: The distinct roles of prejudice, motivation to respond without prejudice, and allophilia.* Poster session at the annual meeting of the Society for Personality and Social Psychology, Albuquerque, NM.

Pittinsky, T. L., Rosenthal, S. A., & Montoya, R. M. (2007a). *The Allophilia Scale: Development and validation of a measure of positive intergroup attitudes.* Unpublished manuscript.

Pittinsky, T. L., Rosenthal, S. R., & Montoya, R. M. (2007b). *Positive intergroup attitudes predict support behaviors.* Manuscript submitted for publication.

Pittinsky, T. L., & Simon, S. (2007). Intergroup leadership. *The Leadership Quarterly, 18*(6), 586-605.

Saunders, M. N. K., & Thornhill, A. (2004). Trust and mistrust in organizations: An exploration using an organizational justice framework. *European Journal of Work and Organizational Psychology, 13*, 493-515.

9

남자의 정서생활을
다시 살펴보기

고정관념, 갈등 그리고 강점

• Y. Joel Wong과 Aaron B. Rochlen

남자의 정서생활을 다시 살펴보기
고정관념, 갈등 그리고 강점

Y. Joel Wong과 Aaron B. Rochlen

남자가 울어도 될까? 남자가 자신의 감정을 말하는 방법을 배울 수 있을까? 남자와 여자는 서로 다른 방법으로 정서를 표현할까?

최근 수십 년간 유럽계 미국인들의 대중문화에서는, 자기개발서로부터 음악, 영화, 일상의 대화에 이르기까지 남성의 정서생활이라는 주제가 자주 논쟁을 일으키거나 논의되고 분석되었다. 남성의 정서생활에 대한 질문은 종종 '남자로 사는 것'이 무엇인지에 대한 성적인 이슈와 연결되기도 한다. 이 장의 주된 논제는 남성성에 대한 우리의 이론이 남성의 정서생활을 이해하는 데에 영향을 미친다는 것이다. 남성성에 대한 이론들은 남성이 왜 그렇게 행동하는지, 우리가 남성의 행동에 어떤 의미를 부여하는지, 남성과 여성은 서로 다른지, 다르다면 그 이유는 무엇인지 등에 대한 설명을 시도한다.

이 장에서 우리는 남성성에 대한 세 가지 이론적 관점과 각각의 이론이 가지는 남성의 정서생활에 대한 함의를 살펴보려고 한다. 먼저, 대인관계와 성적 이슈에 대한 대중적인 자기개발서들에서 주로 채택된 본질주의자(essentialist) 접근을 살펴볼 것이다. 본질주의자의 관점은 남녀 정서생활의 차이점에 주목하고, 남성의 정서행동을 바꾸기보다는 있는 그대로 받아들이도록 격려하는 경향이 있다. 다음으로 성역할 사회화 접근은 남성의 정서생활의 부정적인 측면과 함께 남성의 행동에 대한 사회적 영향력에 주의를 두면서 본질주의자 접근의 한계에 대하여 기술한다. 마지막으로 남성의 정서생활에 보다 맥락적인 관점을 취하여, 남성성에 대한 정교화된 개념화를 제공하는 데 중점을 둔 사회적 구성주의자(social constructionist)의 접근을 제시할 것이다. 우리는 또한 사회적 구성주의자의 접근이, 남성의 정서생활에 관한 좀 더 긍정적이고 강점기반의 시각을 갖게 하는 데 어떻게 잠재적으로 기여할 수 있는지도 살펴볼 것이다. 마지막으로 이 장에서 말하는 바를 삶에 적용시킬 수 있을 만한 몇몇 간단한 실험방안을 소개하며 결론을 맺고자 한다.

그 전에 분명히 해두어야 할 것과 주의사항이 몇 가지 있다. 우리는 '남성성(masculinity)'이라는 용어를 '남성'이라는 생물학적 분류와 연관된 심리·행동적 특성을 가리키는 데 사용할 것이다. 또한 이 장에서 소개하는 남성성에 대한 세 가지 이론적 관점들이 남성의 정서생활을 이해하는 데 활용 가능한 관점들의 전부가 아님은 물론이다(다른 이론적 접근들은 Addis & Cohane, 2005;

Smiler, 2004 참조). 덧붙이자면 세 가지 이론적 관점들은 구분된 별개의 이론들이 아니라, 관련된 하나의 군집으로 보아야 할 것이다.

남성성에 대한 본질주의자 접근

자기만의 동굴 속에 들어가 있는 남자에게 당장 마음을 열고 상대에게 반응을 보이거나 애정을 기울이기를 바라는 것은, 기분이 매우 언짢아져 있는 여자에게 지금 당장 마음을 가라앉히고 이성을 찾으라고 요구하는 것과 마찬가지로 가당찮은 것이다. 여자의 느낌이 언제나 합리적이고 논리적이기를 기대하는 것이 잘못이듯, 남자가 항상 사랑하는 감정을 염두에 두고 행동하기를 바라는 것 또한 잘못이다(Gray, 2003, p. 30)

대중적인 대인관계 자조(self-help) 서적의 저자들이 십중팔구 취하는 가장 인기 있는 관점인 본질주의자 이론은, 특정한 속성들을 한 범주나 사회집단의 고정되고 변하지 않는 특성으로 간주한다(Whitehead, 2002). 유명한 책 『화성에서 온 남자, 금성에서 온 여자(*Men are from Mars. Women are from Venus*)』(Gray, 2003)에서 인용한 위의 글에서처럼, 남성성에 대한 본질주의자 관점은 남성이 변하기 어려운 보편적이고 고정된 속성을 가졌다고 여긴다. 게다가 이 접근은 종종 남녀가 다양한 속성에서 양극을 이룬다고 보며, 남성과 여성의 차이를 강조하는 경향이 있다. 일상의 대화에서 본질주의자의 관점을 찾아내는 것은 어렵지 않다. "남자들이란 천성적으로……."나 "남자들은 원래……." 하고 시작하는 말들은 대개 남성성에 대한 본질주의자 관점을 나타낸다.

유머(예: Pease & Pease, 2001, 2004)와 눈길을 끄는 제목(예: 『왜 남자는 다리미질을 안 하나?(*Why man don't iron?*)』; Moir & Moir, 1999), 그리고 다채로운 은유(예: 『화성에서 온 남자, 금성에서 온 여자』에서 남녀가 다른 행성에서 온 것으로 봄)로 장식된 자조 서적들은, 그 엄청난 판매 부수를 고려해볼 때 남성성에 대한 본질주의자의 믿음을 퍼뜨리는 데에 있어 매우 성공적인 것으로 보인다. 예를 들어, Gray의 『화성에서 온 남자, 금성에서 온 여자』는 1992년 처음으로 출판된 이후로 222주 동안 뉴욕 타임즈의 베스트셀러 목록에 올랐다.

이러한 책들에서 반복하여 제시되는 주제는 여성은 정서적이고 감정 표현을 선호하는 반면, 남성은 선천적으로 정서적이지 않고 감정 표현을 잘 하지 못한다는 것이다. 남성성에 대한 본질주의자 접근을 지지하기 위하여 다양한 이론들이 사용되었고, 그 중 가장 인기 있는 것은 생물학과 진화심리학 이론들이다.

생물학적 이론은 남성과 여성의 행동 차이가 뇌와 호르몬과 관련된 생물학적 과정에서 비롯된다는 입장을 취한다. Michael Gurian(2003)은 그의 책 『남자는 무엇을 생각하는가?(*What could he be thinking?*)』에서 생물학적 과정에서의 성차가 어떻게 "여성은 정서생활로부터 무언가를 얻기를 바라지만, 남성의 뇌는 그것이 어려울 때가 많다."는 그의 주장을 지지하는지를 설명하는 데에 한 장을 할애했다. 예를 들어, Gurian(2003)은 남성의 뇌량(대뇌의 좌우 반구를 연결하는 신경다발)이 여성의 것보다 25% 정도 더 작은데, 이는 여성에 비해 남성의 정서 소통이 더 어려움을 설명해준다고 주장한다. 반면, 진화심리학 이론은 수천 년에 걸친 자연선택의 과정으로 인해 유전자 풀이 달라져서 남녀의 차이가 생겨났다고 설명한다. 예를 들어, Allan과 Barbara Pease(2004)는 남성이 여성보다 말을 덜 하는 경향은, 고대 선조들이 사냥이나 낚시를 나갔을 때 짐승이나 물고기를 놀라지 않게 하려고 침묵을 지키려던 것에서 유래되었다고 하였다.

남성성에 대한 본질주의자 접근은 남성의 정서생활을 이해하는 데에 있어서 몇 가지 중요한 함의를 가진다. 남성의 정서적인 부족함과 정서표현의 어려움은 필연적이고 불변하는 특성으로 여겨지기 때문에 여성과 남성은 그것을 받아들이는 편이 낫다는 것이다(Gray, 2003; Gurian, 2003; Pease & Pease, 2001). 예를 들어, Gray(2003)는 여성에게 남성이 감정을 말하는 것을 피하려고 할 때 이를 비판하지 말고, 건강한 연인관계를 유지하기 위한 전략으로 그러한 모습을 받아들이라고 조언한다.

의심할 여지없이 남성성에 대한 본질주의자 접근의 매력은 그 간결성에 있다. 본질주의자 이론은 남성의 정서생활을 소수의 선천적인 속성에서의 성차로 설명함으로써 "왜 남자친구가 최근에 직장에서 잘린 심정을 나와 나누려 하지 않죠?"와 같은 질문에 쉽게 대답할 수 있다. 그러나 남성성에 대한 본질주의자 접근은 대인관계에 관한 자조 서적의 소비자들에게는 귀가 솔깃할 수 있지만, 대다수의 사회과학자들과(예: Connell, 2005) 심리학자들은 대개 이를 받아들이지 않는다(예: Addis & Mahalik, 2003).

이러한 학자들은 남성성에 대한 본질주의자 접근에 몇 가지 비판을 제기한다. 첫째로, 그들은 정서에서의 성차는 과대평가되었으며 이를 지지해주는 결정적인 연구 근거가 없다는 것을 지적한다. 정서에서의 성차에 대한 개관 연구를 한 Wester, Vogel, Pressly와 Heesacker(2002)는 여성과 남성의 정서성이 다른 점보다 비슷한 점이 더 많다고 결론지었다. 게다가 제기되는 차이점들은 특정 맥락에 국한되는 경향이 있으며 그 정도도 크지 않다. 최근의 연구는 흥미롭게도 실제 생활에서 남녀의 언어 사용량이 별로 다르지 않다는 점을 발견하여, 여성이 남성보다 수다스럽다는 널리 퍼진 고정관념에 의문을 제기한다(Mehl, Vazire, Ramirez-Esparza, Slatcher, & Pennebaker, 2007).

둘째, 몇몇 학자들은 남녀가 정서행동에서 지대한 차이를 보인다고 하는 고정관념을 만들어내기 위해 정서의 성차를 강조하는 주장을 비판해왔다(Addis & Mahalik, 2003; Wester et al., 2002). 이러한 고정관념은 이에 따라야 한다는 압박감을 주어, 남녀의 정서생활에 인위적인 제약을 만들어낼 수도 있다. 결국 이러한 고정관념을 따르지 않는 사람은 다른 사람에게 부정적으로 평가 받을지도 모른다(Shields, 2002). 예를 들어, 정서적인 표현을 잘 하는 남자는 심약하다거나 '남자답지 못하다.'고 여겨질 수도 있다.

셋째, 심리적 특성에서 나타나는 성차의 생물학적인 기반을 연구한 학자들은, 그 차이가 대인관계 자조 서적의 작가들(Hamberg, 2005; Hines, 2004)에 의하여 주장된 것보다 훨씬 적다는 것을 발견하였다. Whitehead(2002)는 심리적 성차의 생물학적 기반에 대한 문헌 개관연구에서, 그 근거가 "설득력이 있거나 결정적이지도 않으며, 심지어 일관적이지도 않다."고 결론을 내렸다(p. 11). 예를 들어, 남성의 정서소통의 어려움을 뇌량 크기에서의 성차로 설명하던 주장은(Gurian, 2003) 최근의 몇몇 개관연구에서 반박되었다(Hamberg, 2005; Morton & Rafto, 2006). 아이러니하게도 정서에서의 생물학적 성차에 대해 꽤 일관적인 결과를 보여준 몇 개의 연구들 중에 하나는, 오히려 성차에 대한 고정관념에 모순되는 결과를 보여준다. 즉, 전반적으로 남성이 여성보다 정서의 생리적인 신호를 더 많이 보이는 경향이 있다는 것이다(Wester et al., 2002). 또한 진화심리학 이론을 신봉하는 대인관계 자조 서적 작가들은, 인간행동의 성차에 있어 유전자의 영향을 과장해서 말하는 경향이 있다. 진화이론을 주장하는 연구자들은 유전적 특징이 인간행동에 결정적인 영향을 주는 것은 아니라고 조심스럽게 설명한다(예: Workman & Reader, 2004). 그들은 유전적인 차이는 단지 소인을 제공할 뿐이지 남녀가 다르게 행동하도록 원인을 제공하는 것은 아니라고 주장한다.

남성성에 대한 성역할 사회화 접근

본질주의자 이론이 남성의 선천적인 특성에 초점을 맞추는 것과 반대로, 성역할 사회화 접근은 대중매체, 부모, 또래와 같은 사회적인 압력이 남성의 정서생활에 미치는 영향을 강조한다. 근래 남성성과 관련된 주제를 연구하는 심리학자들(Addis & Cohane, 2005)이 선호하는 가장 주된 이론인 성역할 사회화 이론은, 반복되는 보상과 처벌, 모델링을 통하여 환경으로부터 성역할 행동과 신념이 학습된다고 제안한다(Levant & Pollack, 1995). 남성적인 성역할은 남성성에 대한 사회적 메시지와 일치하는 행동이라고 볼 수 있다. 이 같은 사회적 메시지에는 정서적인 것은 여성성과 나약함의 상징이며 고로 남성적인 것과는 양립될 수 없다는 생각이 포함되어 있다(O' Neil, 1981). 따라서 정서표현을 잘하는 남성은 사회적 기대에 어긋난다고 생각되는 반면에 정서표현을 잘 하지 않는 남성은 사회적 기대에 잘 순응하는 것으로 여겨진다.

정서적인 성역할 사회화의 과정은 유년기부터 체계화되기 시작한다. 자신의 우는 모습을 보고 친구들이 '계집애'라고 놀렸다면, 그 소년은 우는 것이 사내아이다운 것과 맞지 않는다는 믿음을 내면화하게 될 것이고 뒤로는 울음을 참을 것이다. 따라서 소년과 소녀를 구별해주는 엄격한 성역할 행동이 정해져 있음을 학습하게 될 것이다(Good & Sherrod, 2001). 비슷한 맥락으로, 물질적인 필요는 채워주지만 정서적인 염려에는 관심을 보이지 않는 아버지를 둔 소년이 있다면, 그 소년은 남자는 정서를 다루기보다 문제를 해결하는 데에 집중해야 한다고 학습할지도 모른다. 남녀 아이의 정서행동에 관한 개관 연구에서 Levant(2001)는 성역할 사회화 접근을 지지한다. Levant는 남아가 여아보다 정서적으로 더 반응적이고 표현적이지만, 2세경이 되면 여아가 남아보다 언어적으로 표현을 더 잘하게 되고 6세경에는 남아보다 얼굴 표정으로도 표현을 더 잘하게 된다는 것을 발견하였다. 남아와 여아의 정서적 사회화에 대한 또 다른 근거는 Brody(2000)의 개관 연구에서 나타난다. 이 연구에서 또래 사이에 인기가 덜한 남아들은 친구들이 더 잘 우는 아이로 보았고, 미취학아동이나 초등학교 저학년의 부모들이 딸은 슬픔이나 두려움을 표현하도록 격려하지만 아들에게는 그렇게 하지 않는 것으로 나타났다.

성역할 사회화 관점에서 남성의 행동을 연구하는 학자들이 정서적인 비표현성을 단지 여러 심각한 남성성 규범 중의 하나로 본다는 사실은 주목할 만하다. 예를 들어, Mahalik 등(Mahalik, Locke et al., 2003)은 미국 주류 문화에 존재하는 열한 가지의 남성성 규범을 제시하였다. 이에는 승리(경쟁과 성공의 중요성), 정서적 통제, 위험 감수, 폭력성, 지배성(남자는 반드시 책임져야 한다는 생각), 플레이보이(빈번한 성관계), 독립성, 일 중심성(일은 남성의 정체성에 결정적이다), 여성에 대한 권력행사, 동성애에 대한 경멸, 지위에 대한 추구 등이 있다. 남성은 각자의 삶에서 서로 다른 환경과 역할 모델에 기인한 특유의 사회화 과정을 겪었기 때문에, 각 개인이 위에서 언급한 규범에 따르는 정도는 다르다. 예를 들어, 어떤 남성들은 정서적 통제라는 규범에는 순응하지 않지만 지배성이라는 규범을 따르는 행동을 보일 수 있다.

성역할 사회화 접근 중에 남성성 규범에 집착할 때 생기는 부정적인 결과를 강조하는 이론들은, 지난 20년간 남성의 이슈를 연구하는 심리학자들에 의해 주된 이론적 틀로 사용되고 있다. 특히 성역할 갈등이론은 남성성에 대한 심리학 연구에서 사용되는 가장 인기 있는 이론적 접근이다. 현재 이 이론을 사용한 남성과 남성성에 관한 연구가 250개 이상 수행되었다(O' Neil, 2007).

"성역할이 그 개인이나 타인에게 부정적인 결과나 영향을 주

는 심리적인 상태"(O' Neil, 1981, p. 203)라고 정의된 성역할 갈등
은 유연하지 못한 성역할 규범에 집착하는 모습을 보이는 미성숙
한 남성 정체성을 반영한다고 가정된다. O' Neil, Good과 Holmes
(1995)는 남성이 전형적으로 여섯 가지 맥락에서 성역할 갈등을
경험한다고 제안하였다. 그 여섯 가지 맥락은 다음과 같다. 첫째
는 남성성에 대한 성역할 규범에서 벗어나거나 도전할 때다. 둘
째는 남성성에 대한 성역할 규범을 따르지 못했을 때다. 셋째는
남성성에 대한 성역할 고정관념에 기반하여 실제적인 자기개념
과 이상적인 자기개념 사이에 불일치를 경험할 때다. 넷째는 스
스로 자신을 평가절하하고 제한할 때 또는 스스로를 거스를 때
다. 다섯째는 타인이 자신을 평가절하, 제한하거나 거스를 때다.
마지막으로, 남성성에 대한 성역할 고정관념 때문에 다른 사람을
평가절하하거나 제한하거나 거스르게 될 때다. 요약하면 O' Neil
과 동료들은 전통적인 성역할 사회화가 모순되고 비현실적인 메
시지를 제공하고, 결국 상당한 개인 내적인 갈등과 대인관계의
갈등을 야기하게 된다고 이론화하였다(O' Neil et al., 1995).

성역할 갈등이론이 남성의 정서생활과 관련된 주제에 적용될
때, 남성의 정서표현 부족은 그들 자신을 자유롭게 표현하는 능
력을 제한하고 인간 잠재력을 최대한 발휘하지 못하게 하는 요소
로 여겨진다(O' Neil et al., 1995). 예를 들어, 감정을 표현하는 데
어려움을 느끼는 남자는 가족 구성원이나 연인과 친밀한 교류를
할 기회가 부족할 수 있으며(O' Neil, 1981), 그들의 애정어린 감정
을 관계성을 배제한 성적인 활동으로 바꾸어 표현할 수도 있다
(Levant, 2001). 이러한 주장과 일치하는 방향으로, 성역할 갈등이

론에 기반한 연구는 남성의 정서표현의 어려움이 불안증상 (Wong, Pituch, & Rochlen, 2006), 도움을 청하는 데에 대한 부정적인 관점(Robertson & Fitzgerald, 1992), 적대적이고 경직된 대인관계 행동(Mahalik, 2000), 연인이 보고한 낮은 관계 만족도(Rochlen & Mahalik, 2004) 등의 다양한 문제들과 연관을 나타내었다.

성역할 사회화 이론과 관련된 몇몇 강점들이 있다. 먼저 본질주의자 관점과는 달리 성역할 사회화 접근은 남성의 정서생활과 관련하여 나타나는 현상에 대해 도전한다. 성역할 사회화 접근은 남성의 정서적 비표현성을 자연발생적인 특성으로서 받아들이는 대신에, 남성들이 정서적 비표현성이라는 규범을 어떻게, 그리고 왜 따르려는지 탐색하도록 돕는다. 또한 남성성의 역기능적인 측면에 초점을 맞추고(예: 성역할 갈등이론), 감정을 표현하는 데에 어려움을 겪는 남성에 대해 비표현성을 타고난 특성으로 비난하기보다 변화의 필요에 주의를 돌리도록 돕는다.

둘째, 성역할 사회화 관점은 남성들 사이에 나타나는 정서행동의 다양성을 의미 있게 설명해준다(Addis & Mahalik, 2003). 성역할 사회화 이론은 정서의 성차에 중점을 두는 대신, 어떤 남성은 정서적으로 잘 표현하지만 어떤 남성은 그렇지 않다고 제안한다. 그리고 이 차이는 각각의 정서적인 사회화 경험이 다르고 그들이 따르는 남성성 규범의 유형이 다르기 때문이라고 한다. 또한 성별 간의 차이보다 남성 내에서의 차이를 강조함으로써 남녀의 정서생활이 확연히 다르다는 고정관념을 잠재적으로 막게 된다.

셋째, 성역할에 초점을 두는 것은 그 자체로 어떻게 정서적으로 더 잘 표현할 수 있는지를 교육하기 쉽게 한다. 남성들이 부모나 또래, 선생님으로부터 정서를 제한하도록 배운 것처럼, 성역할 사회화 이론은 이러한 남성들이 자신의 정서를 확인하고 표현할 수 있는 방법도 학습할 수 있다고 제안한다(Levant & Kopecky, 1995). 성역할 사회화 이론들은 남성에게 정서를 교육하고 스스로의 감정을 인식하고 표현할 수 있도록 고안된 몇몇 심리교육 프로그램에 적용되기도 하였다(예: Robertson & Freeman, 1995).

더 나아가서 여러 연구자는 남성이 정서에 집중하도록 돕는 다양한 임상적 개입의 잠재적인 이점에 대해 탐색해보았다. 예를 들어, Wong(2006)은 연인과 가능한 최고의 정서적 연결을 누리게 된다면 자신의 삶이 어떻게 달라질지에 대하여 글을 쓴 남성들이, 다른 주제에 대하여 글을 쓴 남성들에 비하여 심리적 고통이 감소했다고 보고한다. 게다가 몇몇 심리치료자들은 남성 내담자들이 정서와 연결되고 표현하도록 돕기 위하여 성역할 사회화 관점을 활용하였다고 한다(예: Englar-Carlson & Shepard, 2005; Levant, 2001). 예를 들어, Levant(2001)는 정서를 인식하는 데에 어려움을 겪는 남성을 도와주는 5단계 치료 프로그램을 제시한다. 그 프로그램에서 남성은 감정을 인식하는 데에 어려움을 겪는 특성과 그 기원에 대해 배우고, 정서 관련 어휘를 익히고(예: 슬픈, 화난, 걱정하는), 다른 사람의 정서를 읽는 방법을 배우며, 자신의 정서경험을 기록하고, 정서를 인식하는 5단계의 연습을 거친다.

성역할 사회화 접근이 이렇게 설득력 있는 이론임에도 남성성에 대한 불충분한 분석을 제공한다는 점에서는 비판받고 있다. 우선 대부분의 연구가 백인 위주로 수행되었기 때문에(Good &

Sherrod, 2001) 남성성 규범에 있어서의 문화적 다양성을 충분히 염두에 두지 못했다는 점이다. 몇몇 연구자들이 성역할 사회화의 관점에서 남성의 정서적 행동이 문화마다 어떻게 다른지 연구를 했지만(예: Levant, Richmond et al., 2003), 정서적 통제에 대한 남성성 규범은 단지 현대 유럽계 미국인들의 문화적 산물이며 다른 문화에 적용하기는 어려울 수 있다는 점에 대한 충분한 논의가 이루어지지 않았다.

아울러 성역할 사회화 접근은 암묵적으로 남성성을 개인에게 안정적인 내적 특성으로 다루며 상황에 따라서 차이를 보일 수 있다는 점을 충분히 염두에 두지 않는다(Addis & Mahalik, 2003; Smiler, 2004). 다른 말로 하면, 남성이 정서를 잘 표현하지 않도록 사회화되었다는 설명은 그가 어떤 상황(예: 직장에서 동료와 이야기할 때)보다 다른 상황(예: 술집에서 축구경기를 볼 때)에서 왜 더 표현적인지를 설명하지 못한다.

더 최근 들어서 긍정심리학의 태동(Seligman & Csikszentmihalyi, 2000)은 다른 각도에서 성역할 사회화 이론을 비판한다. 긍정심리학은 인간의 약점과 병리에 초점을 두던 심리학의 조류를 인간의 긍정적인 특성을 강조하는 관점으로 변화시키는 데에 목적이 있다. 최근 몇몇 학자들은 남성성 연구에 긍정심리학을 적용시키려는 시도를 하고 있다. 이들은 남성성의 부정적인 측면을 지나치게 강조하고 긍정적인 특성을 무시하는 현대 남성성 이론에 대해 우려를 표한다(Kiselica, Englar-Carlson, & Horne, 2008). 예를 들어, 남성의 비표현성과 관련된 문제점에만 중점을 두면, 남성이 표현을 잘하는 상황과 감정을 감추는 것이 오히려 이득이 될 수도 있는 상황에 대해서는 제대로 고려할 수 없게 된다(Wong & Rochlen, 2005).

남성성에 대한 사회적 구성주의자 접근

성역할 사회화 이론에 대한 비판 중 일부는 남성성에 대한 사회적 구성주의자 접근에 의해 의미 있게 설명될 수 있다. 현재 심리학이 아닌 다른 사회과학에서 남성성을 연구하는 학자들에 의하여 차용되는 가장 인기 있는 접근(Addis & Cohane, 2005; Kimmel, Hearn, & Connell, 2005)인 사회적 구성주의는, 보편적이고 범시대적인 진리와 객관적 지식의 추구에 이의를 제기하는 포스트모더니즘의 철학적 사상이다(Burr, 2003). 사회적 구성주의와 성역할 사회화 관점은 남성성과 정서에 대한 본질주의자들의 신념을 거부하고, 남성의 성역할 행동형성에 있어 사회적 요인의 중요성을 강조하는 공통점이 있다. 그러나 사회적 구성주의자 접근은 성역할 사회화 접근과 여러 중요한 점에서 차이가 있다. 즉, 성역할 사회화 접근과는 달리, 사회적 구성주의자 접근은 남성성을 더 유연하고 유동성이 있다고 보는 훨씬 더 맥락적인 접근을 취한다. 이러한 유동성은 다음의 두 가지 다른 방법으로 표현된다.

거시적인 수준에서 몇몇 사회적 구성주의자 학자들은 남성성이 문화, 역사, 사회 경제, 제도의 압력에 의하여 규정되는 방식에 중점을 둔다. 기본적인 가정은 남성성이 하나의 특정한 형태로 존재하는 것이 아니라, 다양한 형태로 표현된다는 것이다.

사회적 구성주의자들은 '남성성들'이라는 용어를 서로 다른 사회 그룹—예를 들어, 게이 남성성(Connell, 2005), 아시아계 미국인 남성성(Chua & Fujino, 1999), 아프리카계 미국인 남성성(Hammond& Mattis, 2005)—안에, 그리고 서로 다른 역사적인 시기(Stearns, 1994 참고) 안에 존재하는 다양한 남성성의 의미를 기술하기 위하여 사용한다. 사회적 구성주의자들은 유럽계 미국인 남성의 고정관념이 보편적이고 지속적인 남성성의 지표로 여겨지는 것에 우려를 표한다. 결과적으로 비표현적인 남성의 이미지는 단지 중산층이고 이성애인 유럽계 미국인 문화의 규범일 뿐이며, 다른 문화권에서는 적용이 어려울 수도 있다.

몇몇 사회적 구성주의자 학자들은 어떤 특정한 문화권 안에 남성성 규범에 대한 일치되는 메시지가 있다는 생각에 도전하기 위해 비교문화적인 차이의 이슈를 넘어서기도 한다(Wetherell & Edley, 1999 참고). Shields(2002)는 남성의 정서적 표현을 긍정적으로 표현한 인기 영화 〈제리 맥과이어〉와 미국의 남성 정치인 중 대중에게 감정을 드러냈던 호감 가는 인물(예를 들어, 빌 클린턴)을 예로 제시하면서, 1980년대부터 남성적 비표현성에 대한 사회적인 메시지가 남성적인 정서를 긍정적으로 인정하는 것과 함께 나타나고 있다고 지적하였다. 그러므로 특정 문화권 안에서 남성의 정서에 대한 서로 다르고 때로는 상충하는 규범들이 확산되고 있다고 주장할 수 있다(예: 비표현적인 남자 대 표현적인 남자).

미시적인 수준에서, 남성성의 유연한 특성은 남성성이 매일의 사회적 상호작용에서 표현되는 다양한 방식에서 나타난다(Addis

& Mahalik, 2003). 사회적 구성주의는 남성성에 대한 맥락을 제공함으로써, 남성이 모든 상황에서 일관적인 형태의 남성성을 표현하지는 않는다는 것을 보여주며(Smiler, 2004), 남성성이 개인 안에 존재한다는 생각에 이의를 제기한다. Wetherell과 Edley(1999)는 남성이 어떤 특정한 남성성 규범을 영구히 고수하는 것이 아니라, 특정 상황에서 적용할 수 있는 다양한 남성성 규범 중에서 끊임없이 선택한다고 주장하였다. 그러므로 '비표현적인, 표현적인, 정서적인, 비정서적인' 등의 꼬리표는 남성의 정서생활에 대한 과잉 일반화된 진술이라 할 수 있다. 대신에 남성은 특정 상황에서 어떤 남성성 규범을 적용할지에 대한 인식을 바탕으로 그들의 감정을 표현하거나 억제하는 것을 선택한다고 여겨진다. 몇몇 남성은 스포츠 경기를 보면서 기쁨의 눈물을 흘리는 것은 허용되지만 직장에서는 그렇지 않다고 생각한다. 예를 들어, 영국 남성의 남성성과 정서적 표현성에 대한 연구에서, Walton, Coyle과 Lyons(2004)는 그들 연구의 참가자들이 많은 사회적 맥락에서 정서를 감추는 것을 선호하지만 누군가의 죽음, 축구 게임, 나이트클럽 시나리오 등의 상황에서는 슬픔, 기쁨, 분노 등을 상대적으로 허용하는 것을 발견하였다.

사회적 구성주의자 접근이 특별히 기여한 바는 남성성이 사회적 상황 안에서 능동적으로 구성된다는 생각을 제안한 점이다(Addis & Mahalik, 2003; Kimmel et al., 2005). 다른 말로 하면 남성들이 언론, 부모, 친구들과 같은 사회적 압력에 의하여 수동적으로 영향을 받기보다, 특정한 사회적 상황에서 능동적으로 남성성의 의미를 만들어간다는 것이다. 이러한 사회적 구성주의의 핵심 특성은 성, 여성성, 남성성이 사회적 상황에서 수행되는 관습이라는 생각에 잘 드러난다(Connell, 2005).

사회적 구성주의자들은 성역할 수행 시 남성과 여성이 사용하는 언어에 특히 관심을 쏟는다. 사회적 구성주의자의 관점에서 언어는 단지 개인의 생각과 느낌의 반영이 아니라, 사회적 상황에 능동적으로 의미를 부여하는 수단으로 여겨진다(Burr, 2003). 예를 들어, 남녀에 대한 일상적 대화에서 '반대의 성'이라는 용어의 사용은, 남녀가 여러 특성에 있어서 양 극단에 위치한다는 고정관념(예: 정서적 대 비정서적)을 담고 있으며 그것을 강화시키기도 한다.

언어의 의미부여 기능에 대한 두 번째 예는 정서를 묘사하는데에 사용되는 언어의 유형에서 나타날 수 있다. Shields(2002)는 매일의 상호작용에서 사람들이 정서경험에 대해 묘사하기 위하여 특정한 정서 어휘를 사용한다는 점과, 정서를 표현할 때 자주 완곡한 방법으로 하게 됨을 관찰하였다. 이러한 정서적 완곡어법은 "그가 그녀를 찍었다."와 같이 정서에 의하여 유발되지만 직접 정서를 가리키지는 않는 행동을 묘사하는 단어나 어구다. 남성들이 그들 자신을 표현하기 위하여 사용하는 정서적 완곡어법에 주의를 기울이는 것은, 슬픔, 행복, 두려움 등의 정서 어휘에만 초점을 맞출 때는 포착할 수 없는 감정 표현 방법을 확인할 수 있게 해주어 남성의 정서생활에 대한 이해를 넓혀준다.

사회적 구성주의 접근의 또 다른 중요한 특징은 사람의 기능을 기술하기 위하여 사용되는 명칭의 사회적 구성에 대한 강조다(Gergen, 1999). 사회적 구성주의자들은 '남성성'과 '정서'와 같은 용어가 객관적인 의미를 가지고 있다고 가정하는 대신, 이러한 용어에 부여된 의미를 둘러싼 사회적 합의에 대하여 연구한다. 예를 들어, 남녀 중 누가 더 정서적인지에 관심을 갖기보다, '정서적 표현성'의 의미에 의문을 제기하고 이러한 의미에 의하여 보호되거나 무시되는 가치를 탐색한다. 이런 면에서 유럽계 미국인들의 문화에서 '정서적 표현성'이 남성성의 전형적이고 부정적인 특성, 예를 들면 공격성, 적개심, 분노 등의 감정과 연관된 것이라기보다는 슬픔이나 공감과 같은 부드러운 감정과 관련이 있다는 점에 가치를 부여하고 있음은 논의될 만하다 (Shields, 2002 참고). 그러므로 남성적 비표현성(남성이 부드러운 감정을 표현하는 데에 어려움이 있다고 해석되는)을 강조하는 것은 실제로는 파괴적이고 문제가 될 만한 남성의 정서적 행동 특징을 간과하게 할 수도 있다.

유럽계 미국인 문화에서 '정서적 표현성'이라는 용어는 정서에 대하여 얼마나 말로 표현하는지에 대해서만 증거를 찾음으로써 사회적으로 구성되는 경향이 있다(Shields, 2002 참고). 그렇게 함으로써 남성들이 하고 있는 정서적 표현의 다른 형태들은 간과될지 모른다. 실제로 남성들의 표현 방식에 따라서 정서적 표현 수준은 다양할 수 있음을 보여주는 연구 근거가 있다(Wong & Rochlen, 2005). 예를 들어, 여성들이 심리치료자에게 글을 쓸 때보다 이야기할 때 더 많은 부정적인 감정을 표현하는 반면, 남성들은 심리치료사에게 말할 때보다 글을 쓸 때 더 부정적인 감정을 표현한다(Donnelly & Murray, 1991).

그러므로 비표현적인 남성(자기 감정에 대하여 거의 말하지 않는 사람으로 보이는)에 대한 고정관념은, 남성들이 행하고 있는 정서 표현의 다양한 형태를 충분히 염두에 두지 않은 것이다. 다음에 이어지는 53세의 유럽계 미국인 남성이 그의 자녀들에게 쓴 이 메일 발췌문의 예에서처럼, 어떤 남성들은 자신의 부드러운 감정을 글이나 이메일 형태로 표현하는 것을 매우 편안하게 느낄 수 있다. (사생활 보호를 위하여 이메일에 언급되는 이름들은 가명을 사용하였음)

　　너희들에게 얼마나 고마워하는지 알려주려고 글을 쓴 게 벌써 한참이 지났구나. 나는 직장에서 사람들이 아이들에 대해서 얘기하는 걸 들으면 난 너희 엄마한테 이야기해……. 너희들이 잘 지내는 것에 대해 정말 감사한다고 말이야. 너희들을 얼마나 사랑하는지 말로 표현할 수조차 없어. 너희들이 학업을 잘 끝마치고 말썽도 일으키지 않고 좋은 배우자와 결혼한 것 모두가 정말 고마워. 앨리스(Alice)가 곧 아이를 낳을 테고, 케빈(Kevin)과 샌드라(Sandra)의 아기도 뱃속에 있고, 그리고 제시(Jesse)는 새 직장을 얻었잖아. 매일 조깅을 하거나 운동할 때 이런 일들을 생각해. 가끔 나는 자식 자랑을 심하게 하지만, 너희들은 정말 아빠로서 자랑스럽게 해준단다. 나는 우리 부모님이 손주들을 대하셨듯이 너희 아이들을 대해줄 거야. 사랑하고 종종 꾸짖기도 하고. 나는 우리 어머니가 자식들과 손주들, 중손주들을 위해서 얼마나 많은 시간을 기도하고 계시는지를 알고 있어. 나도 나이를 먹으면서 이런 게 자연스러워지는구나. 주말 잘 보내고, 너희가 항상 보고 싶구나. 나는 정말 너희들과

조금 더 가까운 곳에 살았으면 해. 한 시간이나 조금 더 많이
걸리든 가까이 살면 삶이 좀 더 행복해질 것 같구나.

요약하면 남성성에 대한 사회적 구성주의자 접근은, 남성이 어
떻게 정서를 경험하고 확인하고 표현하는지를 규정하는 지속적
이고 보편적인 남성적 특질이 있는 것이 아니라, 남성성과 정서
행동이 다른 문화, 역사적 맥락과 사회적 상황에서 다양하게 나
타난다고 제안한다.

남성의 정서생활에 대한 강점기반의 관점을 향하여

사회적 구성주의자들이 남성의 남성성과 정서행동의 맥락적
인 배경을 강조하는 것은, 최근에 긍정심리학에 의하여 인간의
강점과 긍정적인 인간의 기능을 강조하는 것과 더불어 잠재적인
합의점을 제공한다(Seligman & Csikszentmihalyi, 2000). 이러한 점
에서 사회적 구성주의자 원리에 입각한 심리치료는 남성의 정
서생활에 대한 보다 긍정적인 관점을 가지도록 도움을 줄 수 있
다. 사회적 구성주의자의 강점과 긍정적 기능을 강조하는 치료
적 접근은 지난 20년간 점점 더 인기를 얻어 왔다(de Shazer, 1991;
Gutterman, 1994; Wong, 2006b).

사회적 구성주의자의 치료적 접근 중 하나인 해결중심치료
(Solution-Focused Therapy: SFT)는 남성의 정서생활을 이해하기
위한 강점기반의 접근을 구성하는 데에 특히 적용할 수 있을 것

이다. 해결중심치료는 인간의 기능에 대한 본질주의자 접근을 거부하고 내담자가 주관적 현실을 구성하는 데에 있어 언어의 중요성을 강조하는 등 이 장에서 언급했던 사회적 구성주의자의 원리에 입각한다(de Shazer & Berg, 1992). 해결중심치료에서 치료의 중점은 내담자 문제의 원인을 분석하는 대신에 내담자가 그들의 삶에 부여하는 의미를 바꿈으로써 해결책을 찾는 데에 있다(de Shazer, 1991).

해결중심치료의 중요한 개입은 내담자의 문제가 나타나지 않거나 덜 심각한 상황을 확인하는 것이다. '예외'라고 불리는 이러한 상황에 대한 강조는 내담자가 언제나 같은 수준의 문제를 경험하지는 않을 것이라는 가정을 기반에 둔다. 현재 문제가 우울인 내담자와 작업을 할 때 치료자는 "가장 최근에 당신이 덜 우울했던 때는 언제죠?"라고 질문할 수 있다. 예외 상황을 확인하는 것은 치료자와 내담자가 이러한 상황에서 변화를 위한 긍정적인 요인을 탐색하게 해준다. 결과적으로 내담자들은 그들의 삶에서 이러한 성공적인 예외 경험을 반복하고 증가시키도록 고무된다.

해결중심치료에서 예외를 확인하는 원리는, 정서를 표현하는 데에 어려움을 겪는 남성에 대하여 강점기반의 개념화를 제공하기 위해 사회적 구성주의자의 남성성 접근과 통합될 수 있다. 어떤 남성도 지속적으로 비표현적이지는 않고 한 사람의 정서적 행동은 상황적 요구에 대한 인식에 따라서 다양할 수 있다는 사회적 구성주의자 원리에 입각하여, 남성의 정서생활에 대한 보다 확실한 그림을 그리기 위하여 다음과 같은 '예외 질문'을 할 수 있을 것이다.

1. 가장 최근에 슬픔, 감사, 공감 등 부드러운 감정을 표현할 수 있었던 때가 언제입니까?
2. 당신은 어떤 상황에서 감정을 더 잘 표현할 수 있습니까?
3. 누구에게 감정을 편하게 표현할 수 있습니까? 이 사람에게 감정을 표현하기가 쉬운 이유는 무엇입니까?
4. 누구와 함께 있을 때 정서적으로 연결된 느낌을 갖게 됩니까(배우자나 연인 외에)? 이 사람과의 우정/관계의 어떤 측면이 정서적인 연결을 촉진시킵니까?
5. 당신이 가장 편안하게 느끼는 정서표현의 방식은 무엇입니까(예: 말이나 글/이메일)?
6. 다른 사람에게 가장 편하게 표현할 수 있는 감정의 유형은 무엇입니까(예: 슬픔, 분노, 낙심, 기쁨, 감사, 존경 등)

'예외 질문'에 대한 논의는 스스로 정서표현이 어렵다고 느끼는(또는 다른 사람들이 그렇게 평가하는) 남성이, 자신의 정서생활에서 변화의 긍정적인 요인을 발견하고 확장시키는 것을 도울 뿐만 아니라 비표현적인 남성의 고정관념에 이의를 제기할 수 있도록 도와준다.

요약 및 결론

이 장에서는 남성의 정서생활을 이해하기 위한 세 가지 주된 이론적 접근, 즉 본질주의자 접근, 성역할 사회화 접근, 사회적 구성주의자 접근을 개관하였다. 또한 본질주의자와 성역할 사회화 이론의 한계와 사회적 구성주의자 접근이 이러한 한계점을 어떻게 설명하는지를 살펴보았다. 우리는 남성성에 대한 사회적 구성주의자 접근이, (남성은 정서적이지 못하고 여성은 정서적이라는) 고정관념에 도전하고, 남성이 상황에 따라서 정서적 행동을 어떻게 바꾸는지를 적절하게 설명하고, '정서적' 혹은 '정서적 표현성'과 같은 명명의 사회적 구성을 비판적으로 검증하도록 하여 남성에 대한 보다 정교한 그림을 제공해준다고 생각한다.

지난 10년간 남성성에 대한 연구가 현저하게 성장했음에도 남성성에 대한 사회적 구성주의자 접근은 상대적으로 학계 외부로 알려지지 않고, 여성과 남성의 삶과 관련된 실용적인 적용으로 이어지지 않은 채로 있다. 이 장에서 언급된 의견들, 특히 해결중심치료의 '예외 질문'에 대한 설명이, 사회적 구성주의자 원리가 남성의 정서생활을 더 잘 이해하고 향상시키도록 돕는 실용적인 방법에 적용되는 발단이 되길 바란다.

| 개인적인 작은 실험들 |

그냥 남자답다구요? 쉽게 확신하지 마세요

우리는 여기에서 이 장에서 언급된 남성의 정서생활에 대한 중요한 생각들이 어떻게 실용적인 방법으로 적용되거나 논의될 수 있는지에 대한 몇몇 기본적이고 어렵지 않은 제안을 하려 한다.

정서생활 인터뷰하기   스스로 정서를 표현하는 것을 어렵다고 느끼는 남성(혹은 다른 사람들이 그렇게 여기는 남성)을 인터뷰하라. 앞에서 언급한 강점기반의 '예외 질문'을 그의 정서생활에 대한 인터뷰의 지침으로 사용하라. 인터뷰를 끝낸 후 인터뷰 경험으로부터 배운 점과 수집된 정보들이 남성의 정서생활을 더 잘 이해할 수 있도록 해줄 것이다.

영화 평가하기   남성의 정서생활에 대한 주제는 영화나 다른 대중매체에 빈번하게 등장한다. 몇몇 영화는 정서적으로 억제하는 남성을 그리는 반면, 어떤 영화는 정서표현의 파괴적인 형태를 가진 남성을 묘사한다(예: 통제 불가능한 분노와 적개심). 몇몇 영화는 남성의 정서행동의 긍정적인 형태를 좋게 표현하지만 어떤 영화는 남자 주인공이 여러 삶의 난관을 겪으면서 정서적으로 진실해지며 타인과 정서적으로 연결되어 정서적 해방을 얻는 과정을 주제로 다룬다.

남성의 정서생활에 대한 사례 연구로 유용하게 쓰일 수 있는 영화는 다음과 같다. 〈어바웃 슈미트〉〈아메리칸 뷰티〉〈성질 죽이기〉〈카지노 로얄〉〈파이트 클럽〉〈제리 맥과이어〉〈미스 리틀 선샤인〉〈사랑도 통역이 되나요?〉〈미션 임파서블 3〉〈미스틱 리버〉〈셰익스피어 인 러브〉〈리플레이스먼트〉〈로얄 테넌바움〉〈왓 위민 원트〉. 남성의 정서생활이 어떻게 표현되는지에 관심을 기울여 이 영화들 중 하나를 분석해라. 남성의 정서행동이 긍정적으로 혹은 부정적으로 나타난 예를 찾아라. 이 영화들이 담고 있는 메시지와 무엇이 '이상적'이고 '기대되는' 남성적인 정서행동인지에 대하여 생각해보라.

> 참고문헌

Addis, M. E., & Cohane, G. H. (2005). Social scientific paradigms of masculinity and their implications for research and practice in men's mental health. *Journal of Clinical Psychology, 61.* 633-647.

Addis, M. E., & Mahalik, J. R. (2003). Men, masculinity, and the contexts of help seeking. *American Psychologist, 58,* 5-14.

Brody, L. R. (2000). The socialization of gender differences in emotional expression: Display rules, infant temperament, and differentiation. In A. H. Fischer (Ed.), *Gender and emotion: Social psychological perspectives* (pp. 24-47). New York: Cambridge University Press.

Burr, V. (2003). *Social constructionism* (2nd ed.). London: Routledge.

Chua, P., & Fujino, D. C. (1999). Negotiating new Asian-American masculinities: Attitudes and gender expectations. *The Journal of*

Men's Studies, 7, 391-431.

Connell, R. W. (2005). *Masculinities.* Cambridge, UK: Polity Press.

Crawford, M. (2004). Mars and Venus collide: A discursive analysis of martial self help psychology, *Feminism & Psychology, 14,* 63-79.

de Shazer, S. (1991). *Putting difference to work.* New York: Norton.

de Shazer, S., & Berg, I. K. (1992). Doing therapy: A post-structural revision. *Journal of Marital and Family Therapy, 18,* 71-81.

Donnelly, D. A., & Murray, E. J. (1991). Cognitive and emotional changes in written essay and therapy interviews. *Journal of Social and Clinical Psychology, 10,* 334-350.

Englar-Carlson, M., & Shepard, D. S. (2005). Engaging men in couples counseling: Strategies for overcoming ambivalence and inexpressiveness. *The Family Journal: Counseling and Therapy for Couples and Families, 13,* 383-391.

Gergen, K. J. (1999). *An invitation to social construction.* London: Sage.

Good, G. E., & Sherrod, N. (2001). Men's problems and effective treatments: Theory and empirical research. In G. Brooks & G. Good (Eds.), *The new handbook of psychotherapy and counseling with men: A comprehensive guide to settings, problems, and treatment approaches: Vol. 1* (pp. 21-40). San Francisco: Jossey-Bass.

Gray, J. (2003). *Men are from Mars, Women are from Venus: A practical guide for improving communication and getting what you want in your relationships.* New York: Harper-Collins.

Gurian, M. (2003). *What could he be thinking: How a man's mind really works.* New York: St. Martin's Press.

Gutterman, J. T. (1994). A social constructionist position for mental health counseling. *Journal of Mental Health Counseling, 16,* 226-244.

Hamberg, K. (2005). Biology, gender and behaviour. A critical discussion of the biological models used for explaining cognitive and behavioural gender differences. In J. W. Lee (Ed.), *Psychology of gender identity* (pp. 127-144). Hauppauge, NY: Nova Biomedical

Books.

Hammond, W. P., & Mattis, J. S. (2005). Being a man about it: Manhood meaning among African American men. *Psychology of Men & Masculinity, 6*, 114-126.

Hines, M. (2004). *Brain gender.* New York: Oxford University Press.

Kimmel, M. S., Hearn, J. R., & Connell, R. W. (Eds.). (2005). *Handbook of studies on men and masculinities.* Thousand Oaks, CA: Sage Publications.

Kiselica, M. S., Englar-Carlson, M., & Horne, A. M., Fisher, M. (2008). A positive psychology perspective on helping boys. In M. S. Kiselica, M. Englar-Carlson, & A. M. Horne (Eds.), *Counseling troubled boys: A guidebook for practitioners* (pp. 31-48). New York: Routledge.

Levant, R. F. (2001). Desperately seeking language: Understanding, assessing, and treating normative male alexithymia. In G. R. Brooks & G. Good (Eds.), *The new handbook of counseling and psychotherapy for men* (Vol. 1, pp. 355-368). San Francisco: Jossey-Bass.

Levant, R. F., & Kopecky, G. (1995). *Masculinity reconstructed.* New York: Dutton.

Levant, R. F., & Pollack, W. S. (Eds.) (1995). *A new psychology of men.* New York: Basic Books.

Levant, R. F., Richmond, K., Majors, R. G., Inclan, J. E., Rosello, J. M., Rowan, G., et al. (2003). A multicultural investigation of masculinity ideology and alexithymia. *Psychology of Men and Masculinity, 4*, 91-99.

Mahalik, J. R. (2000). Gender role conflict in men as a predictor of self-ratings of behavior on the Interpersonal Circle. *Journal of Social & Clinical Psychology, 19*, 276-292.

Mahalik, J. R., Locke, B. D., Ludlow, L. H., Diemer, M. A., Scott, R. P. J., Gottfried, M., et al. (2003). Development of the conformity to masculine norms inventory. *Psychology of Men and Masculinity,*

4, 3-25.

Mehl, M. R., Vazire, S., Ramirez-Esparza, N., Slatcher, R. B., & Pennebaker, J. W. (2007). Are women really more talkative than men? *Science, 316*, 82.

Moir, A., & Moir, B. (1999). *Why men don't iron: The fascinating and unalterable differences between men and women.* New Yotk: Citadel Press.

Morton, B. E., & Rafto, S. E. (2006). Corpus callosum size is linked to dichotic deafness and hemisphericity, not sex or handedness. *Brain and Cognition, 62*, 1-8.

O'Neil, J. M. (1981). Patterns of gender role conflict and strain: Sexism and fear of femininity in men's lives. *The Personnel and Guidance Journal, 60*, 203-210.

O'Neil, J. M. (2007). *Gender role conflict research paradigm.* Retrieved on May 19, 2007, from http://web.uconn.edu/joneil/Gender-Home.html.

O'Neil, J. M., Good, G. E., & Holmes, S. (1995). Fifteen years of theory and research on men's gender role conflict: New paradigms for empirical research. In R. Levant & W. S. Pollack (Eds.), *The new psychology of men* (pp. 164-206). New York: Basic Books.

Pease, B., & Pease, A. (2001). *Why men don't listen and women can't read maps: How we're different and what to do about it.* New York: Broadway Books.

Pease, B., & Pease, A. (2004). *Why men don't have a clue and women always need nore shoes: The ultimate guide to the opposite sex.* New York: Broadway Books.

Robertson, J. M., & Fitzgerald, L. F. (1992). Overcoming the masculine mystique: Preferences for alternative forms of assistance among men who avoid counseling. *Journal of Counseling Psychology, 39*, 240-246.

Robertson, J. M., & Freeman, R. (1995). Men and emotions: Developing masculine-congruent views of affective expressiveness. *Journal of

College Student Development, 36, 606-607.

Rochlen, A. B., & Mahalik, J. R. (2004). Women's perceptions of male partners' gender role conflict as predictors of psychological well-being and relationship satisfaction. *Psychology of Men and Masculinity, 5,* 147-157.

Seligman, M. E. P., & Csikszentmihalyi, M. (2000). Positive psychology: An introduction. *American Psychologist, 55,* 5-14.

Shields, S. A. (2002). *Speaking from the heart: Gender and the social meaning of emotion.* Cambridge, UK: Cambridge University Press.

Smiler, A. P. (2004). Thirty years after the discovery of gender: Psychological concepts and measures of masculinity. *Sex Roles, 50,* 15-26.

Stearns, P. N. (1994). American cool: *Constructing a twentieth-century emotional style.* New York: New York University Press.

Walton, C., Coyle, A., & Lyons, E. (2004). Death and football:: An analysis of men's talk about emotions. *British Journal of Social Psychology, 43,* 401-416.

Wetherell, M., & Edley, N. (1999). Negotiating hegemonic masculinity: Imaginary positions and psycho-discursive practice. *Feminism and Psychology, 9,* 335-356.

Wester, S. R., Vogel, D. L., Pressly, P. K., & Heesacker, M. (2002). Sex differences in emotion: A critical review of the literature and implications for counseling psychology. *The Counseling Psychologist, 30,* 630-652.

Whitehead, S. M. (2002). *Men and masculinities: Key themes and new directions.* Cambridge, UK: Polity Press.

Wong, Y. J. (2006a). *The potential benefits of expressive writing for male college students with varying degrees of restrictive emotionality.* Unpublished dissertation. The University of Texas at Austin.

Wong, Y. J. (2006b). Strength-centered therapy: A social constructionist, virtues based psychotherapy. *Psychotherapy, 43,* 133-146.

Wong, Y. J., Pituch, K. A., & Rochlen, A. B. (2006). Men's restrictive emotionality: An investigation of associations with other emotion-related constructs, underlying dimensions, and anxiety. *Psychology of Men and Masculinity*, 7, 113-126. New directions and implications for counseling. *Psychology of Men & Masculinity*, 6, 62-72.

Workman, L., & Reader, W. (2004). *Evolutionary psychology: An introduction*. Cambridge, UK: Cambridge University Press.

　요즘 한국사회의 키워드 중 하나는 '행복'이다. 행복도시, 행복기업, 행복학교, 행복전철과 같이 행복이라는 단어가 홍보문안을 채우고 있다. 행복에 관한 많은 책이 베스트셀러 대열에 오르고, 대다수의 지방자치단체나 기업들이 추구하는 핵심가치로 행복을 내세우고 있다. 이러한 현상은 행복에 대한 한국인의 갈망이 그만큼 강하기 때문인지 모른다.

　돌이켜보면, 한국사회의 지난 반세기는 사람다운 삶의 기본적 조건을 구축하기 위해 몸부림친 기간이었다. 일본의 강점에서 해방되어 한국전쟁을 치르고, 독재정권하에서 숨가쁘게 경제발전을 이루면서 가난에서 벗어나 의식주 문제를 해결할 수 있게 되었으며, 급기야 정치적 민주화까지 이루었다. 경제규모가 세계 10위권으로 성장한 한국은 20세기 후반에 경제발전과 정치민주화라는 두 마리 토끼를 모두 잡은 거의 유일한 나라로 여겨지고 있다.

　그런데 과연 이러한 한국사회에서 살고 있는 한국인들은 행복한가? 1인당 GDP 2만불 시대를 살고 있는 한국인들은 그에 걸맞은 행복을 누리고 있는가? 여러 통계지표에 따르면, 그렇지 않다. OECD 국가 중 한국은 자살률 1위, 이혼율 2위, 직업 스트레스 1위, 국민행복도는 하위권(30개국 중 25위)으로 나타나고 있다. 이러한 지표들은 한국인이 경제적 발전수준에 비해 현저하게 불행한 삶을 살고 있다는 것을 보여주고 있다.

21세기 한국사회의 화두 중 하나는 물질적 풍요를 어떻게 정신적 행복과 성숙으로 승화시키느냐는 것이다. 우리 사회에 행복을 표방하는 슬로건은 난무하지만 행복에 대한 심도 있는 논의는 드물다. 아직도 물질적 풍요가 곧 행복이라고 여기는 인식이 우리 사회에 팽배해 있다.

최근에 심리학 분야에서 새롭게 부각되고 있는 긍정심리학은 한국사회가 주목해야 할 학문분야다. 자칫 추상적이고 사변적인 탁상공론으로 흘러갈 수 있는 행복의 주제에 대해서 과학적이고 체계적인 접근을 하고 있기 때문이다. 또한 행복을 증진할 수 있는 개인적 · 사회적 방법을 다양하게 제시할 뿐만 아니라 그 효과를 실증적으로 검증하는 장치까지 갖추고 있다. 더구나 최근에 이루어지고 있는 긍정심리학의 발전은 눈부시다. 연구뿐만 아니라 실제적 적용에 있어서도 다양한 접근이 시도되고 있다.

긍정심리학에 관한 최근의 문헌을 대학원생들과 함께 공부해 가던 중에 저명한 긍정심리학자인 Shane Lopez가 편집한 〈긍정심리학 시리즈〉를 발견하게 되었다. 네 권으로 구성된 이 시리즈는 긍정심리학의 네 가지 핵심주제, 즉 (1) 행복과 성공으로 인도하는 성격강점의 발견과 활용, (2) 주관적 행복의 핵심을 이루는 긍정 정서의 이해와 활용, (3) 인생의 고난과 역경을 통한 성장, (4) 개인과 조직이 잠재력을 최대한 발휘하며 번영하는 사회에 대한 최근의 연구결과들을 체계적으로 잘 소개하고 있다. 특히 다양한 주제를 집필한 집필자들이 긍정심리학 분야의 최고 전문가들로 구성되어 있어 최근의 핵심적 연구결과를 압축적으로 잘 소개하고 있다. 이 시리즈를 대학원생들과 함께 읽으면서 한국

독자들에게 소개하고 싶은 마음을 내게 되었다.

〈긍정심리학 시리즈〉의 각 장은 서울대학교 임상 · 상담심리학연구실의 여러 대학원생들에 의해서 초역되었다. 이들 중 책임번역자로 자원한 정지현 선생이 1권을, 임선영 · 김기환 선생이 2권을, 박선영 · 하현주 선생이 3권을, 그리고 임영진 · 신우승 선생이 4권을 맡아 초역된 문장을 원문과 대조하며 다듬었다. 이렇게 다듬어진 원고를 역자대표가 최종적으로 검토하고 수정하여 역서를 발간하게 되었다.

네 권의 역서를 준비하는 과정은 고난과 역경을 통해 성장하는 과정에 가까웠다. 일곱 명의 책임번역자 선생들에게는 더더욱 그러했을 것이다. 역자대표의 반복되는 수정 요구에 묵묵히 인내하며 각자의 강점을 발휘하면서 최선을 다해준 그들에게 감사의 마음을 전한다. 또한 2년 전에 이 책을 함께 공부하며 초역을 맡아주었던 김윤희, 김지영, 하승수, 서장원, 조혜진, 홍바울, 전주리, 이슬아 선생의 소중한 노력이 이 역서의 곳곳에 담겨 있음을 밝히며 모두에게 고마운 마음을 전한다. 아울러 이 역서의 발간을 위해 물심양면으로 지원해주신 학지사 김진환 사장님과 편집을 맡아주신 이지혜 차장님께도 감사드린다. 아무쪼록 이 역서가 긍정심리학을 공부하고자 하는 독자들의 갈증을 조금이라도 해소하는 데 도움이 되기를 소망한다.

2011년 8월
역자 대표 권 석 만

> 찾아보기

〈인 명〉

〈내 용〉

Shane J. Lopez Clifton 강점 연구소의 연구책임자이며 갤럽의 선임연구자다. *Journal of Positive Psychology*의 편집위원이자 디스커버리 채널의 입학 전 교육 프로그램인 'Ready, Set, Learn' 의 자문위원으로도 활동하고 있다. 현재 학교장면에서 희망 훈련 프로그램의 효과를 연구하고 있으며, 심리학적 용기 모델을 발전시키고 있을 뿐만 아니라 교육, 직업, 건강, 가족의 기능에 있어서 삶의 기술이 어떤 결과를 산출하는지 그 연결고리를 탐색하고 있다. 저서로는 C. R. Snyder와 공저한 *The Handbook of Positive Psychology, Positive Psychological Assessment: A Handbook of Models and Measures, Positive Psychology: Scientific and Practical Explorations of Human Strength*가 있다.

Giacomo Bono WestEd의 건강 및 인간발달 프로그램의 연구원이다. 대인관계의 상처에 대한 긍정적 반응(용서)과 이점(감사)을 중심으로 연구하고 있다. 최근 건강한 관계 기능이 어떻게 청소년기의 성취와 안녕감에 기여하는지를 이해하기 위해 긍정적인 청소년기 발달 및 탄력성에 강점이 미치는 역할을 조사하고 있으며, 이러한 관심사들을 학교를 기반으로 한 예방 및 촉진 프로그램의 발전을 위해 적용하려는 목표를 가지고 있다.

Stephanie L. Brown Michigan 대학교의 내과 의학 조교수이자 앤 아버 VA의 건강 연구원으로 있다. 이타주의와 건강에 대해 저술해왔으며, 사회적 지지와 돌봄이 신장투석 환자들의 우울 증상에 미치는 영향에 대한 연구로 정신건강 국립연구소의 직업발달(K-01) 상을 수상한 바 있다.

Ruth K. Buechsel Baylor 대학교의 임상심리학 박사과정생이며, 용서와 애착, 비탄과 관련된 주제들에 대한 연구에 주된 관심을 가지고 있다.

Lahnna I. Catalino North Carolina 대학교 Chapel Hill 캠퍼스의 사회심리학 대학원생으로서 주로 문화, 성별, 지위와 안녕감의 교차점을 중심으로 연구하고 있다.

Scott M. Collier 샌프랜시스코의 지역사회기반 사업 연구소(Institute for the Study of Community-Based Services)에서 선임연구원으로 있으며, 얼굴 표정, 긍정적 정서, 제도화(institutionalization)에 관심을 두고 있다.

Deborah D. Danner Kentucky 대학교의 Sanders-Brown 노화 센터에 있는 알츠하이머 장애 센터에서 교육 중심부와 치매에 걸린 흑인 미국 여성을 위한 자원봉사의 감독자로 있다. 알츠하이머 장애와 노화에서 나타나는 정서표현의 변화에 관심을 갖고 있다.

Susan A. David Yale 대학교의 박사 후 과정 연구원이자 호주 Melbourne 대학교의 특별연구원으로 있으며, 주로 정서지능과 참여(engagement)가 안녕감과 수행에 미치는 역할에 관심을 두고 있다.

Amanda J. Dilliard Michigan 대학교 의과대학의 행동 및 의사결정 과학 센터에서 박사 후 과정 특별연구원으로 재직 중이다. 위험 지각과 위험 의사소통에 관심을 가지고 있으며, 특히 건강에 대한 위험 지각과 이러한 지각에 있어서 편향을 제거하는 방법에 대해 연구하고 있다. 위험 지각의 동기적 편향 (예: 비현실적인 낙관주의)이 행동에 미치는 결과에 대한 연구 및 위협적인 위험 정보를 다룰 때 긍정 정서를 자원으로 활용하는 것에 대한 논문들을 발표하였다.

Nassim Ebrahimi Lasel College와 Massachusetts 대학교 Boston 캠퍼스의 심리학과 강사이자, 증거기반 심리학(Evidence Based Psychology)의 연구 조교로 있다.

Barbara L. Fredrickson North Carolina 대학교 Chapel Hill 캠퍼스의 키넌 특훈 교수(Kenan Distinguished Professor)로 있으며, 긍정심리학을 중심으로 연구하고 있고, 긍정정서의 확장 및 구축 이론으로 가장 잘 알려져 있다. 2000년 미국 심리학회에서 긍정심리학계에 처음으로 수여하는 Templetion Prize를 수상한 바 있다.

Wallace V. Friesen California 대학교 San Francisco 캠퍼스에서 30여 년간 정서 연구를 수행한 후 퇴임하였다. 현재는 Kentucky 대학교의 Sanders-Brown 노화 센터와 제휴하여 노화와 긍정 정서에 관한 저술과 연구들을 발표하고 있다.

Jeffrey J. Froh Hofstra 대학교의 조교수이자, 학교-지역사회 심리학 박사 과정에 대한 1차적 책임을 맡고 있다. 아동 및 청소년들을 대상으로 한 감사(gratitude)의 측정과 근원 및 개입, 결과에 대해 관심을 가지고 있다. 초기 청소년들을 대상으로 하여 감사에 대한 새로운 실험적 연구와 발달적 연구를 주도했으며, 최초의 청소년용 다면적 심리적 안녕감 척도의 주저자이기도 하다. 국내외적으로 청소년 시기의 감사에 대해 강연해왔다.

Amie M. Gordon California 대학교 Berkeley 캠퍼스의 심리학과 대학원생이며, 애정관계, 특히 사회적 인지와 대인관계적 역동이 관계의 안녕감에 미치는 영향에 대한 연구에 관심을 두고 있다.

Emily A. Impett California 대학교 Berkeley 캠퍼스의 성격 및 사회 연구소의 박사 후 과정 특별연구원으로 있다. 대인관계에서의 긍정적 과정 중 특히 친사회적 행동이 개인의 안녕감과 관계의 질에 미치는 이점에 관심을 두고 있다.

Bethany E. Kok North Carolina 대학교 Chapel Hill 캠퍼스의 대학원생이며, 긍정 정서가 타인의 인간성과 도덕적 가치에 대한 지각에 미치는 영향 및 사회적 참여의 물리적 동기요인에 관심을 가지고 있다.

Laura Maruskin Harvard 대학교의 행정학 케네디 스쿨에서 연구 조교로 있으며, 청소년기의 집단 간 태도와 관계에 관심을 두고 있다.

Todd L. Pittinsky Harvard 대학교의 행정학 케네디 스쿨의 부교수로 있으며, 공공 리더십 센터의 연구 감독자로 있다. 긍정적인 집단 간 태도에 대한 연구와 긍정적인 집단 간 태도와 부정적인 집단 간 태도가 어떻게 달라질 수 있는지에 관심을 두고 있다.

Aaron B. Rochlen Texas 대학교 Austin 캠퍼스의 상담심리학과 부교수로 있다. 남성과 남성다움에 관심을 가지고 있으며, 남성의 비전통적인 직업과 직장 역할에 대한 연구들을 최근 발표하였다.

Wade C. Rowatt Baylor 대학교의 심리학과 부교수이며, 긍정심리학의 겸손 및 종교적 차원과 대인관계적 과정(예: 편견, 도와주기, 용서) 사이의 연합, 성격과 사회인지에 대한 암묵적 척도에 관심을 두고 있다.

Ashley Schiavone Michigan 대학교 의과대학의 행동 및 의사결정 과학 센터에서 연구 조교로 있으며, 도움 행동과 긍정 정서에 관심을 두고 있다.

Jo-Ann Tsang Baylor 대학교의 조교수이자, 사회심리학에 관심을 가지고 있으며, 감사, 용서, 종교심리학에도 흥미를 가지고 있다.

Y. Joel Wong Indiana 대학교의 상담심리학과 조교수로 있으며, 남성 심리학 및 남성다움을 포함하여, 아시아계 미국인의 심리에도 관심을 가지고 있다.

역자 소개

권석만
서울대학교 대학원에서 임상심리학 전공으로 석사학위를 받았으며 호주 Queensland 대학교에서 박사학위를 받았다. 현재 서울대학교 심리학과 교수로 재직하고 있으며, 한국임상심리학회 회장과 서울대학교 대학생활문화원장을 역임하였다. 주요 저서로는 『긍정 심리학: 행복의 과학적 탐구』『현대 이상심리학』『인간관계의 심리학』『인생의 2막 대학생활』『우울증』『자기애성 성격장애』(공저), 『이상심리학 총론』(공저) 등이 있으며, 역서로는 『마음읽기: 공감과 이해의 심리학』『인지치료의 창시자: 아론 벡』『인생을 향유하기: 행복 체험의 심리학』(공역), 『심리도식치료』(공역), 『정신분석적 사례이해』(공역), 『정신분석적 심리치료』(공역) 등이 있다.

임선영
서울대학교 대학원에서 임상 · 상담심리학 전공으로 석사학위를 받았으며 박사과정을 수료하였다. 서울아산병원에서 임상심리 수련과정을 수료하였으며 임상심리전문가와 정신보건임상심리사(1급) 자격을 취득하였다. 현재 서울대학교 대학생활문화원 전임상담원으로 재직하고 있으며, 주요 역서로는 『인생을 향유하기: 행복 체험의 심리학』(공역)이 있으며 사회공포증의 사후반추에 관한 논문이 있다.

김기환
서울대학교 대학원에서 임상 · 상담심리학 전공으로 석사학위를 받았으며 현재 박사과정 중에 있다. 분당서울대학교병원에서 임상심리 수련과정을 수료하였으며, 임상심리전문가 자격을 취득하였다. 현재 마음사랑 인지행동치료센터 선임연구원으로 활동하고 있으며, 강박증의 사고-행위 융합에 관한 논문이 있다.

긍정심리학: 인간의 최고 상태에 대한 탐구 **2**
정서적 경험 활용하기

2011년 9월 20일 1판 1쇄 인쇄
2023년 4월 20일 1판 3쇄 발행

엮은이 • Shane J. Lopez
옮긴이 • 권석만, 임선영, 김기환
펴낸이 • 김진환
펴낸곳 • (주) **학지사**

        121-837 서울특별시 마포구 서교동 352-29 마인드월드빌딩 5층
대표전화 • 02)330-5114   팩스 • 02)324-2345
등록번호 • 제313-2006-000265호

홈페이지 • http://www.hakjisa.co.kr
커뮤니티 • http://cafe.naver.com/hakjisa

ISBN 978-89-6330-762-6 94180
       978-89-6330-760-2 (Set)

정가 15,000원

긍정심리학 시리즈

• 인간의 최고 상태에 대한 탐구 •

1권: 인간의 강점 발견하기

인간의 강점을 발견하는 것이 왜 중요한지를 보여주는 사례와 함께 강점을 측정하는 대표적인 척도들을 소개하고 있다. 아울러 대표적인 세 가지 강점, 즉 지혜, 용기, 낙관성이 제공하는 여러 가지 이득과 더불어 긍정심리학이라는 선물을 어떻게 전 세계로 전달할 수 있을지를 제시하고 있다.

2권: 정서적 경험 활용하기

긍정적인 정서 경험을 어떻게 생산적인 방식으로 최대한 활용할 수 있는지를 제시하고 있다. 긍정 정서의 확장 및 축적 이론, 긍정 정서와 장수의 관계에 대한 연구, 그리고 다양한 사례를 통해서 긍정 정서를 증진하는 감사하기, 나눔, 정서 지능, 타인애(allophilia)가 우리의 삶에 제공하는 이득에 관해 소개한다.

3권: 역경을 통해 성장하기

인생에서 겪게 되는 역경과 상실 경험을 통해서 성장하게 된 개인적인 사례들과 더불어 역경이 우리의 삶에 도움을 주게 되는 과정의 설명체계를 제시하고 있다. 아울러 사랑의 갈등과 실연, 지적인 장애와 같은 특수한 역경, 직업 장면에서 겪는 역경을 극복하는 방법뿐만 아니라 역경으로부터 긍정적인 의미를 발견하는 방법을 소개한다.

4권: 인간의 번영 추구하기

인간이 자신의 능력을 최대한 발휘하며 성공적인 삶을 영위하는 번영(flourishing)을 다양한 측면에서 제시하고 있다. 완전한 정신건강의 의미, 행복에 기여하는 요인과 행복의 지속 가능성, 물질주의가 지니는 부정적인 역할과 아울러 가족, 학교, 직업 상황에서 사람들이 어떻게 리더로서 또는 구성원으로서 최적의 기능 상태를 발휘하며 번영하고 있는지를 소개한다.